कृषि विपणन, व्यापार एवं मूल्य
(पाठ्य पुस्तक)

[Agricultural Marketing, Trade and Prices]

(A Text Book)

भारतीय कृषि अनुसंधान परिषद द्वारा स्वीकृत नये पाठ्यक्रमानुसार

कृषि विपणन, व्यापार एवं मूल्य
(पाठ्य पुस्तक)

[Agricultural Marketing, Trade and Prices]

(A Text Book)

(भारतीय कृषि विश्वविद्यालयों एवं महाविद्यालयों हेतु उपयोगी एवं महत्त्वपूर्ण)

डॉ. केशवप्रसाद 'सरस'
'तुलसी नामित पुरस्कार' से पुरस्कृत
एवं सम्मानित कवि
एम०एससी० (एजी०) कृषि अर्थशास्त्र, पीएच०डी०
पूर्व एसोसिएट प्रोफेसर (सह प्राध्यापक)
कृषि अर्थशास्त्र एवं सांख्यिकी विभाग
चन्द्र शेखर आजाद कृषि एवं प्रौद्योगिक विश्वविद्यालय, कानपुर-208002

कल्याणी पब्लिशर्स
लुधियाना • नई दिल्ली • नोएडा (उ०प्र०) • हैदराबाद • चेन्नई
कोलकाता • कटक • गुवाहाटी • कोचि • बैंगलुरू

कल्याणी पब्लिशर्स

प्रधान कार्यालय :

B-I/1292, राजेन्द्र नगर, **लुधियाना**-141 008 • Ph.: 0161-2760031, 2745756

E-mail : kalyanibooks@yahoo.co.in • Website : www.kalyanipublishers.co.in

प्रशासनिक कार्यालय :

4779/23, अंसारी रोड़, 23, दरियागंज, **नई दिल्ली**–110 002 • Ph : 011-23271469, 23274393

E-mail: kalyani_delhi@yahoo.co.in • kalyani_delhi@kalyanipublishers.in

कार्यशाला :

B-16, सैक्टर 8, **नोएडा** (उ० प्र०)

शाखाएँ :

1, महालक्ष्मी स्ट्रीट, टी० नगर, **चेन्नई**–600 017 • Ph.: 044-24344684

गोपाबन्धु लेन, सरकारी बस स्टैंड के पीछे, बादामबाड़ी, **कटक**–753 012 (ओडिशा) • Ph.: 0671-2311391

4-3-65/2/A, एच.वी.एस. पब्लिक स्कूल के पीछे, रघुनाथ बाग,

सुल्तान बाजार, **हैदराबाद**–500 095 (आन्ध्र प्रदेश) • Ph.: 040-24750368

10/2B, रामनाथ मजूमदार स्ट्रीट, **कोलकाता**–700 009 • Ph.: 033-22416024

अरुणालय, प्रथम तल, सरस्वती रोड, पान बाजार, **गुवाहाटी**–781 001 • Ph.: 0361-2731274

कॉराटी, पैराम्बिल हाऊस, कॉनवेन्ट रोड, **कोचि**–682 035 • Ph.: 0484-2367189

24+25, प्रथम तल हमीदशाह कॉम्पलैक्स, कुब्बनपेट रोड, **बैंगलूरु**–560 002

R 33760 05
T 38572 05

14+210=224 Pages 28x40 14 Forms

पुनः मुद्रित, 2023

लेजर टाइपसैटिंग : **एक्सीलेंट ग्राफिक्स**

ISBN : 978-81-953841-0-5

भारत में मुद्रित

At Diamond Agencies Pvt. Ltd., B-125, Sec. 63, NOIDA
and Published by Mrs. Usha Raj Kumar for
Kalyani Publishers, New Delhi-110 002

समर्पण

कृषि विपणन व्यापार मूल्य की, अर्थशास्त्र कृषि कृति है।
करूँ समर्पित छात्रवृन्द को, हिन्दी नई प्रगति है।।
बोधगम्य हिन्दी भाषा में, पुस्तक छात्र पढ़ेंगे।
आशा यही अपार मुझे, कृषि उन्नति शिखर चढ़ेंगे।।
कृषि स्नातक विषय पाठ्यक्रम बिन्दुवार वर्णन है।
चौथे सेमेस्टर के छात्रों, के हित नया सृजन है।।
फूले-फले क्षेत्र पुस्तक का, कृषि के शुभ कानन में।
उन्नति होगी कृषि विपणन में, भाव जगे जन-मन में।।
वर्ष तिहत्तर बीत गये, पर भाषा नहीं स्वतंत्र हुई।
प्रोत्साहन हिन्दी को देवें, दिन-दिन होगी प्रगति नई।।
होगा मान राष्ट्र भाषा का, मुझे यही है आशा।
अर्थशास्त्र आदित्य उदय हो, कोसों भगे निराशा।।
सुरभित होगा दिक्-दिगन्त में, हिन्दी का उपवन है।
सकल राष्ट्र के अर्थविदों को, मेरा कोटि नमन है।।
व्यक्त करूँ प्रकाशन, धन्य-धन्य कल्याणी।
सकल राष्ट्र के छात्रवृन्द में, गूँजे पुस्तक वाणी।।

–डॉ० केशवप्रसाद 'सरस'

निवेदन

प्रस्तुत पुस्तक 'कृषि विपणन, व्यापार एवं मूल्य' विद्यार्थियों एवं शिक्षाविद्‌ों को समर्पित करते हुए मैं अपार प्रसन्नता का अनुभव कर रहा हूँ। यह पुस्तक सरल एवं बोधगम्य हिन्दी भाषा से लिखी गई है ताकि अध्ययनरत छात्र सहजतापूर्वक विषयवस्तु को ग्रहण कर सकें। प्राय: देखा जाता है कि स्नातक स्तर पर कृषि अर्थशास्त्र विषय के अन्तर्गत कृषि विपणन, व्यापार एवं मूल्य से सम्बन्धित हिन्दी भाषा में पुस्तकों का अभाव है जिससे विद्यार्थियों को अध्ययन हेतु अच्छी पुस्तकों की खोज में भटकना पड़ता है, मैंने शिक्षण काल में ऐसा अनुभव किया है। इस समस्या को दृष्टिगत रखते हुए मैंने इस पुस्तक का सृजन किया है। ताकि इस समस्या का निदान हो सके

कृषि विपणन व्यापार एवं मूल्य पुस्तक बी॰एससी॰ (एजी॰) के छात्रों हेतु पंचम अधिष्ठाता समिति प्रतिवेदन के अनुसार भारतीय कृषि अनुसंधान परिषद–नई दिल्ली के स्वीकृत पाठ्यक्रम के आधार पर लिखी गई है। इस पुस्तक के अन्तर्गत सम्पूर्ण पाठ्य–सामग्री को समाविष्ट किया गया है। कृषि का व्यवसायीकरण हो जाने से कृषि के क्षेत्र में राष्ट्रीय एवं अन्तर्राष्ट्रीय क्षेत्र में दिन–प्रतिदिन विकास हो रहा है। यद्यपि इस क्षेत्र में अभी भी विकास की अत्यन्त आवश्यकता है जो महत्त्वपूर्ण है। इस दिशा में छात्रों को भी जागरूक करने की विशेष आवश्यकता है। अन्तर्राष्ट्रीय व्यापार में 'विश्व व्यापार संगठन' के अन्तर्गत 'कृषि पर समझौता' एक महत्त्वपूर्ण विषय है। वैश्वीकरण, उदारीकरण, कृषि का तीव्रगति से व्यवसायीकरण वैश्विक व्यापार के अत्यन्त महत्त्वपूर्ण विषय हैं जो वर्तमान समय में मुख्य्य भूमिका निभा रहे हैं। इसके अतिरिक्त कृषि मूल्यनीति एवं विपणन प्रबन्ध विपणन में उन्नति हेतु नितान्त आवश्यक एवं प्रासंगिक हैं जो कृषकों को संरक्षण एवं कृषि विपणन में प्रोत्साहन एवं प्रोन्नति हेतु दिशा प्रदान करते हैं।

'कृषि विपणन व्यापार एवं मूल्य' पुस्तक को चार भागों में विभक्त किया गया है। प्रथम भाग कृषि विपणन, द्वितीय भाग व्यापार, तृतीय भाग मूल्य एवं चतुर्थ भाग विपणन प्रबन्ध है, जिसके अन्तर्गत 21 अध्याय हैं। प्रथम भाग के अन्तर्गत कृषि विपणन : परिचय, परिभाषा, क्षेत्र एवं बाजार का वर्गीकरण, कृषि विपणन कार्य एवं कार्यकर्ता, विपणन श्रृंखला, लागत परितोष एवं मूल्य विस्तार, कृषि विपणन की उन्नति हेतु सरकार द्वारा प्रयास, भारत में सहकारी विपणन, उत्पादक की बचत या अधिशेष, कृषि वस्तुओं की माँग एवं पूर्ति का नियम, मूल्य निर्धारण, विपणन दक्षता, बाजार एकीकरण एवं वायदा व्यापार। द्वितीय भाग में अन्तर्राष्ट्रीय व्यापार : प्रशुल्क एवं व्यापार पर सामान्य समझौता, विश्व व्यापार संगठन, कृषि पर समझौता। तृतीय भाग में कृषि मूल्य नीति, कृषि मूल्य स्थिरीकरण, कृषि मूल्य नीति से सम्बन्धित सरकारी संस्थाएँ एवं उपाय। चतुर्थ भाग में विपणन प्रबन्ध एवं विपणन मिश्रण, उत्पाद का जीवन चक्र, बाजार कीमत निर्धारण एवं उत्पाद प्रोन्नति अध्यायों को समाविष्ट किया गया है। इसके अतिरिक्त इस पुस्तक में छात्रों के अध्ययन हेतु महत्त्वपूर्ण प्रश्न एवं वस्तुनिष्ठ प्रश्नों को उत्तर सहित सम्मिलित किया गया है। साथ ही कृषि

विपणन व्यापार मूल्य से सम्बन्धित महत्त्वपूर्ण संक्षिप्त रूपों को भी दर्शाया गया है। इस पुस्तक की विशेषता यह है कि महत्त्वपूर्ण अध्यायों की विषय–सामग्री को संक्षिप्त में चार्ट रूप में प्रस्तुत किया गया है साथ ही रेखाचित्रों एवं तालिकाओं को भी प्रस्तुत किया गया है ताकि विद्यार्थी विषय वस्तु को आसानी से ग्रहण कर सकें। तकनीकी शब्दों को हिन्दी एवं अंग्रेजी माध्यम में भी दर्शाया गया है ताकि छात्र दोनों भाषाओं में भली–भाँति समझ सके।

प्रस्तुत पुस्तक मेरे कठोर परिश्रम एवं निष्ठापूर्वक लिखी गयी है, यह सर्वविदित है कि तकनीकी विषयों का लेखन अत्यन्त कठिन एवं जटिल है। फिर भी मैंने इसे सरल से सरल बनाने का पूर्ण प्रयास किया है। कोई भी कृति कभी पूर्ण नहीं होती है इसमें प्रोन्नति एवं सुधार की सम्भावना सदैव बनी रहती है। यह अथक प्रयास मुझे सन्तुष्टि प्रदान करता है।

मैं चन्द्रशेखर आजाद कृषि एवं प्रौद्योगिक विश्वविद्यालय कानपुर के अर्थशास्त्र के वरिष्ठ शिक्षकों एवं प्रोफेसर (डॉ.) हरज्ञान प्रकाश, निदेशक शोध के प्रोत्साहन हेतु आभार व्यक्त करता हूँ। श्री गंगेन्द्र त्रिपाठी (सीनियर मार्केटिंग आफीसर) कल्याणी प्रकाशन लेखन हेतु प्रोत्साहन एवं कल्याणी प्रकाशन के सफल प्रकाशन हेतु कृतज्ञता व्यक्त करता हूँ। मैं अपने सुपुत्रों प्रद्युम्न कुशवाहा (वरिष्ठ प्रबन्धक गेल), पीयूष कुशवाहा (एम॰एससी॰ गणित), प्रशान्त कुशवाहा (परास्नातक, समाजशास्त्र) एवं प्रिय शिष्य राहुल कुमार मौर्य बी॰एससी॰ (कृषि) स्नातक को इनके सहयोग हेतु अपना आशीर्वाद प्रदान करता हूँ।

आशा है यह पुस्तक राष्ट्र के कृषि विश्वविद्यालयों एवं महाविद्यालयों के छात्रों एवं शिक्षाविद्ों हेतु सार्थक एवं मार्गदर्शक सिद्ध होगी। मेरा आपसे अनुरोध है कि यदि कहीं त्रुटि रह गई हों, इसके लिए मुझे सुझाव देने की कृपा करेंगे। मैं सुधार करने का पूर्ण प्रयास करूँगा। यदि यह पुस्तक सार्थक सिद्ध हुई तो मैं अपने श्रम को सार्थक एवं जीवन को धन्य समझूँगा।

April, 2021

आभा अपार्टमेन्ट,
तृतीय तल, फ्लैट नं॰–2
गीतानगर, कानपुर–208025

डॉ॰ केशवप्रसाद 'सरस'

पाठ्यक्रम

(Syllabus)

कृषि विपणनः बाजार की अवधारणा एवं विपणन परिभाषा, कृषि विपणन, बाजार संरचना, विपणन मिश्रण एवं बाजार खण्डीकरण, कृषि बाजार का वर्गीकरण एवं विशेषताएँ; कृषि वस्तुओं की माँग पूर्ति और उत्पादक की बचत : कृषि उत्पादों की माँग और पूर्ति की प्रकृति एवं निर्धारण; उत्पादक की बचत : अर्थ एवं इसके प्रकार, विपणन योग्य अधिशेष एवं वास्तविक विपणन अधिशेष, कृषि वस्तुओं की उत्पादक की बचत को प्रभावित करने वाले कारक; उत्पाद का जीवन-चक्र (PLC) एवं प्रतियोगी रणनीति; उत्पाद के जीवन चक्र (PLC) का अर्थ एवं इसकी अवस्थाएँ, उत्पाद के जीवन चक्र (PLC) की विशेषताएँ; उत्पाद के जीवन चक्र (PLC) की विभिन्न अवस्थाओं में रणनीति; मूल्य निर्धारण एवं प्रोन्नति रणनीति; कीमत निर्धारण विचार एवं दृष्टिकोण-लागत आधारित एवं प्रतियोगिता आधारित कीमत निर्धारण; बाजार प्रोन्नति प्रचार-प्रसार, व्यक्तिगत बिक्री, बिक्री प्रोन्नति एवं प्रचार-प्रसार इनके अर्थ और लाभ एवं हानि; बाजार प्रक्रिया और कार्य; विपणन प्रक्रिया; संकेन्द्रण, प्रसारण और समानीकरण; विनिमय कार्य; क्रय और विक्रय; भौतिक कार्य-भण्डारण, परिवहन एवं विधायन; सुविधाजनक कार्य-पैकिंग, ब्रान्डिंग, श्रेणीकरण, गुणवत्ता नियंत्रण और लेबलिंग (एगमार्क); बाजार कार्यकर्ता और विपणन शृंखला; कृषि विपणन शृंखला के प्रकार एवं इसमें प्रयुक्त संस्थाएँ; शृंखला स्तर की संख्या; विभिन्न कृषि उत्पादों के लिए विपणन शृंखला; एकीकरण, दक्षता और मूल्य विस्तार; बाजार एकीकरण का अर्थ, परिभाषा एवं प्रकार; विपणन दक्षता; विपणन लागत, परितोष और मूल्य विस्तार; विपणन लागत को प्रभावित करने वाले कारक; कृषि वस्तुओं की विपणन लागत अधिक होने के कारण : विपणन लागत कम करने के उपाय, कृषि विपणन में सरकार की भूमिका; सर्वाजनिक क्षेत्र की संस्थाएँ-केन्द्रीय भण्डारण निगम (CWC) राज्य भण्डारागार निगम (SWC), भारतीय खाद्य निगम (FCI), कृषि लागत एवं मूल्य आयोग (CACP) एवं विपणन एवं निरीक्षण निदेशालय (DMI)-इनके उद्देश्य एवं कार्य; भारत में सहकारी विपणन; विपणन में जाखिम, जोखिम के प्रकार; सट्टा एवं बाड़ (Hedging), वायदा बाजार का एक अवलोकन; कृषि मूल्य नीति; मूल्य का अर्थ एवं कार्य; प्रशासित कीमतें, कृषि मूल्य नीति की आवश्यकता, व्यापार; अन्तर्राष्ट्रीय व्यापार की अवधारणा एवं इसकी आवश्यकता, निरपेक्ष एवं तुलनात्मक लाभ का सिद्धान्त, कृषि वस्तुओं की अन्तर्राष्ट्रीय व्यापार की वर्तमान स्थिति एवं सम्भावनाएँ, कृषि एवं व्यापार पर सामान्य समझौता (GATT) एवं विश्वव्यापार संगठन (WTO), कृषि पर समझौता (AOA) एवं भारतीय कृषि पर इसके निहितार्थ; बौद्धिक सम्पदा के अधिकार (IPR)।

SYLLABUS

For B.Sc. (Agri.) Students IV Semester (ICAR)

THEORY

Agricultural Marketing : Concepts and Definitions of market, marketing, agricultural marketing, market structure, marketing mix and market segmentation, classification and characteristics of agricultural markets; demand, supply and producer's surplus of agri-commodities: nature and determinants of demand and supply of farm products, producer's surplus-meaning and its types, marketable and marketed surplus, factors affecting Marketable surplus of agri-commodities; product life cycle (PLC) and competitive strategies; Meaning and stages in PLC; characteristics of PLC; strategies in different stages of PLC; pricing and promotion strategies; pricing considerations and approaches-cost based and competition based pricing; market promotion-advertising; personal selling, sales promotion and publicity - their meaning and merits and demerits; marketing process and functions; Marketing process-concentration, dispersion and equalization; exchange functions-buying and selling; physical functions-storage, transport and processing; facilitating functions-packaging, branding, grading, quality control and labelling (Agmark); Market functionaries and Marketing channels: Types and agencies involved in agricultural marketing channel; number of channel lebels; marketing channels for different farm products; integration, efficiency, costs and price spread; Meaning, definition and types of market integration; marketing efficiency: marketing costs, margins and price spread; factors affecting cost of marketing; reasons for higher marketing costs of farm commodities : ways of reducing marketing costs. Role of Govt. in agricultural marketing. Public sector institutions-CWC, SWC, FCI, CACP & DMI - their objectives and functions; cooperative marketing in India. Risk in marketing; Types of risks in marketing; speculations and hedging, an overview of future trading; Agricultural price policy; Meaning and functions of price; administered prices, need for agricultural price policy. Trade concept of international trade and its need, theories of absolute and comparative advantages. Present status and prospects of international trade of agri-commodities, GATT and WTO, Agreement on Agriculture (AOA) and its implications on Indian agriculture; IPR.

PRACTICAL

Plotting and study of demand and supply curves and calculation of elasticities; Study of relationship between market arrivals and prices of some selected commodities; Computation of marketable and marketed surplus of important commodities; study of price behaviour over time for some selected commodities; Construction of index numbers; Visit to local market to study various marketing functions performed by different agencies, identification of marketing channels for selected commodity, collection of data regarding marketing costs, margins and price spread and presentation of report in the class; visit to market institutions - NAFED, SWS, CWC, cooperative marketing society etc.; To study their organization and functioning; Application of principles of comparative advantage of international trade.

विषय-सूची

भाग–1

कृषि विपणन
(Agricultural Marketing)

1

कृषि विपणन : परिचय, परिभाषा, क्षेत्र एवं बाजार का वर्गीकरण
(Agricultural Marketing : Introduction, Definition, Scope and Classification of Market)

परिचय (Introduction)

कृषि विपणन से आशय कृषि विपणन शब्द दो शब्दों से मिलकर बना है कृषि और विपणन अर्थात् कृषि सम्बन्धी वस्तुओं का लेन-देन। सामान्य और सरल भाषा में कृषि विपणन से अभिप्राय-जब बाजार में कृषि वस्तुओं का लेन-देन या क्रय-विक्रय किया जाता है यह प्रक्रिया कृषि विपणन कहलाती है।

परम्परागत् कृषि में कृषक केवल जीवन-निर्वाह हेतु फसलें उगाता था परन्तु जो उत्पाद अवशेष बचता उसे बाजार में विक्रय कर देता था परन्तु आजकल बाजार में कृषि का व्यवसायीकरण हो जाने से उत्पादन का आवश्यक आवश्यकताओं के पश्चात् जो उत्पाद शेष बचता है, उसे बाजार में विक्रय करना एक आवश्यक अंग बन गया है। इसके साथ-साथ वैश्विक बाजार में प्रतियोगिता का सामना करना पड़ता है। अतः उत्पादों की गुणवत्ता का विशेष ध्यान रखना पड़ता है। इस प्रकार कृषि विपणन कृषि उत्पादन का अत्यन्त महत्त्वपूर्ण भाग है क्योंकि इसके बिना उत्पादन अपूर्ण माना जाता है। उत्पादन के साथ-साथ समुचित बिक्री की व्यवस्था होना कृषकों के लिए नितान्त आवश्यक है। कृषकों को उपज का जितना अच्छा मूल्य प्राप्त होगा उतनी ही उसकी आय में वृद्धि होगी। कृषि विपणन का राष्ट्रीय अर्थव्यवस्था में महत्त्वपूर्ण स्थान है। कृषकों को उपज का समुचित मूल्य न मिलने से कृषि के प्रति उनकी अभिरुचि कम हो जाती है, जिससे उत्पादन में कमी आ जाती है। अतः यह आवश्यक हो जाता है कि उनकी समस्याओं का समाधान कर उनको उपज का उचित मूल्य देकर प्रोत्साहित किया जाय इससे राष्ट्रीय आय में वृद्धि होगी तथा राष्ट्र समृद्ध होगा। इस प्रकार कृषि विपणन व्यवस्था में प्रचलित समस्याओं का समाधान कर कृषकों को कृषि के प्रति आकर्षित किया जाय जिससे उत्पादन में वृद्धि हो।

बाजार की अवधारणा (Concept of Market)

सामान्य तौर पर बाजार का अभिप्राय किसी स्थान विशेष का बोध कराता है, जहाँ पर क्रेता और विक्रेता एकत्रित होकर एक या अनेक वस्तुओं का क्रय-विक्रय करते हैं, परन्तु आर्थिक दृष्टि से बाजार शब्द का अर्थ इससे भिन्न है। आजकल यातायात तथा वैज्ञानिक विधियों के प्रयोग से बाजार व्यापक हो गया है। इस प्रकार के व्यापक एवं विस्तृत बाजार में क्रेता एवं विक्रेता का व्यक्तिगत रूप से उपस्थित होना आवश्यक नहीं है, अपितु टेलीफोन, तार या पत्रों द्वारा लेन-देन के सौदे तय कर लिये जाते हैं।

इस प्रकार बाजार से सम्बन्धित अनेक प्रचलित परिभाषाएँ है जो प्रस्तुत की जा रही हैं।

बाजार की परिभाषा (Definition of Market)

प्रोफेसर मार्शल (Marshal) के अनुसार "बाजार वह सम्पूर्ण क्षेत्र है जिसमें क्रेताओं एवं विक्रेताओं में इस प्रकार की स्पर्धा रहती है कि वस्तुओं के मूल्यों में सुगमता एवं शीघ्रता से साम्यता बनी रह सके।

प्रोफेसर बेन्हम के मत में- "बाजार वह क्षेत्र होता है, जिसमें क्रेता एवं विक्रेता सीधे तौर पर अथवा व्यापारियों के माध्यम से एक दूसरे के इतने निकट सम्पर्क में होते हैं कि बाजार में एक भाग में प्रचलित मूल्यों का प्रभाव दूसरे भाग में प्रचलित मूल्यों पर पड़ता है।"

"Market should be define as any area over which buyers and sellers are in such close touch with one another either directly or through dealers, that prices attainable in one part of the market affect the prices paid in other parts."

– Benham

कार्नाट के मतानुसार- "अर्थशास्त्रियों का बाजार से आशय किसी स्थान विशेष जहाँ वस्तुएँ क्रय-विक्रय की जाती हैं से नहीं होता वरन् उस समस्त क्षेत्र से होता है जहाँ क्रेता और विक्रेताओं में आपस में ऐसी स्वतंत्र स्पर्धा होती है कि किसी वस्तु का मूल्य सहजता तथा शीघ्रता से समानता की प्रवृत्ति प्रदर्शित करता है।"

"Economist understand by the term market not to any particular place in which things are bought and sold, but to the hole of any reason in which buyers and sellers are in such a free inter-cource with one another that the prices of the same goods tends to equality easily and quickly." **– Cournot**

कृषि विपणन परिभाषाएँ (Agricultural Marketing Definitions)

विपणन सम्बन्धी अनेक परिभाषाएँ अर्थशास्त्रियों द्वारा प्रस्तुत की गई हैं। जो निम्नलिखित हैं-

कोहल्स (Kohls) के मतानुसार- "खाद्य विपणन में खाद्य वस्तुओं एवं सेवाओं के कृषि उत्पादन को प्रारम्भिक स्थान से अन्तिम उपभोक्ता के हाथों तक पहुँचने के प्रवाह के दौरान होने वाली सभी व्यवसायिक क्रियाओं को सम्मिलित किया जाता है।"

"Food marketing is the performance of all business activities in the flow of food products and services from the initial a agricultural production until they are in the hands of ultimate consumer.

– R.L. Kohals

थामसन (Thomson) के मत में- "कृषि विपणन के अध्ययन में वे सभी कार्य एवं संस्थाएँ जिनके द्वारा कृषकों के फार्म पर उत्पादित खाद्य पदार्थ कच्चा माल एवं उनके व्युत्पन्न बुने हुए माल का फार्म से अन्तिम उपभोक्ता तक संचालन तथा इन कार्यों का कृषकों, मध्यस्थों एवं उपभोक्ताओं पर होने वाले प्रभावों को सम्मिलित किया जाता है।"

"The study of agricultural marketing comprises of all operations and the agencies conducting them involved in the movement of farm produced and raw materials and derivatives such a textiles from the farm to the final consumers and the effects of such operations on farmers, middlemen and consumers."

– F.L. Thomson

अमेरिकन विपणन समिति के आधार पर- "विपणन में वे सभी व्यापारिक क्रियाएँ सम्मिलित की जाती हैं, जो वस्तुओं के उत्पादन से उपभोग होने तक उत्पन्न होती हैं।"

"Marketing includes all these business activities involved in the flow of goods from production to consumption."

– Committee of American Marketing Association

उपर्युक्त परिभाषाओं के आधार पर इसे इस प्रकार भी परिभाषित किया जा सकता है।

विपणन एक आर्थिक प्रक्रिया है, जिसमें वस्तुओं एवं सेवाओं को विनिमय (Exchange) किया जाता है तथा उसका मूल्य मुद्रा में आँका जाता है। इसका तात्पर्य यह है कि विनिमय सम्बन्धी उन सभी क्रियाओं से है जिनके द्वारा वस्तु को उत्पादन केन्द्र से उपभोक्ता तक हस्तान्तरित किया जाता है।

बाजार के मुख्य तत्त्व (Main Elements of Market)

1. **स्थान (Place):** आजकल बाजार में क्रेता एवं विक्रेताओं का उपस्थित होना कोई आवश्यक नहीं है। तार, टेलीफोन द्वारा लेन-देन तय कर लिये जाते हैं, अतः स्थान विशेष बाजार का आवश्यक तत्व नहीं है।
2. **क्रेता एवं विक्रेता (Byers and Sellers):** बाजार में विनिमय हेतु दोनों पक्षों का होना अति आवश्यक है, प्रथम विक्रेता तथा दूसरा क्रेता।
3. **प्रतियोगिता एवं पूर्णज्ञान (Competition and Perfect Knowledges):** स्वतंत्र प्रतियोगिता तथा पूर्णज्ञान का होना पूर्ण बाजार में अनिवार्य है परन्तु एक अपूर्ण बाजार में ये सब लक्षण नहीं दिखाई देते।
4. **एक वस्तु (Single Commodity):** बाजार में केवल एक ही वस्तु का क्रय-विक्रय होता है। तात्पर्य यह है कि भिन्न-भिन्न वस्तुओं के बाजार भी पृथक-पृथक होते हैं क्योंकि सभी वस्तुओं का उत्पादन एवं उपयोग विभिन्न दशाओं में ही होता है।
5. **एक मूल्य (One Price):** माँग और पूर्ति में परिवर्तनों के कारण सम्पूर्ण बाजार में मूल्य एक ही स्तर पर रहता है। मूल्यों में उतार-चढ़ाव अल्पकाल में होना स्वाभाविक है, परन्तु दीर्घकाल में एक ही मूल्य पाये जाने की प्रवृत्ति होती है। इस प्रकार मूल्य निर्धारण में माँग एवं पूर्ति का प्रभाव पड़ता है जो कि इसका महत्त्वपूर्ण अंग है।

कृषि विपणन की विषय वस्तु (Subject Matter of Agricultural Marketing)

कृषि विपणन की विषय वस्तु के अन्तर्गत आधुनिक समय में दो प्रकार के उत्पादों को विपणन क्रियाओं में समाविष्ट किया जाता हैं-

1. उत्पाद विपणन (Product Marketing)
2. आगत विपणन (Input Marketing)

बाजार का संगठन
(Organization of Market)

- प्रतियोगिता के आधार पर (On the Competition Basis)
  - पूर्ण बाजार (Perfect Market)
  - अपूर्ण बाजार (Imperfect Market)
    - विक्रेता के आधार पर (On the basis of Seller)
      - एकाधिकार (Monopoly) → द्वयाधिकार (Duopoly) → अल्पाधिकार (Oligopoly) → एकाधिकारिक (Monopolistic)
    - क्रेता के आधार पर (On the basis of Buyer)
      - एकक्रयाधिकार (Monopsony) → द्वैक्रयाधिकार (Duopsony) → अल्पक्रयाधिकार (Oligopsony)
- आकार के आधार पर (On the size of Volume Basis)
  - थोक बाजार (Wholesale Market)
  - फुटकर बाजार (Retail Market)

1. उत्पाद विपणन (Product Marketing)

(अ) प्रक्षेत्र पर उत्पादन (On Farming): प्रक्षेत्र पर उत्पादित वस्तुएँ उत्पाद विपणन कहलाती हैं जैसे-धान, गेहूँ, मक्का, आलू, गन्ना, सरसों आदि।

(ब) प्रक्षेत्र से इत्तर (Off Farming): इसके अन्तर्गत प्रक्षेत्र उत्पादन के बाद की क्रियाएँ प्रक्षेत्र पर सम्मिलित होती हैं। प्रक्षेत्र पर उत्पादित वस्तुओं को जब विधायन या प्रसंस्करण करके मूल्य में वृद्धि कर दी जाती है, जो प्रक्षेत्र से इत्तर कहलाती हैं, जैसे-धान से चावल बनाना, गेहूँ से आटा, गन्ना से गुड़ या दुग्ध से दुग्ध उत्पादों को निर्मित करना, सब्जी एवं फलों का प्रसंस्करण एवं श्रेणीकरण आदि।

2. आगत विपणन (Input Marketing)

जब प्रक्षेत्र पर उत्पादन हेतु कृषकों द्वारा आगतों की माँग की जाती है, इन्हें आगत विपणन कहते हैं। वर्तमान में प्रक्षेत्र में कृषि की उन्नति एवं विकास में आगतों की महत्त्वपूर्ण भूमिका है। इसके अन्तर्गत औद्योगिक

वस्तुएँ निर्मित की जाती है। जैसे- (*i*) बीज, (*ii*) उर्वरक, (*iii*) फसल सुरक्षा के उपाय, (*iv*) विद्युत एवं डीजल, (*v*) मशीनरी।

आजकल आगत विपणन का महत्त्व अधिक बढ़ गया है। अतीत समय में कृषि परम्परागत ढंग से होती थी परन्तु आधुनिक समय में नवप्रवर्तन, नयी तकनीकी, आधुनिक कृषि यन्त्रों, उन्नतिशील बीजों, उर्वरकों, फसल सुरक्षा के उपायों, विद्युत एवं मशीनरी के प्रयोग में अत्यधिक वृद्धि हुई जिसने हरित-क्रान्ति को जन्म दिया। आज कृषि का व्यवसायीकरण हो चुका है। जिससे कृषक वैश्विक व्यापार में प्रतियोगिता का सामना कर रहे हैं जिससे अधिकतम उत्पादन हेतु आगतों की महत्त्वपूर्ण भूमिका है जो कृषि उद्योगों द्वारा निर्मित होते हैं। अत: आगतों (Inputs) के विपणन का विशेष महत्त्व है, ये आगत उन्नति कृषि के स्तम्भ हैं जो उत्पादन में महत्त्वपूर्ण योगदान दे रहे हैं।

कृषि विपणन के उद्देश्य (Objectives of Agricultural Marketing)

कृषि विपणन के निम्नलिखित मुख्य उद्देश्य हैं:

1. कृषि विपणन का मुख्य उद्देश्य है कि प्रथम वर्ग उत्पादक वर्ग को उत्पाद की बिक्री से उपभोक्ता के मूल्य में अधिकतम हिस्सा प्राप्त हो तथा आगतें (Inputs) कम कीमत पर प्राप्त हों। कृषि उत्पादों की कीमत ऊँची हो।

2. कृषि विपणन में दूसरा वर्ग उपभोक्ताओं का है जिसका मुख्य उद्देश्य है कि वस्तुएँ अथवा उत्पाद न्यूनतम एवं सस्ती दर पर प्राप्त हों, जिससे अपनी सीमित आय में वह आवश्यकताओं की पूर्ति कर सके।

3. विपणन में विपणन मध्यस्थों एवं व्यापारी वर्ग का मुख्य उददेश्य यह है कि कृषि उत्पादों को कृषकों से न्यूनतम दर पर क्रय करके उपभोक्ताओं को अधिकतम कीमत पर विक्रय करने का है। विपणन मध्यस्थों को यदि समुचित प्रतिफल प्राप्त होता है तभी तक उस उद्योग में रहते हैं, अन्यथा वे अन्य उद्योग-धन्धे करने लगते हैं।

4. विपणन व्यवस्था में सरकार का मुख्य उद्देश्य उत्पादकों, उपभोक्ताओं एवं विपणन मध्यस्थों के हितों की रक्षा करना तथा शोषण से बचाने का है। उत्पादकों को उपज का समुचित मूल्य, उपभोक्ताओं को समुचित दर पर अच्छी गुण वाली वस्तुएँ एवं विपणन मध्यस्थों को उनकी सेवाओं का समुचित प्रतिफल प्राप्त हो, जिससे सभी वर्गों का हित हो।

कृषि एवं औद्योगिक निर्मित वस्तुओं में अन्तर (Difference between Marketing of Agricultural and Manufactured Goods)

कृषि वस्तुओं एवं औद्योगिक निर्मित वस्तुओं में निम्नलिखित अन्तर होता है:

1. कृषि वस्तुओं को मौसम विशेष पर उत्पन्न किया जा सकता है।	1. औद्योगिक वस्तुओं को पूरे वर्ष उत्पन्न किया जा सकता है।
2. कृषि वस्तुओं की अधिकतम पूर्ति हो जाने से कीमतों में कमी आ जाती है।	2. औद्योगिक वस्तुओं की पूर्ति में सामंजस्य लाकर पूरे वर्ष कीमत में समानता लाई जा सकती है।

3. कृषि वस्तुएँ अधिकाँशयता भारी होती हैं, जिससे अधिक जगह घेरती हैं, जिससे भण्डारण एवं परिवहन आदि की लागत अधिक आती है।	3. औद्योगिक वस्तुओं का भारी होना आवश्यक नहीं है, जिससे परिवहन एवं भण्डारण में लागत में कमी आती है।
4. कृषि उत्पाद प्रायः शीघ्र ही नाशवान होती हैं जिससे उन्हें अधिक दिनों तक संग्रह नहीं किया जा सकता।	4. औद्योगिक वस्तुएँ टिकाऊ होती हैं, जिससे उन्हें अधिक दिनों तक संग्रह किया जा सकता है।
5. भूमि की किस्म एवं जलवायु का कृषि उत्पादन पर प्रभाव पड़ता है। अतः कृषक को समान गुणवत्ता में वस्तुओं को लाने में कठिनाई होती है।	5. औद्योगिक वस्तुओं को समान गुणवत्ता में लाने में कोई कठिनाई नहीं होती।
6. कृषि वस्तुओं के विपणन में जोतों के आकार में लघु उत्पादकों की संख्या में अधिकता एवं उत्पादन में कमी आ जाती है।	6. औद्योगिक निर्मित वस्तुओं, में इस प्रकार की कोई सम्भावना नहीं होती।
7. कृषि उत्पादों को प्रसंस्करण करने में ही प्रसंस्करण इकाइयों द्वारा ही उपभोक्ता के मूल्य का अधिकतम भाग का शोषण हो जाता है।	7. औद्योगिक निर्मित वस्तुओं में ऐसा नहीं होता है।
8. कृषि उत्पाद अधिकाँशतया संयुक्त होते हैं, जिससे वस्तु की वास्तविक लागत का पता लगाना कठिन हो जाता है।	8. औद्योगिक निर्मित वस्तुओं में इस प्रकार की कोई समस्या नहीं होती।

कृषि विपणन प्रक्रिया (Process of Agricultural Marketing)

कृषि वस्तुओं के प्राथमिक उत्पादन को उत्पादक से उपभोक्ता तक पहुँचने की प्रक्रिया को मुख्य रूप से तीन भागों में विभक्त किया गया है जो निम्नलिखित हैं:

1. संकेन्द्रण (Concentration)
2. समानीकरण (Equalization)
3. प्रसारण (Dispersion) या वितरण (Distribution)

1. संकेन्द्रण (Concentration): संकेन्द्रण कृषि विपणन की वह प्रक्रिया है जिसके अन्तर्गत कृषि उत्पादन क्षेत्रों से व्यक्तिगत रूप से कृषकों की छोटी छोटी बचतों को बाजार में एकत्रित किया जाता है। उत्पादक केन्द्रों से कृषि उत्पाद परिवहन क्रियाओं द्वारा थोक बाजारों में बिक्री हेतु आता है। कृषकों की उत्पाद की अल्प मात्रा बाजार में बिक्री होती है जो एक महत्त्वपूर्ण प्रक्रिया है। इसमें थोड़ी-थोड़ी बचतों को भारी मात्रा में संग्रहीत किया जाता है जिसे एकत्रीकरण या संकेन्द्रण कहते हैं। इस प्रक्रिया में उत्पादन को प्रक्षेत्र में बाजार में विक्रय हेतु एकत्र किया जाता है, यह प्रक्रिया बाजार में विपणन की प्राथमिक अवस्था या प्रथम चरण है जिसकी बाजार में महत्त्वपूर्ण भूमिका है।

2. समानीकरण (Equalization): समानीकरण वह प्रक्रिया है जिसमें माँग एवं पूर्ति के आधार पर मूल्य का निर्धारण होता है। समानीकरण प्रक्रिया का प्रारम्भ तब होता है जब कृषि उत्पाद थोक बाजार में एकत्रित होता है। थोक बाजारों में कृषि उत्पाद विभिन्न उत्पादक क्षेत्रों से आता है उसे नियमित एवं निश्चित रूप से उपभोक्ताओं को उनकी माँग के अनुसार पहुँचाया जाता है। यह प्रवाह नियमित एवं निश्चित होता है।

3. प्रसारण (Dispersion) या वितरण (Distribution): प्रसारण या फैलाव विपणन की वह प्रक्रिया है जिसमें कृषि उत्पादों को फुटकर व्यापारियों के माध्यम से उपभोक्ताओं को वितरित किया जाता है। यह प्रक्रिया समानीकरण के पश्चात् प्रारम्भ होती है।

हमारे देश में कृषि उत्पादों की अल्प मात्राओं को उत्पादकों से उपभोक्ताओं तक पहुँचने में उपरोक्त क्रियाएँ अति महत्त्वपूर्ण हैं। बहुत से कृषि उत्पाद गाँव का व्यापारी या घुमन्तू व्यापारियों के माध्यम से आढ़तियों के पास बाजार में आती है तथा कुछ वस्तुओं को सीधे फुटकर व्यापारिक या उपभोक्ताओं को विक्रय कर दिया जाता है।

विपणन अध्ययन का दृष्टिकोण (Approaches to Study of Marketing)

विपणन अध्ययन के मुख्य रूप से तीन पहलू हैं-

1. कार्य पर आधारित दृष्टिकोण (Functional Approach)
2. संस्थागत दृष्टिकोण (Institutional Approach)
   - (अ) अभिकर्ता मध्यस्थ (Agent Middlemen)
   - (ब) व्यापारी मध्यस्थ (Merchant Middlemen)
   - (स) सुविधात्मक मध्यस्थ (Facilitating Middlemen)
   - (द) सट्टा व्यापारी मध्यस्थ (Speculative Middlemen)
3. वस्तुगत दृष्टिकोण (Commodity Approach)

1. कार्य पर आधारित दृष्टिकोण (Functional Approach): कार्य के आधार पर दृष्टिकोण के अन्तर्गत विभिन्न कार्यों को सम्मलित किया जाता है। जैसे-वस्तुओं का एकत्रीकरण, श्रेणीकरण, विधायन, पैकेजिंग, परिवहन, जोखिम वहन, विनिमय आदि क्रियाओं का विस्तृत रूप से अध्ययन होता है।

2. संस्थागत दृष्टिकोण (Institutional Approach)

(अ) अभिकर्ता मध्यस्थ (Agent Middlemen): संस्थागत दृष्टिकोण के अन्तर्गत कमीशन एजेन्ट (आढ़तिया), दलाल, जो वस्तुओं को स्वयं क्रय नहीं करते बल्कि क्रेताओं और विक्रेताओं को आपस में मिलाने का कार्य करते हैं उसका वे दोनों तरफ से कमीशन लेते हैं।

(ब) व्यापारी मध्यस्थ (Merchant Middlemen): व्यापारी मध्यस्थ के अन्तर्गत थोक विक्रेता, फुटकर विक्रेता आदि व्यापारी सम्मिलित होते हैं। जो प्रत्येक स्तर पर कृषि उत्पादों के क्रय-विक्रय पर अपना लाभ अर्जित करते हैं।

(स) सुविधात्मक मध्यस्थ (Facilitative Middlemen): सुविधात्मक मध्यस्थ के अन्तर्गत बाजार के श्रमिक, वित्तीय संस्थाएँ, बैंक, परिवहन भण्डारण, सरकारी संस्थाएँ, सहकारी संस्थाएँ आदि अनेक प्रकार की सुविधाएँ बाजार में कृषि वस्तुओं के विपणन हेतु प्रदान की जाती हैं।

(द) **सट्टा व्यापारी मध्यस्थ (Speculative Middlemen):** सट्टा व्यापारी मध्यस्थों के अन्तर्गत वे मध्यस्थ सम्मिलित किये जाते हैं जो भौतिक रूप से कृषि वस्तुओं का क्रय-विक्रय नहीं करते बल्कि समय एवं स्थान के आधार पर वस्तुओं के विनिमय होने पर मूल्यों में परिवर्तन होने पर जो अन्तर होता है उसे वे प्राप्त करते हैं।

3. वस्तुगत दृष्टिकोण (Commodity Approach): वस्तुगत दृष्टिकोण के अन्तर्गत सम्पूर्ण वस्तुओं को साथ-साथ अध्ययन की अपेक्षा किसी एक कृषि वस्तु का अध्ययन एक-एक करके विस्तृत रूप से जिसमें सभी प्रक्रियाओं का अध्ययन किया जाता है जिसमें उपभोक्ता के दृष्टिकोण से प्रक्षेत्र से उत्पाद को समुचित रूप जिसका उपभोक्ताओं को प्राप्त हो इस कार्य हेतु विपणन से सम्बन्धित संस्थाओं को भी सम्मिलित किया जाता है।

इस प्रकार उपरोक्त विपणन के तीनों दृष्टिकोणों को अध्ययन हेतु विपणन की प्रक्रियाओं को अध्ययन व्यवस्थित रूप से अपनाया जाता है। जैसे-धान के अध्ययन हेतु विपणन सम्बन्धी विभिन्न कार्यों को साथ-साथ सम्पादित किया जाता है जिसके अन्तर्गत मध्यस्थों की विभिन्न श्रृंखलाएँ सम्मिलित होती हैं। विपणन प्रक्रियाओं में मध्यस्थों की महत्त्वपूर्ण भूमिका होती है।

बाजार का वर्गीकरण (Classification of Market)

बाजार का वर्गीकरण निम्नांकित प्रकार से किया जाता है:

1. क्षेत्र के अनुसार (According to Area)

1. **स्थानीय एवं ग्राम बाजार (Local or Village Market):** जब किसी वस्तु का क्रय-विक्रय किसी स्थान विशेष अथवा गाँव तक ही सीमित रहता है, उसे स्थानीय या ग्राम बाजार कहते हैं। जैसे- दूध, दही एवं सब्जी आदि।
2. **प्रादेशिक अथवा क्षेत्रीय बाजार (Provisional or Regional Market):** जब किसी वस्तु के क्रेता-विक्रेता पूरे प्रान्त अथवा क्षेत्र में फैले रहते हैं, ऐसे बाजार प्रान्तीय या क्षेत्रीय बाजार कहलाते हैं। जैसे- राजस्थानी पगड़ी आदि।
3. **राष्ट्रीय बाजार (National Market):** जब किसी वस्तु का क्रय-विक्रय सम्पूर्ण राष्ट्र में होता है तो इस प्रकार के बाजार को राष्ट्रीय बाजार कहा जाता है। जैसे- भारत में सूती वस्त्र का बाजार, गेहूँ, चावल आदि का व्यापार राष्ट्रीय स्तर पर होता है।
4. **अन्तर्राष्ट्रीय बाजार (International Market):** जब किसी वस्तु का क्रय-विक्रय सम्पूर्ण विश्व में होता है, उसे अन्तर्राष्ट्रीय बाजार कहते हैं। इन्हें विश्व व्यापार भी कहा जाता क्योंकि उनकी वस्तुओं की माँग विश्वस्तर पर होती है, जैसे- सोना, चाँदी, घड़ियाँ तथा गेहूँ आदि।

2. समय के आधार पर (On the Basis of Time)

1. **दैनिक अथवा अति अल्पकालीन बाजार (Very Short Period):** इस प्रकार के बाजार में उन वस्तुओं का क्रय-विक्रय होता है जो शीघ्र ही नष्ट हो जाती हैं तथा जिनकी पूर्ति सीमित होती है। जैसे- दूध, दही, हरी सब्जी आदि। ऐसी वस्तुओं के मूल्य निर्धारण दर पर पूर्ति की अपेक्षा माँग का अधिक प्रभाव रहता है।

2. **अल्पकालीन बाजार (Short Period Market):** इस प्रकार के बाजार में ऐसी वस्तुओं का क्रय-विक्रय बढ़ाया जा सकता है, यह बाजार कुछ महीनों या वर्ष भर का होता है। इस प्रकार बाजार में मूल्य निर्धारण में पूर्ति की अपेक्षा माँग का ही अधिक प्रभाव रहता है।

3. **दीर्घकालीन बाजार (Long Period Market):** दीर्घकालीन बाजार में इतना पर्याप्त समय मिल जाता है कि पूर्ति को माँग के अनुसार उत्पादन बढ़ाया जा सकता है। इस प्रकार के बाजार कई वर्षों के लिए होते हैं। इस प्रकार के बाजार में मूल्य निर्धारण में माँग की अपेक्षा पूर्ति का अधिक प्रभाव पड़ता है।

4. **अति दीर्घकालीन बाजार (Very Long Period Market):** इस प्रकार के बाजार में इतना अधिक समय मिल जाता है कि नवीन वैज्ञानिक विधियों एवं तकनीकी का प्रयोग कर नये उद्योग धन्धे स्थापित किये जा सकते हैं तथा उत्पादन को किसी भी सीमा तक बढ़ाया जा सकता है। इसमें मूल्य निर्धारण में माँग की अपेक्षा पूर्ति का अधिक प्रभाव होता है। इससे उत्पादन में वृद्धि हेतु लम्बा कार्यकाल होता है।

3. प्रतिस्पर्धा के अनुसार (According to Competition)

1. पूर्ण बाजार (Perfect Market): पूर्ण बाजार में क्रेता एवं विक्रेता में पूर्ण प्रतियोगिता होती है तथा सम्पूर्ण बाजार में मूल्य एवं समान रहता है। इसमें क्रेता एवं विक्रेता की संख्या अधिक होती है। वस्तुओं की इकाइयाँ समरूप एवं उत्पादकों को बाजार का पूर्ण ज्ञान रहता है। उत्पादकों एवं फर्मों को बाजार में प्रवेश करने एवं छोड़ने की पूर्ण स्वतंत्रता होती है। प्राय: वास्तविक जीवन में ऐसे बाजार देखने को नहीं मिलते हैं। यह कल्पना मात्र ही है। इस प्रकार पूर्ण बाजार में ये सभी विशेषताएँ मिलती हैं।

2. अपूर्ण बाजार (Inperfect Market): अपूर्ण बाजार में क्रेताओं एवं विक्रेताओं के मध्य स्वतंत्र प्रतियोगिता का अभाव होता है। विभिन्न उत्पादक वस्तु-विभेद नीति के कारण एक ही वस्तु को विभिन्न रूपों एवं श्रेणियों में प्रदर्शित करते हैं। जिसके कारण मूल्यों में अन्तर पाया जाता है। क्रेताओं तथा विक्रेताओं की संख्या सीमित एवं बाजार का ज्ञान अपूर्ण रहता है।

(*i*) **एकाधिकार बाजार (Monopoly Market):** एकाधिकार बाजार प्रतियोगिता रहित बाजार है। यह बाजार पूर्ण बाजार के ठीक विपरीत होता है। इस प्रकार के बाजार में वस्तुओं के उत्पादन अथवा पूर्ति हेतु एक ही उत्पादक होता है। अत: उत्पादन एक ही उत्पादक के हाथ में होता है। इस प्रकार उत्पादक प्रतियोगिता के अभाव में स्वयं इच्छानुसार मूल्य निर्धारित करता है। एकाधिकारी का पूर्ति पर पूर्ण नियंत्रण होता है।

(*ii*) **द्वयाधिकार बाजार (Duopoly Market):** जब किसी एक ही वस्तु का उत्पादन दो उत्पादकों के हाथ में होता है तो ऐसा बाजार द्वयाधिकार बाजार (Duopoly Market) कहलाता है।

(*iii*) **अल्पाधिकार बाजार (Oligopoly Market):** जब उत्पादकों की संख्या दो से अधिक, पर बहुत अधिक न हो तो ऐसे बाजार को अल्पाधिकार बाजार (Oligopoly Market) कहते हैं।

जब बाजार में एक क्रेता होता है तो उसे एकक्रयाधिकार (Monopsony) बाजार कहते है। जब बाजार में दो क्रेता होते है तो उसे द्वैक्रयाधिकार (Duosony) बाजार कहते है। जब बाजार में क्रेताओं की संख्या दो से अधिक हो तो उसे अल्पक्रयाधिकार (Oligopsony) बाजार कहते हैं।

(iv) **एकाधिकारिक बाजार (Monopolistic Market):** एकाधिकारिक बाजार जब पाया जाता है जहाँ विक्रेताओं की संख्या अधिक होती है तथा वस्तुओं में विभेदीकरण की स्थिति होती है। विक्रेता मूलरूप से एक ही उत्पाद को विभिन्न प्रकार के ट्रेड मार्क लगाकर विभिन्न कीमतों में बिक्री करता है। एकाधिकारिक बाजार कहलाते हैं जैसे- एकाधिकारिक प्रतियोगिता सामान्य कृषक को आगतों को (Inputs) बाजारों में क्रय करना पड़ता है जैसे-पम्पसेट, उर्वरक एवं उपकरण व मशीनें आदि।

4. कार्य के आधार पर (On the Basis of Function)

1. **सामान्य या मिश्रित बाजार (General or Mixed Market):** साधारण या मिश्रित बाजार में सभी प्रकार की वस्तुओं का क्रय-विक्रय होता है। इस प्रकार के बाजार मिश्रित या सामान्य बाजार कहलाते हैं। जैसे- दिल्ली का कनाट प्लेस एवं चाँदनी चौक आदि।
2. **विशिष्ट बाजार (Specilised Market):** विशिष्ट बाजार में मात्र एक ही वस्तु का क्रय-विक्रय होता है। इस प्रकार के बाजार विशिष्ट बाजार कहलाते हैं, जैसे- दालमण्डी, शर्राफा बाजार, अनाज मण्डी आदि।
3. **नमूने द्वारा बिक्री (Sale by Sample Market):** वह बाजार जिसमें माल का क्रय-विक्रय नमूने के आधार पर होता है तो इसे नमूना बाजार कहा जाता है। प्रायः अधिकांश वस्तुओं का क्रय-विक्रय नमूना दिखाकर ही किया जाता है।
4. **ट्रेड मार्क या ग्रेड द्वारा बिक्री (Sale by Trade or Grade Market):** जब वस्तुओं की रूप-रंग एवं गुण के आधार पर प्रसिद्धि प्राप्त होती है तथा क्रय-विक्रय ट्रेड मार्क द्वारा ही होता है तो ऐसे बाजार को ट्रेड या ग्रेड बाजार कहा जाता है। जैसे- लक्स साबुन, गेहूँ के-68 आदि।

5. व्यवसाय के अनुसार (According to Business)

1. **थोक बाजार (Whole Sale Market):** इस प्रकार के बाजार में वस्तुओं का क्रय-विक्रय थोक रूप में होता है, ऐसे बाजार को थोक बाजार कहा जाता है। वस्तुएँ भारी मात्रा में क्रय-विक्रय होती हैं।
2. **फुटकर बाजार (Retail Market):** फुटकर बाजार में वस्तुओं का क्रय-विक्रय अल्प मात्रा में होता है तथा वस्तुएँ थोड़ी मात्रा में ही खरीदी एवं बेची जाती हैं, फुटकर बाजार कहलाता है।

6. वैधानिकता के अनुसार (According to Justice)

1. **उचित बाजार (Fair Market):** जब बाजार में उपभोक्ताओं को वस्तुएँ सरकार द्वारा निर्धारित मूल्य पर प्राप्त होती हैं तो इस प्रकार बाजार को वैध या उचित बाजार कहते हैं। जब किसी वस्तु का अभाव हो जाता है तो सरकार राशनिंग व्यवस्था या सस्ते दर की दूकानों की व्यवस्था करके उपभोक्ताओं को वस्तुएँ उपलब्ध कराती हैं एवं कीमत निर्धारण सरकार स्वयं करती है।

2. **चोर बाजार (Black Market):** जब बाजार में वस्तुओं को निर्धारित मूल्य से अधिक कीमत पर विक्रय किया जाता है तो ऐसे बाजार को चोर बाजार कहा जाता है। इस प्रकार के बाजार में उपभोक्ताओं का शोषण होता है।

7. महत्त्व के आधार पर (On the Basis of Importance)

1. **प्राथमिक बाजार (Primary Market):** प्राथमिक बाजार प्राय: गाँव या कस्बों में पाये जाते हैं, जहाँ पर दैनिक वस्तुओं का ही क्रय-विक्रय होता है। साप्ताहिक बाजार भी इसी के अन्तर्गत आते हैं।
2. **माध्यमिक थोक बाजार (Secondary Holesale Market):** इस प्रकार के बाजार प्रतिदिन लगते हैं, जहाँ पर परिवहन भण्डारण तथा वित्तीय आदि की सुविधाएँ पर्याप्त होती हैं। ये बाजार जनपद एवं तहसील स्तर पर लगते हैं। ऐसे बाजार में कृषि उत्पादों का अधिकाँश मात्रा में विक्रय होता है। इस प्रकार के बाजार में सुव्यवस्थित मण्डियाँ होती हैं।
3. **अन्तस्तल बाजार (Terminal Market):** इस प्रकार के बाजार बड़े-बड़े नगरों एवं बन्दरगाहों पर पाये जाते हैं। जहाँ से माल अन्तर्राष्ट्रीय स्तर पर भेजा जाता है, भण्डारण की विशेष सुविधा होती है। ऐसे बाजारों में उत्पादक, या प्रशोधनकर्ता अथवा एकत्रितकर्ता द्वारा वस्तुएँ निर्यात की जाती है। व्यापारी अच्छी प्रकार संगठित होते हैं। टर्मिनल बाजारों के अन्तर्गत वायदा बाजार में वस्तुओं हेतु विशेष सुविधाएँ प्रदान की जाती हैं। समुद्री तटों में जैसे-मुम्बई, चेन्नई एवं कोलकाता आदि स्थानों पर ऐसे बाजार पाये जाते हैं।
4. **समुद्र तटीय बाजार (Sea Board Market):** भारत में इस प्रकार बाजार मुख्य रूप से समुद्री तटों पर पाये जाते हैं। जहाँ पर वस्तुएँ आयात और निर्यात की जाती हैं। जैसे-मुम्बई, चेन्नई, गुजरात एवं कोलकाता आदि।
5. **मेले (Fairs):** हमारे देश में प्राचीनकाल से ही मेलों का महत्त्व रहा है। इस प्रकार के मेले धार्मिक उत्सवों या त्योहारों पर जनपदीय या स्थानीय समितियों द्वारा लगवाये जाते हैं।

8. सरकारी नियंत्रण के आधार (On the Basis of Government Control)

1. **नियंत्रित बाजार (Regulated Market):** जब बाजार की अनियमितताओं को हटाने हेतु जब बाजार का नियंत्रण राज्य सरकार या किसी स्वायत्तशासी संस्था के विशेष विधान द्वारा होता है, तो इस प्रकार के बाजार नियंत्रित बाजार कहलाते हैं।
2. **अनियंत्रित बाजार (Unregulated Market):** जब बाजार का नियंत्रण सरकारी विधान द्वारा नहीं होता बल्कि क्रय-विक्रय परम्परागत होते हैं, तो इस प्रकार के बाजार अनियंत्रित बाजार कहलाते हैं।

9. कीमत के भुगतान के आधार पर (On the Basis of Payment)

1. **तात्कालिक बाजार (Cash Market):** जब वस्तुओं का वर्तमान कीमत पर क्रय-विक्रय होता है तथा तुरन्त भुगतान कर दिया जाता है। इस प्रकार के बाजार को तात्कालिक बाजार कहते हैं।
2. **अग्रणी बाजार (Forward Market):** जब वस्तुओं का क्रय-विक्रय भविष्य की किसी तिथि पर किया जाता है, तो ऐसे बाजार को भविष्य या अग्रणी बाजार कहा जाता है।

10. क्रय-विक्रय की जाने वाली वस्तुओं के स्वभाव के आधार पर (On the Basis of Nature of Commodity)

1. वस्तु बाजार (Commodity Market)

(अ) उपज विनिमय बाजार (Producing Exchanging Market): जब बड़ी-बड़ी मण्डियों में एक विशिष्ट उत्पाद का क्रय-विक्रय होता है, इस प्रकार के बाजार बड़े नगरों पर देश के विकसित उद्योग केन्द्रों पर ही पाये जाते हैं। उदाहरणार्थ-कोलकाता की जूट मण्डी तथा हापुड़ की गेहूँ मण्डी आदि।

2. उद्योगों से तैयार माल का बाजार (Manufacturing Goods of Market): इस प्रकार के बाजारों में अनेक प्रकार से तैयार वस्तुओं के उत्पादों का क्रय-विक्रय होता है। इस प्रकार के बाजार में कच्चा माल भी तैयार होता है, जूट एवं वस्त्र आदि।

पूँजी बाजार (Capital Market)

(अ) मुद्रा बाजार (Money Market): इस प्रकार के बाजार में व्यवसाय हेतु चालू कार्यों हेतु वित्तीय सुविधाएँ प्रदान की जाती हैं।

बाजार का वर्गीकरण
(Classification of Market)

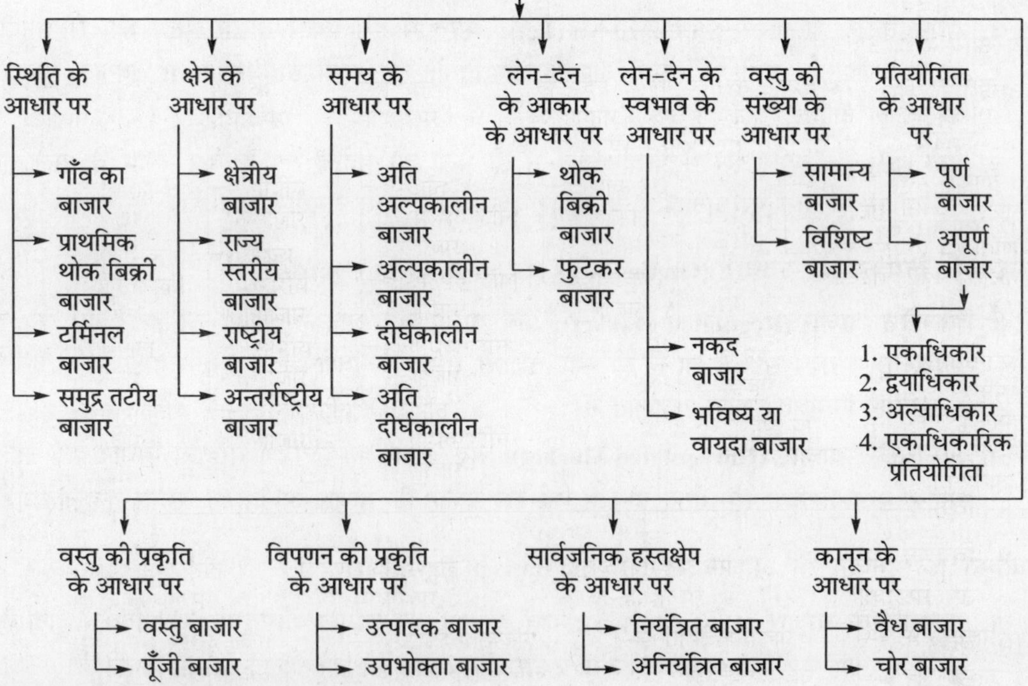

(ब) शेयर बाजार (Stock Exchange Market): शेयर बाजार में शेयर यूनिट, पूँजीपत्र तथा अन्य औद्योगिक पत्रकों का क्रय-विक्रय होता है।

(स) **विदेशी मुद्रा (Foreign Exchange Market):** विदेशी मुद्रा बाजार में विदेशी मुद्रा का क्रय-विक्रय होता है। हमारे देश में रिजर्व बैंक ऑफ इण्डिया, इस प्रकार का कार्य कर रहा है।

11. विपणन की अवस्था के अनुसार (According to Marketing Stage)

1. **उत्पादन बाजार (Producing Market):** इस प्रकार के बाजार में वस्तुओं के उत्पादन क्षेत्र में ही होते हैं तथा वस्तुओं को उत्पादकों से एकत्रित करके उपभोक्ताओं के क्षेत्रों में वितरण के लिए पहुँचाया जाता है। ऐसे बाजार उत्पादन बाजार कहलाते हैं।
2. **उपभोक्ता बाजार (Comsuming Market):** इस प्रकार के बाजार में वस्तुओं को बाजार से एकत्रित करके उपभोक्ताओं को विक्रय किया जाता है। इस प्रकार के बाजार प्रायः उन क्षेत्रों में पाये जाते हैं, जहाँ पर वस्तुओं के उत्पादन में कमी होती है। इस प्रकार अभावग्रस्त क्षेत्रों जैसे- नगरीय क्षेत्रों में ही ऐसे बाजार उपलब्ध होते हैं।

इस प्रकार से उपर्युक्त प्रकार से बाजार पाये जाते हैं, जो आधुनिक युग में अत्यन्त महत्त्वपूर्ण हैं।

एक अच्छी कृषि विपणन व्यवस्था की विशेषताएँ (Characteristics of a Good Agricultural Marketing System)

एक अच्छी विपणन व्यवस्था के बिना कृषि उत्पादकों को सही कीमत नहीं मिल सकती। अतः विपणन व्यवस्था समुचित होने से कृषकों को अधिकतम लाभ मिलेगा तथा उन्हें कृषि में प्रोत्साहन प्राप्त होगा जिससे राष्ट्रीय आय में वृद्धि होगी।

अच्छी विपणन व्यवस्था में निम्नलिखित विशेषताएँ होनी चाहिए:

1. कृषकों के उत्पाद व माल को मण्डी तक लाने हेतु समुचित परिवहन व्यवस्था होना अति आवश्यक है।
2. बाजार तक माल को लाने में लागत में कमी होनी चाहिए।
3. कृषकों को मण्डी सम्बन्धी सूचनाओं का ज्ञान होना अति आवश्यक है।
4. विपणन में मध्यस्थों की संख्या कम से कम होना चाहिए।
5. कृषकों के माल संग्रह करने हेतु मण्डी में समुचित भण्डारगृह होना चाहिए।
6. कृषकों को फसल के समय समुचित मूल्य हेतु माल रोकने की क्षमता का होना आवश्यक है।
7. कृषि उपज का श्रेणीकरण एवं प्रमापीकरण की सुविधा होना अति आवश्यक है।
8. वित्तीय सुविधाएँ अवश्य उपलब्ध होनी चाहिए।
9. विपणन व्यवस्था में सरकारी हस्तक्षेप नहीं होना चाहिए बल्कि सरकार को विपणन क्रिया हेतु सुविधाएँ उपलब्ध करानी चाहिए।
10. कृषि विपणन व्यवस्था इस प्रकार होनी चाहिए, जिससे उत्पाद को परिष्करण करने से बेरोजगारी न्यूनतम हो तथा उपभोक्ताओं को कम से कम कीमत पर कृषि उत्पाद या वस्तुएँ प्राप्त हो सकें।
11. कृषि विपणन में उत्पादक एवं उपभोक्ताओं का कल्याण होना चाहिए।
12. विपणन व्यवस्था इस प्रकार होनी चाहिए, जिससे माँग एवं पूर्ति में सामंजस्य स्थापित हो सके।

इस प्रकार से कृषि विपणन व्यवस्था में कृषक एवं समाज के हित का ध्यान रखना अत्यन्त आवश्यक है। समुचित विपणन व्यवस्था से कृषकों की आय में वृद्धि होगी। उनका विकास होगा राष्ट्रीय अर्थव्यवस्था में सुधार होगा, राष्ट्रीय आय में वृद्धि होगी तथा हमारा राष्ट्र समृद्ध होगा।

विपणन एक उत्पादक क्रिया है (Marketing is a Producing Activity)

अर्थशास्त्रियों के अनुसार "किसी वस्तु में उपयोगिता का सृजन करना ही उत्पादन है।" कृषकों के पास से जब उत्पादन उपभोक्ता तक पहुँचता है तभी वह उत्पादन माना जाता है। इस प्रकार उपभोक्ता तक पहुँचने में उपयोगिता में वृद्धि करके कीमतों में वृद्धि करने में विपणन का एक महत्त्वपूर्ण स्थान है। इस प्रकार विपणन उत्पादक कारक के रूप में भूमिका निभाता है। विपणन प्रक्रिया में उसके उपयोगिता में वृद्धि हो जाती है। इस प्रकार उत्पादन प्रक्रिया निम्न प्रकार से होती है:

1. रूप परिवर्तन (Form Utility)
2. स्थान उपयोगिता (Place Utility)
3. समय उपयोगिता (Time Utility)
4. स्वामित्व उपयोगिता (Possession Utility)

1. रूप उपयोगिता (Form Utility): प्राय: हम देखते हैं कि अनेक कृषि उत्पाद ऐसे भी हैं, जिन्हें सीधे रूप पर उपयोग न करके उनके रूप में परिवर्तन करके उपयोग करते हैं। जैसे- धान से चावल, गेहूँ से आटा एवं आटे से बिस्कुट, सरसों से तेल, कपास से बिनौला अलग करना, जिससे रुई तथा कपड़े का निर्माण तथा आजकल फलों को परिष्कृत करके अनेक वस्तुओं का निर्माण किया जाता है। अत: परिष्करण या विधायन द्वारा रूप उपयोगिता में वृद्धि की जाती है जो विपणन का अति महत्त्वपूर्ण भाग है।

2. स्थान उपयोगिता (Place Utility): कृषि वस्तुएँ प्राकृतिक परिस्थितियों में उत्पन्न की जाती हैं, जिसमें भौतिक जलवायु एवं मृदा के प्रकार का महत्त्वपूर्ण स्थान है। कृषि वस्तुए जहाँ पर उत्पन्न होती हैं, वहाँ पर मूल्य कम होता है परन्तु जहाँ पर इसका अभाव होता है, वहाँ पर मूल्य अधिक होता है। अत: परिवहन सुविधाओं के द्वारा अभावग्रस्त क्षेत्रों में वस्तुओं को पहुँचाकर कृषि उत्पादों के मूल्य में वृद्धि की जा सकती है। इस प्रकार विपणन प्रक्रिया में परिवहन सुविधा का विशेष स्थान है, तथा कृषि उत्पादों का विपणन, स्थान उपयोगिता कहलाता है।

3. समय उपयोगिता (Time Utility): कृषि वस्तुओं का उत्पादन मौसमी होता है। यह पूरे वर्ष न होकर समय विशेष पर ही उत्पादन होता है। जिस समय उत्पादन होता है, उस समय पूर्ति की अधिकता के कारण कीमतें कम रहती हैं, परन्तु जब उत्पादन का समय नहीं होता, उस समय कीमतें ऊँची रहती हैं। अत: हम खाद्य पदार्थों का भण्डारण करते हैं, जिससे हम बिना मौसम में उस वस्तु का वर्ष भर उपयोग करते हैं। इस प्रकार हम कृषि उत्पादों का संग्रह करके उपयोग के समय में परिवर्तन करके उपयोगिता का सृजन करते हैं। जैसे- बड़े-बड़े शीतगृहों में आलू एवं टमाटर आदि का भण्डारण कर उसकी उपयोगिता में वृद्धि करते हैं।

4. स्वामित्व परिवर्तन (Possession Utility): कृषक ही कृषि वस्तुओं का उत्पादक है, उसके लिए उत्पादित वस्तु की कीमत कम है, परन्तु वह यही वस्तु उपभोक्ता तक पहुँचा देता है तो उसकी कीमत में वृद्धि हो जाती है। जिसका हस्तान्तरण क्रय-विक्रय द्वारा होता है। इस प्रकार से स्वामित्व परिवर्तन द्वारा उपयोगिताओं में वृद्धि करके कीमतों में वृद्धि की जा सकती है।

अभ्यास (Exercise)

चयनित प्रश्न (Selected Questions)

1. बाजार को परिभाषित कीजिए। बाजार के मुख्य तत्त्वों की विवेचना कीजिए।
2. कृषि विपणन से आप क्या समझते हो? कृषि विपणन की एक अच्छी व्यवस्था की क्या विशेषताएँ हैं?
3. कृषि विपणन की अवधारणा से क्या तात्पर्य है? कृषि एवं औद्योगिक वस्तुओं में अन्तर स्पष्ट कीजिए।
4. कृषि विपणन प्रक्रिया से क्या समझते हो? संकेन्द्रण, समानीकरण एवं प्रसारण की विस्तृत व्याख्या कीजिए।
5. बाजार के वर्गीकरण की विस्तृत व्याख्या कीजिए।
6. विपणन अध्ययन का दृष्टिकोण क्या है? बाजार संरचना का विस्तृत उल्लेख कीजिए।
7. संक्षिप्त टिप्पणी लिखिए:

   (अ) बाजार परिचालन
   (ब) आगत विपणन
   (स) विपणन की उत्पादक प्रक्रिया
   (द) बाजार का संगठन।

❑❑❑

2

कृषि विपणन : कार्य एवं कार्यकर्ता
(Agricultural Marketing : Functions and Functionaries)

कृषि विपणन की प्रचलित व्यवस्था (Prevailing System of Agricultural Marketing)

1. गाँवों में बिक्री (Sales in Village): भारतीय कृषक अपने पारिवारिक खर्चों के वहन हेतु उत्पादित माल को तुरन्त गाँवों में ही गाँव के महाजन या व्यापारी को बेंच देता है तथा रूपये प्राप्त कर लेता है। कृषकों को मण्डी तक ले जाने में अनेक समस्याओं का सामना करना पड़ता है। एक अध्ययन के आधार पर देखा गया कि उत्तर प्रदेश में गेहूँ 80 प्रतिशत एवं तिलहन 75 प्रतिशत एवं पंजाब में गेहूँ 60 प्रतिशत तथा तिलहन की 70 प्रतिशत गाँवों में ही बिक्री हो जाती है।

2. मण्डी में बिक्री (Sales in Mandi): कृषक अपने माल को साधनों द्वारा मण्डी में ले जाता है तथा वहाँ पर आढ़तियों की सहायता से व्यापारियों को माल की बिक्री की जाती है। ये आढ़तिये कृषकों एवं व्यापारियों के मिलने हेतु मध्यस्थ का क़ार्य करते हैं। आढ़तियां स्वयं के लिए भी कृषकों से माल क्रय करते हैं।

3. सहकारी समिति द्वारा (Through Cooperative Society): कृषक सहकारी क्रय-विक्रय समितियों के सदस्य बनकर सहकारिता द्वारा भी उपज का क्रय-विक्रय करते हैं। वे समितियों द्वारा उत्पाद का विक्रय एवं आवश्यक वस्तुओं का क्रय भी करते हैं। सहकारी समितियाँ भी महत्त्वपूर्ण भूमिका निभाती हैं।

4. सरकारी खरीद (Government Purchase): सरकार कृषकों से सीधे तौर पर वस्तुओं की खरीद करती है तथा इसका भुगतान बैंक द्वारा होता है। सन् 1973 में थोक व्यापारियों एवं मध्यस्थों पर रोक लगाकर फसल के समय गेहूँ एवं धान की खरीद की गई। इसके लिए अनेक खरीद केन्द्रों की स्थापना की गई।

इसके अतिरिक्त भी कृषक मेले आदि में माल की बिक्री कर कीमत प्राप्त करता है।

कृषि विपणन कार्य अथवा सेवाएँ (Agricultural Marketing Functions or Services)

कृषि उपज के विपणन में निम्नलिखित महत्त्वपूर्ण क्रियाएँ अथवा सेवाएँ सम्मिलित की जाती हैं:

1. कृषि उपज का एकत्रीकरण (Assembling): कृषि उपज को लगभग बहुत से छोटे-छोटे कृषकों द्वारा एकत्रीकरण करके बाजार में पहुँचाया जाता है, क्योंकि कृषि अधिकांश क्षेत्र में फैली हुई होती है। अत: इसका एकत्रीकरण होना अति आवश्यक है।

2. श्रेणीकरण एवं प्रमापीकरण (Grading and Standardization): कृषि उपज को उसके रूप रंग एवं गुणों के आधार पर अनेक वर्गों में विभाजित किया जाता है। जिससे क्रय करने वालों को अच्छी गुण वाली वस्तु एवं विक्रेता को समुचित कीमत प्राप्त हो सके।

3. विधायन (Processing): विधायन क्रिया का आजकल एक अति महत्त्वपूर्ण स्थान है, कृषि उपजों को सीधे न बेंचकर उसे विधायन द्वारा उपयोगी बनाकर कीमतों में वृद्धि कर दी जाती है, जैसे- गेहूँ से आटा तथा आटे से बिस्कुट एवं तिलहन वाली उपज को पेरकर उससे तेल निकाला जाता है। खली को पृथक कर अलग-अलग विक्रय कर देते हैं।

4. गोदामों में भण्डारण (Storage): कृषि उपज को भण्डारण की विशेष आवश्यकता होती है। कृषि उत्पादन मौसमी होता है तथा उसकी आवश्यकता पूरे वर्ष भर होती है। इस कार्य को भण्डारण एसोसियेशन करती है क्योंकि सभी कृषक भण्डारण हेतु सक्षम नहीं होते।

5. परिवहन (Transportation): कृषि उत्पादन को गाँव से मण्डी तक ले जाने के लिए परिवहन सम्बन्धी सुविधा का होना विशेष रूप से आवश्यक है। परिवहन द्वारा ही उत्पादक से उपभोक्ता तक माल पहुँचता है।

6. पैकिंग (Packing): कृषि उत्पादों को सुरक्षित पहुँचाने हेतु बोरों या डिब्बों आदि की आवश्यकता होती है, जिससे सुविधापुर्वक स्थान विशेष पर माल पहुँच सके। यह क्रिया आधुनिक युग में महत्त्वपूर्ण है।

7. क्रय-विक्रय (Buying and Selling): कृषि उत्पादों के हस्तान्तरण हेतु क्रय-विक्रय प्रक्रिया एक महत्त्वपूर्ण भूमिका अदा करती है। क्रेता एवं विक्रेता कीमतों को तय करते हैं।

8. वित्तीय व्यवस्था (Financing): कृषि उपज के विपणन हेतु अर्थव्यवस्था का होना अति आवश्यक है। धन के अभाव में विपणन प्रक्रिया पूर्णरूपेण होना असम्भव है।

9. थोक व्यापार (Wholesale Trade): कृषि उपज को जब भारी मात्रा में क्रय-विक्रय किया जाता है तब यह थोक व्यापार कहलाता है।

10. फुटकर व्यापार (Retail Trade): जब कृषि उपज का फुटकर अर्थात् थोड़ी-थोड़ी मात्रा में क्रय-विक्रय होता है, तो इस प्रकार का बाजार फुटकर व्यापार कहलाता है।

11. विज्ञापन (Advertising): कृषि वस्तुओं के गुणों के आधार पर विपणन द्वारा माँग एवं पूर्ति सम्बन्धी ज्ञान कराना आधुनिक युग में अति महत्त्वपूर्ण है। इसके द्वारा उत्पादक एवं उपभोक्ता दोनों लाभान्वित होते हैं।

12. विपणन समाचार (Marketing News): कृषि उपजों को उचित मूल्य दिलाने हेतु विपणन समाचारों का ज्ञान होना अति आवश्यक है। इससे कीमतों व भावों की जानकारी हो जाती है, जिससे क्रेताओं एवं विक्रेताओं को सही समय पर इसका लाभ मिल जाता है।

13. अनुसंधान (Intelligence): कृषि वस्तुओं के समुचित विपणन व्यवस्था हेतु कीमतों, गतिविधियों एवं सूचनाओं को संकलित करने की भी अत्यन्त आवश्यकता है, जिससे क्रेता एवं विक्रेता दोनों को लाभ प्राप्त होता है।

14. जोखिम उठाना (Risk Bearning): कृषि उपज के विपणन में जोखिम उठाना अत्यन्त महत्त्वपूर्ण है क्योंकि वस्तुओं के संग्रह करने पर भाव गिर सकते हैं या वस्तुओं के खराब होने का भय रहता है। कृषि वस्तुओं की कीमतों में समय-समय पर उतार-चढ़ाव होते रहते हैं।

उपरोक्त तथ्यों से ज्ञात होता है कि विपणन की इन सभी कार्यों हेतु अनेक एजेन्सियाँ होती हैं जो दोषपूर्ण हैं तथा शोषण करती चली आ रही हैं जिसमें उत्पादक तथा उपभोक्ता दोनों का शोषण होता है। अतः कृषक को अपनी उपज की बिक्री हेतु विपणन व्यवस्था पर विशेष ध्यान देना चाहिए।

विपणन कार्य का वर्गीकरण (Classification of Marketing Functions)

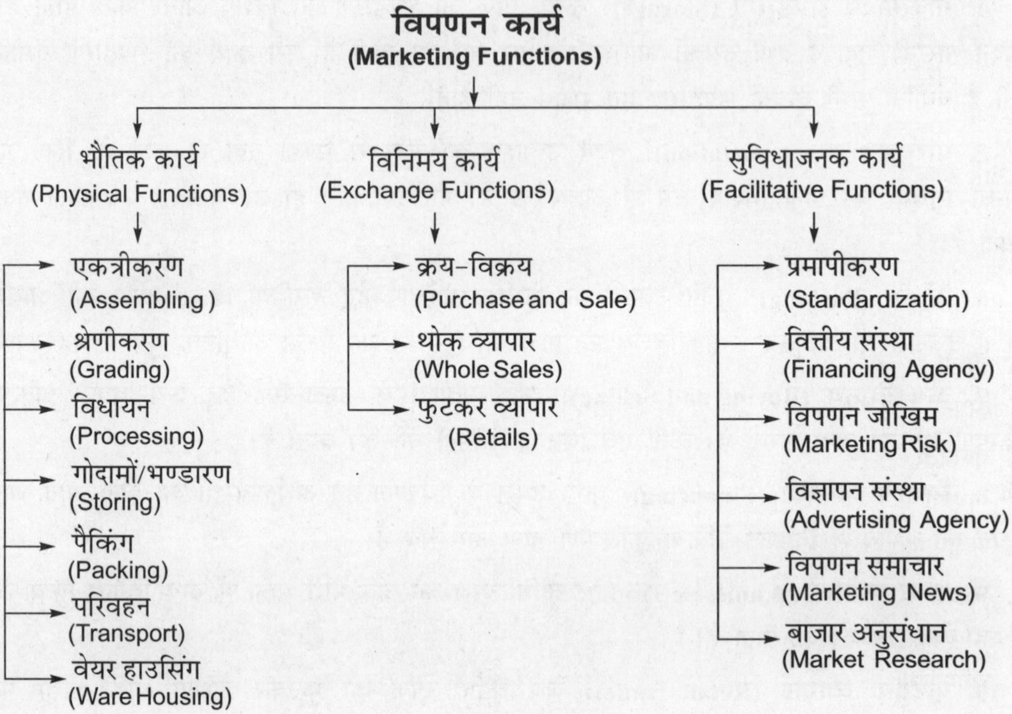

विपणन में भाग लेने वाले कार्यकर्ता (Marketing Functionaries)

विपणन कार्य में उत्पादक से लेकर उपभोक्ता तक वस्तु को पहुँचाने में जो मध्यस्थ या एजेंसियाँ कार्य करती हैं, वे विपणन कार्यकर्ता कहलाते हैं। हमारे देश में उनकी शृंखला लम्बी है। कृषि विपणन में निम्नलिखित मुख्य कार्यकर्ता भाग लेते हैं।

1. **ग्राम व्यापारी (Village Trader):** कृषि विपणन में ग्राम व्यापारी को बनिया या महाजन के नाम से जाना जाता है। यह व्यापारी फसलोत्पादन के समय माल क्रय करके आढ़तियों के माध्यम से मण्डी में बिक्री कर देता है। कृषि उपज का अधिकाँश भाग इन्हीं व्यापारियों द्वारा ही खरीद लिया जाता है। ये व्यापारी कृषकों को अग्रिम धनराशि भी देते हैं।

2. **फेरीवाला (Itinerant Trader):** फेरीवाले या धुमन्तू व्यापारी कृषक की उपज को फसल के समय एकत्रित करके आढ़तियों के माध्यम से मण्डी में बेंच देते हैं। ये व्यापारी थोक व्यापारी की ओर से दलाल तथा एजेंट का भी काम करते हैं। ये व्यापारी तुरन्त या माल संग्रह करके कुछ समय पश्चात् आढ़तिया को माल को बेंच देते है।

3. 1. **कच्चा आढ़तिया (Kachcha Arhatia):** कच्चा आढ़तिया या कमीशन एजेंट (Commission Agent) प्राय: कृषकों या विक्रेताओं का ही प्रतिनिधित्व करता है। यह मण्डी में ही पक्के आढ़तियों के माध्यम से थोक व्यापारियों को माल को विक्रय करने की व्यवस्था करता है। ये अपनी सेवाओं के बदले अपना कमीशन या आढ़त लेते हैं।

   2. **पक्का आढ़तिया (Puccka Arhatia):** पक्का आढ़तिया क्रेता का प्रतिनिधित्व करता है। ये व्यापारी मण्डी स्तर पर ही थोक व्यापारी के लिए माल खरीदते हैं तथा उन्हें पहुँचाने का भी कार्य करते हैं। ये साधन सम्पन्न होते हैं। पक्का आढ़तियाँ स्वयं के लिए भी कृषि उपज को क्रय करता है। यह व्यापारी इस कार्य के बदले अपना कमीशन लेता है।

   4. **दलाल (Broker):** दलाल ऐसा मध्यस्थ है जो क्रेता एवं विक्रेता को मिलाने का काम करता है तथा उनका भाव तय करवाता है। दलाल को बाजार की स्थिति का ज्ञान होता है। इसके बदले वह दोनों पक्षों से पुरस्कार प्राप्त करता है।

5. **तौला (Weighman):** तौला मण्डी स्तर पर माल की तौलाई का कार्य करता है। यह तौलाई के बदले अपना पारिश्रमिक लेता है। ये थोक व्यापारियों के यहाँ सेवाएँ करते हैं।

6. **पल्लेदार (Palledar):** कृषि उपजों या वस्तुओं को उतारने या लादने का कार्य पल्लेदार करते हैं। ये गोदामों में रखने एवं निकालने का कार्य भी करते हैं। पल्लेदार थोक व्यापारी या संगठनों के यहाँ सेवाएँ करते हैं, इसके बदले वह अथवा पारिश्रमिक प्राप्त करते हैं।

7. **थोक व्यापारी (Wholesaler):** कृषि उपजों के विपणन में थोक व्यापारी का स्थान अति महत्त्वपूर्ण है। यह भारी मात्रा में वस्तुओं का क्रय-विक्रय करता है। ये व्यापारी प्रशोधनकर्ताओं एवं फुटकर व्यापारियों के माध्यम से आवश्यकतानुसार सम्पूर्ण देश में माल की पूर्ति करते हैं। इसे क्रय-विक्रय की जाने वाली वस्तुओं का विशेष ज्ञान होता है।

8. **फुटकर व्यापारी (Retailer):** फुटकर व्यापारी मध्यस्थों की अन्तिम श्रृंखला का व्यापारी होता है। यह वस्तुओं को माँग के अनुसार थोड़ी मात्रा में क्रय-विक्रय करता है।

9. **अन्य (Others):** उपर्युक्त कार्यकर्ताओं के अतिरिक्त मण्डी में व्यापारियों में अन्य व्यक्ति भी नियुक्त कर लिए जाते हैं जिनसे इन्हें मदद मिलती है, जैसे- मुनीम, पानी पिलाने वाला आदि कर्ता भी भाग लेते हैं।

इसके अतिरिक्त कृषि उपजों की बिक्री विधायन करने के पश्चात् करने से उसकी कीमत में वृद्धि हो जाती है। इस प्रकार इसकी उपयोगिता में वृद्धि करते हैं, जैसे- तेल मिल, दाल मिल, सुगर मिल तथा फल प्रशोधन आदि।

विपणन कार्यकर्ताओं का वर्गीकरण (Classification of Marketing Functionaries)

विपणन कार्यकर्ता (Marketing Functionaries)

- व्यापारी मध्यस्थ (Merchant Middlemen)
  - थोक व्यापारी (Whole Saler)
  - फुटकर व्यापारी (Retailer)
  - फेरीवाला व्यापारी (Itinerant)
  - ग्राम व्यापारी (Village Merchant)
- अभिकर्ता (एजेन्ट) मध्यस्थ (Agent Middlemen)
  - कमीशन एजेन्ट आढ़तिया (Commission Agent)
  - कच्चा आढ़तिया (Kachcha Arhatia)
  - पक्का आढ़तिया (Pucca Arhatia)
  - दलाल (Brokers)
- सट्टा व्यापारी मध्यस्थ (Speculative Middlemen)
  - समुचित सट्टा व्यापारी (Speculative Proper)
  - असंवैधानिक सट्टा व्यापारी (Illegitimation Speculative)
- सुविधाजनक मध्यस्थ (Facilitative Middlemen)
  - तौला (Weigh Men)
  - पल्लेदार या श्रमिक (Hamals or Labour)
  - श्रेणीकरण करने वाला (Grader)
  - परिवहन कार्यकर्ता (Transporter Labour)
  - संचार एजेंसी (Communication Agency)
  - प्रचार-प्रसार एजेंसी (Advertising Agency)
  - अन्य (Others)

अभ्यास (Exercise)

चयनित प्रश्न (Selected Questions)

1. कृषि विपणन की प्रचलित व्यवस्थाएँ क्या हैं? विपणन में भाग लेने वाले कार्यों का उल्लेख कीजिए।
2. कृषि विपणन में भाग लेने वाले कार्यकर्ताओं का सविस्तार वर्णन कीजिए।

❑❑❑

3

विपणन शृंखला, लागत, परितोष एवं मूल्य विस्तार
(Marketing Channels, Cost, Margin and Price Spread)

विपणन शृंखला (Marketing Channels)

विपणन के स्रोतों से आशय है कि वस्तुओं या उपज को उत्पादक से उपभोक्ता तक पहुँचाने में जो माध्यम अपनाये जाते हैं, विपणन स्रोत कहलाते हैं। अतः वस्तु का स्वामित्व परिवर्तन ही उसके वितरण मार्ग को निश्चित करता है।

प्रोफेसर कोहल्स के मतानुसार- "विपणन के स्रोतों को उन वैकल्पिक मार्गों के रूप में परिभाषित किया जा सकता है, जिसके द्वारा वस्तु उत्पादों से उपभोक्ता की ओर बढ़ती हैं।"

"Marketing channels may be defined as alternative roots of products flows from producer to consumer."

–R.L. Kohals

उपरोक्त से विवेचनाओं के आधार पर उसे इस प्रकार भी परिभाषित किया जा सकता है।

"मध्यस्थों एवं बाजारों की वह शृंखला जिसके द्वारा वस्तुएँ उत्पादक से उपभोक्ता के बीच के रास्ते का सफर तय करती हैं, विपणन स्रोत कहलाती है"।

विपणन शृंखला से तात्पर्य (Meaning of Marketing Channels)

विपणन शृंखला से तात्पर्य यह है कि जब प्रक्षेत्र पर उत्पादित वस्तुएँ जिस माध्यम से होकर उत्पादक से उपभोक्ता तक पहुँचती हैं, इस मार्ग की यह यात्रा विपणन शृंखला कहलाती है। इसके अनेक माध्यम हैं जहाँ उत्पादक से वस्तु वितरित होकर उपभोक्ता तक पहुँचती है।

विपणन श्रृंखला, प्रबन्ध एवं विपणन रणनीति का प्रभावशाली यन्त्र है। जब कोई उत्पाद उत्पादक से उपभोक्ता तक सीधे पहुँचता है तो विपणन लागत न्यूनतम होती है परन्तु जब मध्यस्थों के माध्यम से पहुँचता है तो विपणन लागत अधिक हो जाती है जिससे उपभोक्ता के मूल्य में उत्पादक का हिस्सा कम हो जाता है। विपणन में लाभ अधिक तब होगा जब मध्यस्थों की श्रृंखला कम होगी।

विपणन श्रृंखला के प्रकार (Types of Marketing Channels)

(अ) उत्पादक से उपभोक्ता (Producer to Consumer): इस प्रक्रिया में उत्पादक से उपभोक्ता तक उत्पाद सीधे पहुँचता है। इसमें कोई मध्यस्थ नहीं होता। विपणन लागत में बहुत कमी होती है। उपभोक्ता के मूल्य में उत्पादक का हिस्सा अधिकतम होता है। यह विधि परम्परागत पुरानी विधि है। इस विधि का विस्तार बहुत कम होता है तथा उत्पाद की बहुत अल्प मात्रा में बिक्री होती है।

उत्पादक → उपभोक्ता

(ब) मध्यस्थों द्वारा बिक्री (Selling through Intermediaries): जब प्रेक्षत्र उत्पादों की बिक्री मध्यस्थों के माध्यम से होती है, तो इस प्रकार की बिक्री यह मध्यस्थों द्वारा बिक्री कहलाती है।

उत्पादक → गाँव का व्यापारी → थोक विक्रेता → फुटकर व्यापारी → उपभोक्ता।

इस विधि में मण्डियों में विपणन की लम्बी श्रृंखला से उपभोक्ता के मूल्य में उत्पादक का हिस्सा कम होता है। इस प्रणाली में विपणन लागत अधिक आती है।

विपणन श्रृंखला (Marketing Channels)

विपणन श्रृंखला के विभिन्न प्रकारों को निम्नलिखित प्रकार से दर्शाया जा रहा है:

(अ) खाद्यान्न विपणन श्रृंखला (Marketing Channels of Food Grain):

(*i*) उत्पादक → उपभोक्ता

(*ii*) उत्पादक → ग्राम बनिया → उपभोक्ता

(*iii*) उत्पादक → फुटकर व्यापारी → उपभोक्ता

(*iv*) उत्पादक → ग्राम व्यापारी → थोक व्यापारी → फुटकर व्यापारी → उपभोक्ता

(*v*) उत्पादक → आढ़तिया → थोक व्यापारी → फुटकर व्यापारी → उपभोक्ता

(*vi*) उत्पादक → सहकारी विपणन समिति → सहकारी उपभोक्ता भण्डार → उपभोक्ता

(*vii*) उत्पादक → प्राथमिक थोक विक्रेता → द्वितीयक थोक विक्रेता → फुटकर विक्रेता → उपभोक्ता

(*viii*) उत्पादक → सरकारी क्रय एजेंसी → उचित मूल्य की दुकान → उपभोक्ता

(*ix*) उत्पादक → थोक व्यापारी → प्रशोधन कर्ता → फुटकर व्यापारी → उपभोक्ता

विपणन श्रृंखला खाद्यान्न
(Marketing Channels for Cereals)

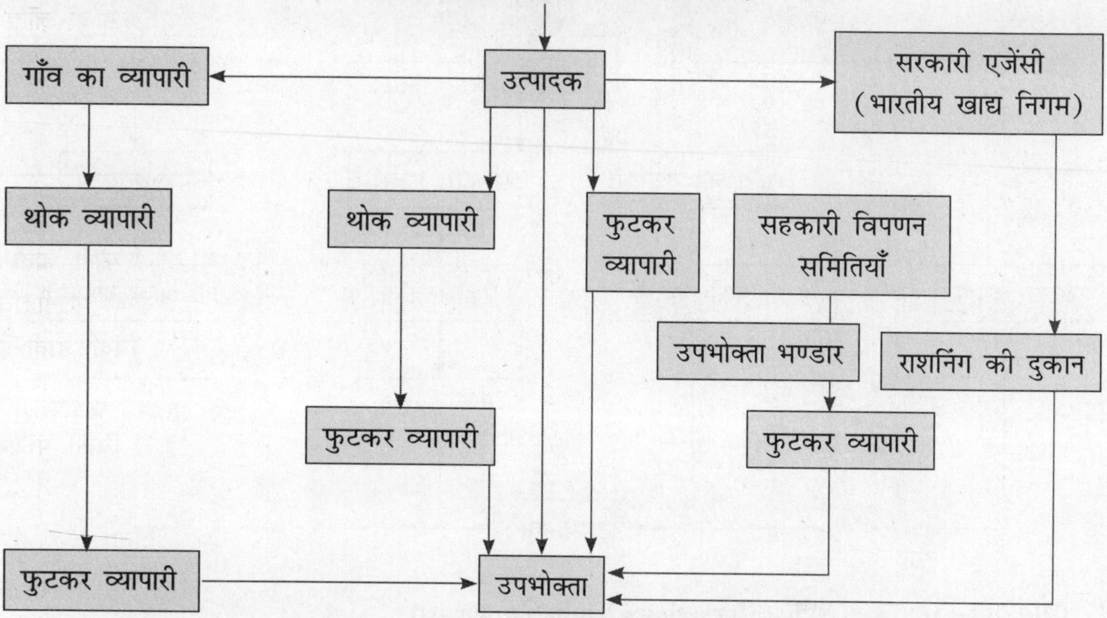

(ब) दलहन विपणन श्रृंखला (Marketing Channels of Pulses)

(*i*) उत्पादक → उपभोक्ता

(*ii*) उत्पादक → थोक व्यापारी → प्रशोधनकर्ता → फुटकर व्यापारी → उपभोक्ता

(*iii*) उत्पादक → प्रशोधनकर्ता → फुटकर व्यापारी → उपभोक्ता

(*iv*) उत्पादक → फुटकर व्यापारी → उपभोक्ता

(स) तिलहन विपणन श्रृंखला (Marketing Channels of Oil Seeds)

(*i*) उत्पादक → प्रशोधनकर्ता → थोक व्यापारी → फुटकर व्यापारी → उपभोक्ता

(*ii*) उत्पादक → तिलहन थोक व्यापारी → प्रशोधनकर्ता → फुटकर व्यापारी → उपभोक्ता

(*iii*) उत्पादक → ग्राम व्यापारी → प्रशोधनकर्ता → फुटकर व्यापारी → उपभोक्ता

(*iv*) उत्पादक → ग्राम फेरीवाला → थोक विक्रेता → प्रशोधनकर्ता → फुटकर विक्रेता → उपभोक्ता

(द) सब्जी विपणन श्रृंखला (Marketing Channels of Vegetables)

(*i*) उत्पादक → उपभोक्ता

(*ii*) उत्पादक → फुटकर व्यापारी → उपभोक्ता

(*iii*) उत्पादक → व्यापारी → कमीशन एजेन्ट → फुटकर व्यापारी → उपभोक्ता

(*iv*) उत्पादक → कमीशन एजेन्ट → फुटकर व्यापारी → उपभोक्ता

(*v*) उत्पादक → प्राथमिक थोक विक्रेता → द्वितीयक थोक विक्रेता → फुटकर व्यापारी → उपभोक्ता

तिलहन
(Marketing Channels for Oil Seeds)

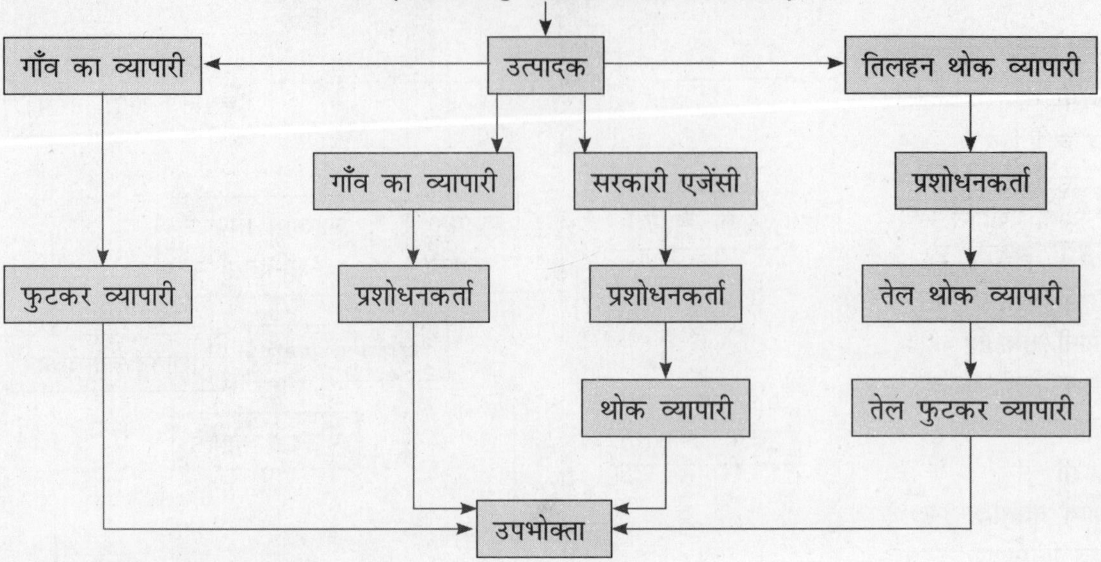

(य) फल विपणन श्रृंखला (Marketing Channels of Fruits)

(*i*) उत्पादक → व्यापारी → उपभोक्ता

(*ii*) उत्पादक → पूर्व कटाई ठेकेदार → फुटकर व्यापारी → उपभोक्ता

(*iii*) उत्पादक → कमीशन एजेन्ट → फुटकर व्यापारी → उपभोक्ता

(*iv*) उत्पादक → पूर्व कटाई ठेकेदार → कमीशन एजेन्ट → फुटकर व्यापारी → उपभोक्ता

बाजार व्यय (Marketing Charges)

कृषि उपजों के विपणन को कृषकों को अनेक प्रकार के व्यय वहन करने पड़ते हैं। सामान्य रूप से कृषकों को परिवहन व्यय के अतिरिक्त आढ़त, दलाली, तौलाई, पल्लेदारी, धर्मादा तथा गौशाला आदि के व्यय भी देने पड़ते हैं। इसके अतिरिक्त भी कृषक अन्य व्यय वहन करते हैं, जैसे- छिदाई, फनकी, करदा, मुद्दत आदि।

विपणन लागत (Marketing Cost)

किसी वस्तु को उत्पादक से उपभोक्ता तक पहुँचने वाली विभिन्न विपणन क्रियाओं या सेवाओं पर हुए व्यय का सम्पूर्ण योग विपणन लागत कहलाती है।

विपणन परितोष (Marketing Margin)

किसी वस्तु की विपणन प्रक्रिया में विभिन्न मध्यस्थों एवं एजेंसियों द्वारा किये गये कार्यों या सेवाओं के बदले लिए जाने वाला प्रतिफल या लाभ विपणन परितोष कहलाता है।

उपभोक्ता द्वारा किसी वस्तु के लिए दिये गये मूल्य एवं उत्पादक द्वारा उस वस्तु से प्राप्त वास्तविक मूल्य के अन्तर को विपणन परितोष कहते हैं।

विपणन लागत एवं परितोष (Marketing Cost and Margin)

किसी वस्तु का उपभोक्ता द्वारा दिये गये मूल्य तथा उत्पादक द्वारा प्राप्त वास्तविक मूल्य के अन्तर को विपणन व्यय एवं विपणन परितोष कहलाता है। कुल विपणन व्यय एवं परितोष = उपभोक्ता द्वारा दिया गया मूल्य – उत्पादक द्वारा प्राप्त वास्तविक मूल्य

उपभोक्ता का मूल्य विस्तार (Consumer's Price Spread)

किसी वस्तु को उत्पादक से उपभोक्ता तक पहुँचने में विभिन्न मध्यस्थों के हाथ से गुजरना पड़ता है जो कि अपनी सेवाओं का मूल्य लेते हैं। उपभोक्ता जो मूल्य उत्पादक को देता है, वह पूर्णरूपेण उत्पादक को नहीं मिल पाता। इस प्रकार उपभोक्ता द्वारा दिये गये मूल्य में से वास्तव में जो भाग उत्पादक को मिलता है, वह उपभोक्ता के मूल्य में उत्पादक का भाग या हिस्सा कहलाता है।

किसी वस्तु के उपभोक्ता द्वारा दिये गये मूल्य का विपणन व्यय एवं लाभ के विभिन्न मदों एवं उत्पादक द्वारा प्राप्त वास्तविक मूल्य में वितरण उस वस्तु के उपभोक्ता मूल्य का विस्तार कहलाता है। इसको प्रतिशत में व्यक्त किया जा सकता है।

उपभोक्ता के मूल्य में उत्पादक का हिस्सा (Producer's Share in Consumer's Price)

उपभोक्ता के मूल्य में उत्पादक का हिस्सा मूल्य विस्तार द्वारा ज्ञात किया जाता है। इसे प्रतिशत में व्यक्त किया जाता है।

उपभोक्ता के मूल्य में उत्पादक का हिस्सा–

$$= \frac{\text{उत्पादक का विक्रय मूल्य} - \text{उत्पादक का विपणन व्यय}}{\text{उपभोक्ता मूल्य}} \times 100$$

$$= \frac{\text{Producer's sale price} - \text{Producer's marketing charges}}{\text{Consumer's price}} \times 100$$

या,

$$\frac{\text{उत्पादक द्वारा प्राप्त वास्तविक मूल्य}}{\text{उपभोक्ता द्वारा दिया गया मूल्य}} \times 100$$

$$\frac{\text{Net price received by Producer}}{\text{Price paid by consumer}} \times 100$$

विपणन लागत को प्रभावित करने वाले अनेक कारण है जैसे– वस्तु की मात्रा, स्वभाव, यातायात के साधन, विक्रय केन्द्र से दूरी, मध्यस्थों की संख्या, श्रेणीकरण एवं प्रमापीकरण, मण्डी के खर्चों की दर, पैकिंग की किस्म एवं लागत, विक्रय वस्तु की मात्रा एवं विधायन की आवश्यकता आदि हैं।

विपणन लागत कम करने हेतु सुझाव (Suggestions for Reducing in Marketing Cost)

विपणन लागत कम करने हेतु निम्न सुझाव हैं:

1. उत्पादकों को परिवहन सम्बन्धी सुविधाएँ उपलब्ध करायी जायें।
2. उत्पादकों अथवा कृषकों के भाड़े की दर में कमी होनी चाहिए।
3. नियमित मण्डियों की संख्या का विस्तार किया जाना चाहिए।
4. सहकारी विपणन व्यवस्था में वृद्धि होनी चाहिए।
5. ईंधन की दरों में कमी आनी चाहिए।
6. विधायन की समुचित व्यवस्था होना अति आवश्यक है।
7. कृषि उत्पादों को नष्ट होने से बचाया जाये।

उपभोक्ता के मूल्य में उत्पादक के हिस्से में वृद्धि के उपाय (Measures for producer's share increasing in consumer's price)

उपभोक्ता के मूल्य में उत्पादक का हिस्सा बढ़ाने के निम्नलिखित मुख्य उपाय हैं:

1. नियमित मण्डियों का विस्तार किया जाना चाहिए।
2. सहकारी विपणन व्यवस्था का विस्तार होना आवश्यक है।
3. कृषकों को प्रशिक्षित होना आवश्यक है।
4. कृषकों के लिए वित्तीय सुविधाओं की व्यवस्था का प्रबन्ध होना चाहिए।
5. विपणन मध्यस्थों की शृंखला को कम किया जाये।
6. बाँटो एवं तौल का समय-समय पर निरीक्षण किया जाना चाहिए।
7. कृषि उत्पादों का श्रेणीकरण एवं प्रमाणीकरण की सुविधाएँ होनी चाहिए।
8. परिवहन सम्बन्धी सुविधाएँ होनी चाहिए।
9. गोदाम एवं शीतगृहों का विस्तार होना चाहिए।
10. विपणन सम्बन्धी मूल्य आदि की जानकारी हेतु प्रसारण व्यवस्था होनी चाहिए।
11. विधायन की सुविधा होना अति आवश्यक है।
12. कृषकों का संगठन सुदृढ़ हो।
13. विपणन सम्बन्धी गलत कटौती को रोका जाये।
14. सरकारी हस्तक्षेप को नियंत्रित किया जाये।
15. कृषकों को वैज्ञानिक एवं तकनीकी ज्ञान द्वारा उनकी क्षमता को बढ़ाया जाये।

इस प्रकार से उपभोक्ता मूल्य में उत्पादक हिस्से की वृद्धि की जा सकती है।

अभ्यास (Exercise)

चयनित प्रश्न (Selected Questions)

1. विपणन शृंखला से क्या तात्पर्य है? इसकी उदाहरण सहित विस्तृत व्याख्या कीजिए।

2. विपणन शृंखला को परिभाषित कीजिए। विपणन लागत, परितोष एवं मूल्य विस्तार की विस्तृत व्याख्या कीजिए।

3. विपणन लागत क्या है? इसकी लागतों को प्रभावित करने वाले कारकों का वर्णन कीजिए।

4. विपणन श्रृंखला कितने प्रकार की है? खाद्यान्न एवं सब्जी विपणन श्रृंखला की विवेचना कीजिए।

5. विपणन लागत से क्या समझते हो? इसको कम करने के सुझावों का वर्णन कीजिए।

6. मूल्य विस्तार क्या है? उपभोक्ता के मूल्य में उत्पादक के हिस्से में वृद्धि करने के उपायों की विस्तृत व्याख्या कीजिए।

7. संक्षिप्त टिप्पणी लिखिए–

(अ) फल विपणन श्रृंखला

(ब) मूल्य विस्तार

(स) विपणन लागत

(द) उत्पादक का हिस्सा।

❑❑❑

4

कृषि विपणन की उन्नति हेतु सरकारी प्रयास

(Government's Efforts to Improve in Agricultural Marketing)

कृषि विपणन लागत को प्रभावित करने वाले कारक (Factors Affecting to Agricultural Marketing Cost)

भारत में कृषि विपणन व्यवस्था में अनेक दोष हैं, जिससे दिन-प्रतिदिन समस्याएँ बढ़ती जा रही हैं जिससे कृषि विपणन लागत प्रभावित होती है। कृषकों को उपभोक्ता मूल्य में समुचित हिस्सा नहीं मिल पाता। कृषक हतोत्साहित हो जाता है, जिससे कृषि में अभिरुचि कम हो जाती है क्योंकि कृषक का मुख्य लक्ष्य बाजार में अपने उत्पाद की समुचित कीमत प्राप्त करना है। आधुनिक युग में उत्पादन के साथ विपणन अत्यन्त महत्त्वपूर्ण भाग है। कृषक को मण्डी में समुचित मूल्य मिलने से उसकी आय में वृद्धि होती है तथा जीवन-स्तर में सुधार आता है तथा जिससे राष्ट्र की अर्थव्यवस्था सुदृढ़ होती है, जिसके परिणामस्वरूप राष्ट्र की समृद्धि में वृद्धि होती है।

विपणन व्यवस्था में निम्नलिखित मुख्य दोष हैं, जिससे कृषक की विपणन लागत प्रभावित होती है:

1. मध्यस्थों की लम्बी शृंखला (Long Chain of Middle Men): भारत में मध्यस्थों की लम्बी शृंखला होने से कृषक को वास्तविक मूल्य नहीं मिल पाता जैसे-गाँव का बनिया, महाजन, दलाल, कच्चा आढ़तिया, पक्का आढ़तिया एवं फुटकर व्यापारी आदि अपना पारिश्रमिक प्राप्त करते हैं। एक सर्वेक्षण के आधार पर ज्ञात है कि कृषक को गेहूँ में 61 पैसे, चावल में 52 पैसे एवं आलू से 50 पैसे प्राप्त होते हैं। मध्यस्थों की लम्बी शृंखला से उत्पादन लागत अधिक हो जाती है। जिसके कारण उत्पादक को समुचित मूल्य नहीं मिल पाता है तथा उसकी विपणन लागत प्रभावित होती है।

2. उत्पादकों में संगठन का अभाव (Lack of Organization among Producers): भारतीय कृषकों में संगठन का अभाव है, जिससे कृषक अपनी उपज को थोड़ी-थोड़ी मात्रा में बाजार में विक्रय करते हैं। कुछ ही व्यापारिक फसलों के कृषक संगठित हैं, जैसे कपास, दलहन, तिलहन एवं गन्ना आदि। जिन कृषकों का पथ-प्रदर्शक कोई नहीं है, उन्हें सही कीमत नहीं मिल पाती। इस प्रकार संगठन के बावजूद भी प्राय: यह देखा

जाता है कि गन्ना उत्पादकों को उनके उत्पादन की बिक्री की समय से अदायगी नहीं हो पाती, उन्हें भुगतान विलम्ब से प्राप्त होता है।

3. परिवहन सुविधाओं में कमी (Defective Facilities of Transportation): कृषकों को बाजार में माल लाने हेतु परिवहन सम्बन्धी सुविधाओं का अभाव है, जिससे समय पर अपने उत्पाद को मण्डी में नहीं ला पाता है तथा परिवहन के खर्चे भी अधिक वहन करते पड़ते हैं, जिससे कृषक को अपना उत्पाद मण्डी तक ले जाने में परेशानी का सामना करना पड़ता है। परिवहन खर्चों की अधिकता के कारण उसकी विपणन लागत अधिक हो जाती है, यह विपणन लागत को प्रभावित करने वाला महत्त्वपूर्ण कारक है।

4. दोषपूर्ण बांट एव तौल (Defective Weight and Measures): प्राय: यह देखा जाता है कि मण्डी में व्यापारी क्रय एवं विक्रय करने के बांट भी अलग-अलग रखता है। प्रमाणिक बांट न होने से कृषकों को वस्तु की बिक्री में हानि उठानी पड़ती है। इसके अतिरिक्त कृषि उपज की तौल में भी तौलाई वाले विपणन कार्यकर्ता प्राय: व्यापारियों का ही पक्ष लेते हैं तथा इस प्रकार तौलाई में भी धोखेबाजी करने से उत्पादक कृषकों को समुचित मूल्य नहीं मिल पाता और विपणन लागत अधिक हो जाती है, जिसके कारण उत्पादन लागत प्रभावित होती है। हलाँकि की बाटों के लिये सरकार की मैट्रिक प्रणाली लागू होने के बावजूद भी इस प्रकार की कमियाँ देखने को मिलती हैं।

5. दबावपूर्ण या बलात बिक्री (Forced Sale): वर्तमान विपणन प्रणाली में यह दोष है कि कृषकों को फसल कटने के पश्चात् बाजार में बेचना पड़ता है क्योंकि वह निर्धन एवं कर्जदार है। कृषक को जिससे समुचित मूल्य नहीं मिल पाता। कृषक को अपने उत्पाद की महाजनों के ऋण को अदा करने हेतु प्रतिकूल परिस्थितियों में भी बिक्री करनी पड़ती है, जिससे उनका शोषण होता है। दबावपूर्ण बिक्री के कारण विपणन लागत प्रभावित होती है।

6. अपर्याप्त एवं परम्परागत संग्रहण व्यवस्था (Insufficient and Traditional Storage System): कृषक परम्परागत कच्चे कोठों एवं खत्तियों में अपनी उपज को सुरक्षित रखता है, जिससे बहुत सी वस्तुएँ नष्ट हो जाती हैं तथा हानि हो जाती है, जिस कारण मजबूर होकर उसे बाजार में बेचना पड़ता है। अवैज्ञानिक व्यवस्था के कारण ही यह हानि उठानी पड़ती है। इसका प्रभाव उत्पादन लागत पर पड़ता है।

7. मूल्य सम्बन्धी ज्ञान का अभाव (Lack of Price Knowledge): भारत में वर्तमान विपणन प्रणाली में मुख्य यह है कि कृषक को मूल्य का ज्ञान नहीं होता जिससे गाँव का व्यापारी इस कमी का लाभ उठा लेता है। कृषक को अपने उत्पाद का सही मूल्य नहीं मिल पाता और मण्डी में भी बिक्री करने पर कृषक को मूल्य का ज्ञान न होने से बाजार की अनुचित कटौतियों से वह अनभिज्ञ रहता है जिससे विपणन लागत अधिक हो जाती है तथा विपणन लागत प्रभावित होती है।

8. मण्डियों में प्रचलित धोखेबाजी (Mal Practices in the Market): मण्डी में कृषक जब अपनी उपज को बेचता है, जब उसे अनेक मध्यस्थों का सामना करना पड़ता है। दलाल, व्यापारियों का अधिक पक्ष लेता है तथा कृषक के साथ धोखेबाजी से सौदा करते हैं। कृषकों से नमूने के रूप में बहुत सा भाग ले लेते हैं तथा बांट एवं तौल की भी कोई सही सुविधा नहीं है, इनके धोखेबाजी करने से इस प्रकार मण्डियों के इन दोषों के कारण कृषक को सही भाव नहीं मिल पाता। बाजार में मध्यस्थों एवं व्यापारियों की धोखेबाजी से उनकी विपणन लागत अधिक हो जाती है, यह दोषपूर्ण प्रक्रिया विपणन लागत को प्रभावित करती है।

9. शहरों में विश्रामगृहों की कमी (Lack of Rest Facilities in Cities): प्राय: यह देखा गया है कि शहरों में कृषकों के रुकने हेतु विश्रामगृहों की कमी है, जिससे कृषक को रात होने के पहले माल

बेचकर घर जाना पड़ता है। उनकी सुरक्षा का भी कोई प्रबन्ध नहीं है जहाँ पर वे विश्राम कर सकें। इसके अतिरिक्त किसान यदि शहर में ठहरता है तो उसके रहने एवं खाने-पीने की व्यवस्था न होने से उसको बाजार में खर्च वहन करना पड़ता है जिससे उसकी विपणन लागत अधिक हो जाती है तथा इस प्रकार इसका विपणन लागत पर प्रभाव पड़ता है।

10. वैज्ञानिक भण्डारगृहों का अभाव (Lack of Scientific Storage): हमारे देश में शहरों में भी भण्डारगृहों की कमी है, जिससे कृषक अपना माल सुरक्षित रख सकें, जिससे मजबूर होकर उसे अपना माल बेंचना पड़ता है।

11. भुगतान में विलम्ब (Delay in Payment): हम देखते हैं कि कृषकों को अपने माल का समय पर भुगतान नहीं हो पाता जैसे- गन्ना उत्पादकों को भुगतान में विलम्ब अवश्य होता है, जिससे वे हतोत्साहित हो जाते हैं तथा उन्हें परेशानी का सामना करना पड़ता है जिससे उनकी विपणन लागत प्रभावित होती है।

12. ग्रेडिंग तथा प्रमाणीकरण का अभाव (Lack of Grading and Standardisation): प्राय: हमारे देश में ग्रेडिंग तथा प्रमाणीकरण का अभाव है, जिससे कृषक को सही कीमत नहीं मिल पाती। इस प्रकार कृषक को उपभोक्ता के मूल्य में समुचित हिस्सा नहीं मिल पाता जिससे उसकी उत्पादन लागत प्रभावित होती है।

13. नियमित मण्डियों की गतिशीलता का आभाव (Lack of Mobality in Regulated Mandi): नियमित मण्डियों के सुव्यस्थित न होने से इनकी प्रगति बहुत धीमी है। सुधार न होने से इनमें दोषपूर्ण व्यवस्था बढ़ती जा रही है, जिससे कृषकों को समुचित लाभ नहीं मिल पाता। नियमित मण्डियों की गतिशीलता में कमी आयी है। कृषकों का माल सही समय पर मण्डियों में नहीं बिक पाता और उसे मण्डियों में कई दिन तक बिक्री हेतु प्रतीक्षा करनी पड़ती है जिससे किसान हतोत्साहित होकर बाजार में अपने उत्पाद की बिक्री कर देता है इस प्रकार उसकी समुचित कीमत में कमी के साथ-साथ उत्पादन लागत भी अधिक हो जाती है जिससे विपणन लागत प्रभावित होती है।

14. सहकारी विपणन व्यवस्था में धीमी प्रगति (Slow Progress in Cooperative Marketing): सहकारी विपणन व्यवस्था में कमी होने के कारण कृषकों को समुचित रूप से विपणन सम्बन्धी सुविधाएँ नहीं उपलब्ध हो पातीं, जिससे उनकी विपणन लागत में समुचित कमी नहीं हो पाती है। इस प्रकार इनकी विपणन लागत प्रभावित होती है। वर्तमान में सहकारी विपणन समितियों ने काफी प्रगति की है परन्तु सम्पूर्ण भारत में अनेक पिछड़े क्षेत्रों में पर्याप्त प्रगति नहीं हो पायी।

15. विधायन की समुचित व्यवस्था में कमी (Lack of Proper Processing System): हमारे देश में समुचित विधायन की सुविधा न होने से कृषि उत्पाद के मूल्यों में कमी हो जाती है। विधायन की सुविधा होने से कृषि उत्पादों के मूल्यों में वृद्धि हो सकती है परन्तु पर्याप्त मात्रा में प्रसंस्करण इकाइयाँ न होने से कृषि वस्तुओं के मूल्य में वृद्धि नहीं हो पाती तथा उत्पादकों को समुचित मूल्य न मिलने से उन्हें हानि उठानी पड़ती है तथा इसका लाभ अधिकाँशतया व्यापारी या मध्यस्थ ही उठाते हैं। इस कमी से उत्पादन लागत प्रभावित होती है।

अत: उपरोक्त कारक कृषि विपणन लागत को प्रभावित करते हैं, इनमें नये सुधार या प्रोन्नति करके इन कारकों के प्रभाव को कम किया जा सकता है।

मण्डियों में उपर्युक्त दोषपूर्ण व्यवस्था होने से कृषक को सही कीमत नहीं मिल पाती है।

भारत में कृषि विपणन में चुनौतियाँ (Challenges in Agricultural Marketing in India)

भारत में कृषि विपणन में अनेक चुनौतियाँ हैं जिसके कारण कृषि विपणन में अनेक समस्याएँ उत्पन्न हो रही हैं जिसका समाधान भी अति आवश्यक है। वैश्वीकरण एवं उदारीकरण की अनेक चुनौतियाँ एवं अवसर प्राप्त हो रहे हैं जो विपणन प्रणाली के सशक्तीकरण हेतु अत्यन्त महत्त्वपूर्ण एवं आवश्यक हैं। भारत जैसे विकासशील राष्ट्र के लिए बाजार के आधारीय ढ़ाँचे को सुदृढ़ता प्रदान होनी चाहिए। ताकि वैश्विक बाजार में प्रतियोगिता में सक्षम हो सके। कृषि विपणन कृषि उत्पादों को उन्नतिशील तथा गुणवत्तायुक्त निर्मित करना होगा ताकि हम विश्व व्यापार संगठन में महत्त्वपूर्ण भूमिका निभा सकें।

इस प्रकार भारतीय कृषि विपणन की कृषि विपणन प्रणाली में मुख्य निम्न चुनौतियाँ हैं:

1. बाजार की सुविधा (Facilities of Market): कृषि वस्तुओं के विपणन हेतु बाजार की सुविधा नितान्त आवश्यक है। इस समय हमारे देश में 7190 नियंत्रित बाजार हैं जिनमें विस्तृत विभिन्नता है। बाजारों की दूरी 118 वर्ग किमी० पंजाब में तथा मेघालय में 11224 वर्ग किमी० है तथा सम्पूर्ण देश में इनकी औसतन दूरी 457 वर्ग किमी० है जबकि 'राष्ट्रीय किसान आयोग' (2004) के आधार पर इनकी दूरी 80 वर्ग किमी० होनी चाहिए। जिससे कृषक अपने उत्पादों को आसानी से नियंत्रित बाजारों में क्रय-विक्रय कर सके। बाजारों की सुविधा पर्याप्त मात्रा में कम दूरी पर होनी चाहिए ताकि किसान पर्याप्त मात्रा में बाजार की सुविधाओं का लाभ उठा सके।

2. बाजार के आधारीय ढ़ाँचे में कमी (Lack of Infrastructure in Market): मण्डियों में आधारीय ढ़ाँचे में विशेष कमी है जिससे कृषकों के उत्पाद की बिक्री में प्रोत्साहन नहीं मिलता जैसे-बाजार, सूचना, शीतगृह इकाइयाँ, परिवहन एवं समय से बिक्री, समय से अदायगी आदि अनेक सुविधाओं की कमी है।

3. उच्च बाजार व्यय (High Market Charges): कृषि वस्तुओं के विपणन में बाजार में अधिकतम व्यय होता है। कृषि उत्पाद विपणन अधिनियम समिति (Agricultural Produce Marketing Committee Act, APMC) के आधार पर बाजार शुल्क में बड़ी विभिन्नता है जो कृषि उत्पाद की बिक्री मूल्य का 0.5 से 2 प्रतिशत तक है जो खरीदने वाले व्यापारी से ली जाती है एवं जो APMC के नियम पर क्रियान्वित होता है। इसके अतिरिक्त कमीशन में 1 प्रतिशत से 2.5 प्रतिशत खाद्यानों में तथा 4 प्रतिशत फलों एवं सब्जियों में है। कुछ राज्यों में विपणन व्यय अत्यधिक है जैसे पंजाब में लगभग 15.50 प्रतिशत है।

4. अन्तर्राज्यीय व्यापार में ऊँची रुकावटें (High Inter State Barriers): अन्तर्राज्यीय व्यापार में भारी रुकावटें है जैसे कर से सम्बन्धित VAT और लेवी में भौतिक रूप से कृषि उत्पाद के आने जाने में रुकावटें पैदा होना तथा वैधानिक रुकावटें जैसे व्यापारियों एवं कमीशन एजेन्टों के लाइसेंस एवं पंजीकरण आदि। देश के आर्थिक विकास हेतु उन रुकावटों को समाप्त कर देना अति आविश्यक है जिससे उत्पाद एक राज्य से दूसरे राज्य में आसानी से जा सके और उसका क्रय-विक्रय हो सके।

5. मध्यस्थों को बाजार में प्रवेश में प्रतिबन्ध (Restriction of Middlemen Entry in Market): नये मध्यस्थों के बाजार में लाइसेंस प्राप्त करने में प्रतिबन्ध या रुकावटें पैदा हो जाती हैं। बाजार में व्यापारी एवं कमीशन एजेन्ट जो पहले से उपस्थित हैं वे नये मध्यस्थों को प्रवेश करने में अवरोध उत्पन्न करते हैं। क्योंकि वे पहले से ही अपना कब्जा जमाए हुए हैं उनके साथ जो बाजार कार्यकर्ता आदि हैं उनमें संगठन मजबूत है जिससे बाजार में विपणन में कठिनाइयों का सामना करना पड़ता है क्योंकि वे बाजार में अपना एकाधिकार चाहते हैं।

6. मध्यस्थों की लम्बी श्रृंखला (Long Chain of Middlemen): बाजार में मध्यस्थों की लम्बी श्रृंखला है जिससे उत्पादक को उपभोक्ता मूल्य में अधिक हिस्सा नहीं मिल पाता। कृषकों को बाजार में अधिक लागत देनी पड़ती है। कृषि मंत्रलय के मेलेनियम अध्ययन के अनुसार उपभोक्ता के मूल्य में उत्पादक के हिस्से में बहुत विभिन्नता है। जैसे-धान में 56 प्रतिशत से 89 प्रतिशत, गेहूँ में 72 प्रतिशत से 88 प्रतिशत, दालों में, 79 प्रतिशत से 86 प्रतिशत, तिलहन में 40 प्रतिशत से 85 प्रतिशत एवं फल एवं सब्जियों में 32 प्रतिशत से 68 प्रतिशत पाया जाता है जो बहुत कम है इसको कम करने की आवश्यकता है। इसके लिए वायदा बाजार, सीधे बिक्री जिसमें उत्पादक से उपभोक्ता को उत्पाद प्राप्त हों इन्हें बढ़ावा देने की आवश्यकता है।

7. विपणन लागत का अधिक होना (Maximum Marketing Cost): कृषि उत्पादों की विपणन अधिकतम हो जाने से कृषि उत्पादों की बिक्री प्रभावित होती है। भारत में लघु एवं सीमान्त कृषकों की बिक्री योग्य बचत बहुत कम मात्रा में होती है तथा लेन-देन में उन्हें अधिक लागत चुकानी पड़ती है तथा संगठित व्यापारी बड़ी मात्रा में लेन-देन करते हैं जिससे लघु एवं सीमान्त किसानों को लाभ के बजाय हानि उठानी पड़ती है जिससे नियंत्रित मण्डियों की अपेक्षा वह अनियंत्रित बाजार में बेंचना पसन्द करता है इससे वह तुरन्त अपनी आवश्यकतानुसार नकद धन प्राप्त कर लेता है। उसे मण्डी के चक्कर नहीं लगाने पड़ते। अधिकारियों एवं कर्मचारियों के कारण उसे भुगतान भी विलम्ब से होता है।

8. उत्पाद की अल्प मात्रा का होना (Small Quantity of Produce): सामान्य रूप से भारत में लघु एवं सीमान्त कृषक हैं जिनकी बाजार में बिक्री की मात्रा बहुत थोड़ी है तथा मण्डियों में उन्हें शुल्क बड़े उत्पादकों की तुलना में अधिक मात्रा में चुकाना पड़ता है तथा उन्हें इस प्रकार की अनेक समस्याओं का सामना करना पड़ता है। बाजार में उनका शोषण होता है जिससे उनकी बाजार में बिक्री प्रभावित होती है।

9. गुणवत्ता की कमी (Lack of Quality): प्राय: हमारे देश के कृषकों के पास सुविधाओं का अभाव होने के कारण उनके उत्पाद की गुणवत्ता में कमी होती है जिससे वे वैश्विक बाजार की प्रतियोगिता में सामना नहीं कर पाते और वे उत्पाद की बिक्री करने में हतोत्साहित हो जाते हैं। इस प्रकार उन्हें समुचित मूल्य नहीं मिल पाता।

अत: कृषि उत्पादों की गुणवत्ता में वृद्धि हेतु उन्हें प्रोत्साहन देने की विशेष आवश्यकता है। इस प्रकार उपरोक्त कारणों के निवारण का उपाय अवश्यक करना होगा ताकि कृषि वस्तुओं का बाजार में अच्छा मूल्य मिल सके और कृषकों को प्रोत्साहन प्राप्त हो।

कृषि विपणन की उन्नति हेतु सरकार द्वारा उठाए गए महत्त्वपूर्ण कदम (Important Steps taken by Government to Improvement for Agricultural Marketing)

कृषि विपणन व्यवस्था के दोषों को दूर करना नितान्त आवश्यक है, जिससे कृषकों को उपज का सही मूल्य मिल सके। इससे कृषकों की दरिद्रता एवं निर्धनता समाप्त होगी तथा कृषकों की उन्नति होगी तथा उनके जीवन-स्तर में सुधार होगा। भारत में कृषकों की उन्नति पर ही राष्ट्र की समृद्धि सम्भव है।

कृषि विपणन व्यवस्था की उन्नति हेतु समय-समय पर अनेक अर्थशास्त्रियों एवं विद्वानों ने अपने सुझाव प्रस्तुत किये जिसके आधार पर सरकार ने भी बहुमुखी प्रयत्न किये है। जैसे-शाही कृषि आयोग (1928), केन्द्रीय बैंकिंग जाँच समिति (1931), प्रान्तीय आर्थिक सम्मेलन (1934), राष्ट्रीय नियोजन समिति (1946), कांग्रेस भूमि

सुधार केन्द्र (1949), अखिल भारतीय विपणन अधिकारी समिति। उपर्युक्त समितियों के सुझाव के आधार पर इन प्रयासों को तीन प्रकार से वर्गीकृत किया गया हैं- 1. नियंत्रित बाजार (Regulated Market), 2. सहकारी विपणन व्यवस्था (Cooperative Marketing System), 3. अन्य महत्त्वपूर्ण प्रयास (Other Important Efforts)।

कृषि विपणन उन्नति हेतु सुझाव (Suggestions to Improvement in Agricultural Marketing)

भारत में कृषि विपणन व्यवस्था उन्नति हेतु अनेक समितियों एवं अर्थशास्त्रियों ने महत्त्वपूर्ण सुझाव दिये हैं:

1. नियमित मण्डियों की स्थापना होनी चाहिए जिससे विपणन सम्बन्धी अनेक समस्याओं का हल हो सकेगा।
2. सहकारी विपणन व्यवस्था को प्राथमिकता देनी होगी जिससे कृषकों को कृषि उपजों के विक्रय में बहुमुखी विकास होगा।
3. कृषकों की उपज की सही कीमत प्राप्त करने हेतु श्रेणीकरण, प्रमापीकरण की व्यवस्था अत्यन्त महत्त्वपूर्ण है।
4. कृषकों का मजबूत संगठन होना चाहिए, जिससे उनका सही पथ-प्रदर्शन हो सके।
5. कृषकों की उपज में गुणात्मक सुधार होना चाहिए।
6. मध्यस्थों की लम्बी श्रृंखला का उन्मूलन अति आवश्यक है।
7. परिवहन सुविधाओं में विशेष ध्यान देना चाहिए।
8. ग्रामीण व्यापारी या महाजनों द्वारा ऋण प्रदान करने या शोषण पर रोक बहुत जरूरी है।
9. विपणन सम्बन्धी अनुचित कटौतियों पर तत्काल रोक लगायी जाये।
10. वित्तीय सुविधाओं को विकसित किया जाये।
11. कृषकों के विश्राम हेतु विश्राम गृहों की व्यवस्था करना आवश्यक है।
12. भण्डार गृहों आदि की व्यवस्था का प्रबन्ध करना चाहिए।
13. कृषकों की उपज बिक्री पर भुगतान तुरन्त करने की व्यवस्था होनी चाहिए।
14. धोखेबाजों एवं गलत कार्यों पर तुरन्त कार्यवाही की जानी चाहिए।
15. कृषकों को बाजार सम्बन्धी कीमतों के ज्ञान हेतु उस पर प्रसार की व्यवस्था होनी चाहिए।
16. उपज में किसी भी प्रकार की मिलावट पर रोक लगायी जानी चाहिए।
17. कृषक उपज की बिक्री से समस्याओं को समाधान करने की व्यवस्था अविलम्ब होनी चाहिए। जिससे उसे अपने उत्पाद का समुचित मूल्य मिल सके।

इस प्रकार उपरोक्त उपायों को अपनाकर विपणन सम्बन्धी समस्याओं को दूर किया जा सकता है।

सरकारी प्रयास (Government Efforts)

1. नियंत्रित बाजार (Regulated Market): भारत में कृषि विपणन व्यवस्था में उन्नति हेतु नियंत्रित मण्डियों की स्थापना की गई है। इसके आधार पर प्रमुख व्यापारिक केन्द्रों में प्रबन्ध समितियों की स्थापना की जाती है। उसमें क्रेताओं एवं विक्रेताओं के प्रतिनिधि होते हैं इसके अतिरिक्त उपभोक्ता, सरकार व स्थानीय निकायों के एक प्रतिनिधि भी होते हैं। इस समिति में एक सचिव की नियुक्ति होती है। सचिव सरकारी

अधिकारी होता है। मण्डियों पर समुचित नियंत्रण व सुधार करके इसके अनेक दोषों को दूर करके विपणन में उन्नति की जा सकती है।

कार्य (Functions)

1. बांटों का सामयिक निरीक्षण किया जाता है।
2. अनुचित कटौतियों पर रोक लगाई जाती है।
3. कृषि उत्पाद रखने हेतु भण्डारगृहों की व्यवस्था की जाती है।
4. कृषि उन्नति हेतु प्रचार-प्रसार किया जाता है।
5. उपज के भुगतान हेतु तत्काल व्यवस्था की जाती है।
6. बाजार मूल्य की जानकारी हेतु सूची का प्रबन्ध किया जाता है।
7. कृषकों के वाहनों को खड़ा करने हेतु समुचित स्थान की व्यवस्था की जाती है।
8. कृषकों की समस्याओं को सुलझाने हेतु अतिशीघ्र व्यवस्था की जाती है।
9. कृषि व उसके नवीनतम एवं विश्वसनीय आँकड़ों का एकत्रीकरण करना जिससे विपणन अनुसंधान एवं सर्वेक्षण में प्रोत्साहन प्राप्त होता है।

स्थापना (Establishment)

भारत में कृषि बाजारों के नियंत्रण हेतु बरार 'काटन एण्ड ग्रेन मार्केट एक्ट' के अन्तर्गत प्रथम प्रयास 1897 में किया गया था।

"उत्तर प्रदेश कृषि उत्पादन मण्डी विधेयक" पर दिनांक 28 अक्टूबर को विधानमण्डल द्वारा पारित प्रस्ताव पर स्वीकृति दे दी गई। इसे "उत्तर प्रदेश मण्डी अधिनियम 1964" के नाम से जाना जाता है। इसी अधिनियम के आधार पर प्रदेश में मण्डियों की स्थापना की गई। उत्तर प्रदेश में सर्वाधिक कृषि मण्डियों की स्थापना हुई है। इनका नियंत्रण सरकार एवं स्वायत्तशासी संस्थाओं द्वारा होता है।

प्रबन्ध (Management)

नियमित मण्डियों के संचालन एवं प्रबन्ध हेतु एक कृषि उपज मण्डी समिति का निर्माण किया जाता है। इस मण्डी समिति में स्थानीय निकायों का एक प्रतिनिधि, केन्द्रीय तथा राज्य गोदामों के निगमों के एक-एक प्रतिनिधि, सहकारी क्रय-विक्रय समितियों का एक प्रतिनिधि, मण्डी क्षेत्र में कार्य करने वाले लाइसेंस प्राप्त व्यापारियों, दलालों एवं आढ़तियों से तीन एवं संलग्न ग्राम सभाओं द्वारा निर्वाचित दस उत्पादक प्रतिनिधि इनके अतिरिक्त मण्डी सचिव होता है, जिसकी नियुक्ति सरकारी अधिकारी के रूप में होती है।

1. नियमित मण्डियों की प्रगति (Improvement in Regulated Markets)

भारत में वर्तमान समय में नियमित मण्डियों ने काफी प्रगति की है। मार्च 1980 तक हमारे देश में 4446 मण्डियाँ थीं। जिसमें 1906 प्रिंसपल मार्केट एवं 2540 सब मार्केट यार्ड थे। देश में 31 मार्च सन् 1986 तक 5774 नियमित मण्डियाँ कार्यरत थीं। इस प्रकार हमारे देश में मार्च 1997 तक 7001 कृषि मण्डियाँ स्थापित हो चुकी थीं। परन्तु वर्तमान समय में 2012 तक इनकी संख्या बढ़कर 7190 हो गई है जो प्रगति का द्योतक

है। उत्तर प्रदेश में वर्ष 1999–2000 तक 265 कृषि मण्डियाँ स्थापित की गईं, जिनके 382 उपमण्डी स्थल सम्बद्ध हैं। उत्तर प्रदेश में इनकी संख्या अधिकतम है। कृषि मंत्रालय भारत सरकार द्वारा नियमित मण्डी स्वर्ण जयन्ती (1985) के सुअवसर पर अयोजित प्रतियोगिता पर प्रथम स्थान प्रदान कर सम्मानित किया गया। कृषि मण्डियों के विकास एवं उन्नति वर्ष 1977–78 से सरकार द्वारा आर्थिक सहायता प्रदान करने की योजना प्रारम्भ की गई। कृषकों की विपणन सम्बन्धी कठिनाइयों को दूर करने हेतु समय-समय पर सरकार द्वारा अनेक प्रयास किये गये हैं, जिसमें मण्डियों का योगदान महत्त्वपूर्ण है। उनका नियंत्रण सरकार एवं स्वायत्तशासी संस्थाओं द्वारा किया जाता है।

संक्षिप्त में नियंत्रित मंण्डियाँ अधिकांशतया अनियंत्रित मण्डियों की विपणन प्रणाली की कमियों को दूर करने के लिए स्थापित की गई हैं। ये नियंत्रित मण्डियाँ व्यापारियों, कमीशन एजेन्ट एवं दलालों को मण्डियों में विपणन कार्यों हेतु लाइसेंस प्रदान करती हैं तथा यदि ये किसी प्रकार की गड़बड़ी करते हैं तथा इनके कार्य में पारदर्शिता नहीं है तो इनके लाइसेंस निरस्त कर देती है। इसके परिणामस्वरूप कृषकों को अपने उत्पाद की बिक्री में उन्नति की अच्छी आशाएँ होती हैं। इस प्रकार ये नियंत्रित मण्डियाँ उत्पादकों को सुविधाएँ प्रदान करके उनकी आय में वृद्धि करती हैं तथा एक अच्छे बाजार का विस्तार करती हैं। इसके निर्यातकों को विधानकर्ताओं को कच्चे माल की उपलब्धि सीधे किसानों से न होकर मण्डियों के माध्यम से होती है। ये मण्डियाँ उत्पादकों को समुचित मूल्य दिलाती हैं जिससे ग्रामीण क्षेत्रों में विकास सम्भव हो पाता है। विपणन लागत कम हो जाने से उपभोक्ता के मूल्य में उत्पादक के हिस्से में वृद्धि होती है।

2. विपणन एवं निरीक्षण निदेशालय की स्थापना (Establishment of Directorate of Marketing and Inspection)

कृषकों की विपणन सम्बन्धी समस्याओं के समाधान हेतु हमारे देश में सन् 1935 में विपणन एवं निरीक्षण निदेशालय की स्थापना हुई। इसके अन्तर्गत अनेक योजनाओं को कार्यान्वित किया गया।

इसके निम्नलिखित प्रमुख कार्य है:

1. विपणन एवं निरीक्षण निदेशालय के अन्तर्गत कृषि उत्पादों के श्रेणीकरण एवं प्रमापीकरण की व्यवस्था करना।
2. कृषि वस्तुओं के विपणन अनुसंधान एवं सर्वेक्षण करना।
3. इसके अन्तर्गत कृषि विपणन अधिकारियों को प्रशिक्षित किया जाता है।
4. उद्यानीय फसलों जैसे- फल, सब्जी के विधायन तथा शीतगृहों आदि के प्रशासन की व्यवस्था।
5. निदेशालय का कार्य मण्डियों की कार्य विधि पर नियंत्रण करना है।
6. यह विपणन निदेशालय कृषि उत्पादों के वर्गीकृत एवं प्रमापीकरण के लिए 'एगमार्क' को नियंत्रित करता है।
7. निदेशालय विपणन सम्बन्धी समस्याओं के निदान हेतु केन्द्रीय सरकार तथा राज्य सरकारों के परामर्शदाता के रूप में भी कार्य करता है।

इस प्रकार वर्तमान समय में इसकी महत्त्वपूर्ण भूमिका है।

3. श्रेणीकरण एवं मानकीकरण (Grading and Standardization)

सन् 1986 में इस अधिनियम का संशोधन हुआ, जिसके अन्तर्गत 44 निर्यातक कृषि उपजों के श्रेणीकरण एवं प्रमापीकरण को अनिवार्यता प्रदान की गई। नवीन कृषि उपजों के वर्गीकरण एवं पुरानी वस्तुओं के स्तर के सुधार हेतु नागपुर में एक 'केन्द्रीय एगमार्क प्रयोगशाला' स्थापित की गई। इसके अतिरिक्त मद्रास, कोचीन, कानपुर, कलकत्ता, मुम्बई, भोपाल तथा जयपुर आदि में 22 क्षेत्रीय प्रयोगशालायें स्थापित की गईं। कृषकों की विपणन में सुविधा हेतु मण्डी स्तर पर यह श्रेणीकरण इकाइयाँ कार्य करती हैं। श्रेणीकृत उत्पाद पर एगमार्क का चिन्ह अंकित किया जाता है। इस प्रकार कृषि उपज के श्रेणीकरण से कृषक उत्पाद की समुचित मूल्य पर बिक्री हो जाती है तथा विपणन व्यवस्था में सुधार हो जाता है। विपणन प्रक्रिया में इसकी अत्यन्त महत्त्वपूर्ण भूमिका है। इसके अन्तर्गत 153 कृषि और सम्बद्ध उत्पादों को अधिसूचित किया गया है। इस निदेशालय द्वारा राज्य स्तर पर उत्पादकों का मार्गदर्शन किया जा रहा है।

केन्द्रीय सरकार द्वारा कृषि उत्पादों के श्रेणीकरण एवं प्रमापीकरण हेतु कृषि उत्पाद, श्रेणीकरण एवं विपणन अधिनियम, 1937 (Agricultural Produce Grading and Marketing Act, 1937) को लागू किया गया। जिसे AGMARK के नाम से जाना जाता है। इससे कृषि उत्पादों की गुणवत्ता का स्तर मानकीकरण किया जाता है। इस समय श्रेणीकरण मानक से 181 कृषि एवं सम्बन्धित वस्तुओं को सम्बद्ध किया गया है इससे उत्पाद की शुद्धता मानक (Purity Standard) का प्रावधान PFA एवं ब्यूरो ऑफ इण्डियन स्टैण्डर्ड (BIS) अधिनियम 1986 के अन्तर्गत किया जाता है। अन्तर्राष्ट्रीय स्तर पर अन्तर्राष्ट्रीय मानक संगठन (International Standard Organization, ISO) विचार करता है ताकि भारतीय उत्पाद वैश्विक बाजार में प्रतियोगिता का सामना कर सके।

AGMARK कृषि विपणन का संक्षिप्त रूप है। एगमार्क कृषि उत्पादों की शुद्धता का द्योतक है जो उत्पादों में विभिन्न रंगों के लेवल लगाये जाते हैं जिसमें उत्पादों की पैकिंग एवं समाप्ति की दिनांक का उल्लेख रहता है। यह कृषि विपणन सलाहकार द्वारा निर्धारित किया जाता है।

यह एक स्वैच्छिक योजना है जो व्यापारियों एवं उद्योगियों को उनके उत्पाद की गुणवत्ता को प्रमाणीकरण हेतु उनको लाइसेंस प्रदान किया जाता है। एगमार्क, उत्पाद की गुणवत्ता का आश्वासन देता है यदि उसकी शुद्धता में कमी है तो उपभोक्ता उस वस्तु को वापस कर रुपया प्राप्त कर सकता है। यह एगमार्क का प्रमाण, विपणन एवं निरीक्षण निदेशालय (Directorate of Marketing and Inspection, DMI) द्वारा एक विशेष प्रारूप पर अधिकृत अधिकारी द्वारा स्वीकृत किया जाता है। इस प्रकार AGMARK द्वारा श्रेणीकरण से उत्पादों को वैश्विक बाजारों में निर्यात हेतु प्रोत्साहन प्राप्त होता है। उपभोक्ताओं को इससे संतुष्टि प्राप्त होती है।

4. विपणन शोध एवं सूचना विस्तार (Marketing Research and Information Network) (AGMARK NET)

विपणन शोध एवं सूचना का विस्तार करने हेतु कृषि एवं सहकारिता विभाग ने मार्च 2000 में इस केन्द्रीय योजना का शुभारम्भ किया था। इसका मुख्य उद्देश्य महत्त्वपूर्ण कृषि उत्पादों के बाजार को विस्तार करने के

लिए सम्पूर्ण भारत एवं राज्य कृषि विपणन बोर्ड, विपणन एवं निरीक्षण निदेशालय (Directorate of Marketing and Inspection, DMI) के माध्यम से बाजार की सूचना में प्रभावशाली परिवर्तन लाने हेतु किया गया था।

AGMARK NET, DMI एवं NIC को संयुक्त रूप से प्रयोग किया जा रहा है। NICNET के द्वारा सम्पूर्ण देश में विपणन सम्बन्धी सूचनाओं की सुविधा प्रदान की जा रही है। इस योजना का उद्देश्य कृषि उत्पादों के मूल्य सम्बन्धी आँकड़ों का प्रतिदिन प्रसारण करना है। मूल्य सम्बन्धी आँकड़ों के प्रसारण हेतु मासिक पत्रिका भी प्रकाशित होती है जो राष्ट्रीय स्तर पर आँकड़े प्रकाशित करती है तथा प्रभावशाली सूचना पहुँचाती है इसके साथ-साथ IFFCO भी मूल्यों के आँकड़ों को नियमित रूप से Agmarknet से सम्बन्धित होकर ग्रामीण सहकारी समितियों के स्तर पर सूचना पहुँचाने का कार्य करता है। वर्तमान में Agmarknet की बाजार के प्रसारण एवं विकास करने में वैश्विक सूचना प्रणाली को सुदृढ़ करने में महत्त्वपूर्ण भूमिका है।

5. गोदामों एवं भण्डारगृहों की सुविधाओं का विकास (Development of Storage and Warehouse Facilities)

भारत में कृषि उत्पादों की सुरक्षा हेतु भारत सरकार ने 'कृषि उपज एवं भण्डारण निगम अधिनियम' 1956 लागू किया जिसके आधार पर केन्द्र स्तर पर सहकारी विकास एवं सुरक्षित भण्डारण मण्डल' तथा केन्द्रीय सुरक्षित भण्डारण निगम की स्थापना हुई। इनका मुख्य कार्य मण्डी क्षेत्रों में पक्के गोदामों का निर्माण एवं संचालन करना है। 'भारतीय खाद्य निगम' के अन्तर्गत स्वयं तथा किराये पर ली गई भण्डारण क्षमता 1 अप्रैल 2002 को 358.40 लाख टन थी। इसमें केन्द्रीय तथा राज्य भण्डारण निगम से किराये पर ली गई 98.96 लाख टन की क्षमता भी सम्मिलित है। खाद्यान्न के संरक्षण के सम्बन्ध में अनेक विकास कार्य किये जा रहे हैं। 'भारतीय खाद्य भण्डारण संस्थान' हापुड़ में स्थापित किया गया है। इसके अन्तर्गत लुधियाना, हैदराबाद, जबलपुर, उदयपुर एवं जोरहट पर स्थापित बांट केन्द्रों में खाद्यान्न संरक्षण के सम्बन्ध में अनुसंधान एवं विकास कार्य हो रहा है। विपणन में इसकी उन्नति एवं विकास होना अति आवश्यक है। कृषकों के हितों को विशेष रूप से ध्यान रखा जाता है। परन्तु अब भी इनकी स्थापना प्रगति धीमी है। गोदामों की स्थापना वहीं होनी चाहिए जहाँ पर जिस वस्तु की अधिकता हो। कृषकों की स्वेच्छा एवं बैंकिंग आदि सुविधायें भी उपलब्ध हो। गोदामों में संग्रह-व्यय में कमी होनी चाहिए, जिससे कृषक इसका लाभ उठा सकें।

6. ग्रामीण भण्डारण निर्माण (Construction of Rural Godowns)

ग्रामीण भण्डारण निर्माण हेतु कृषि एवं सहकारिता विभाग द्वारा 'केन्द्रीय क्षेत्र योजना' के रूप में शुभारम्भ मार्च 2002 में हुआ जो 'ग्रामीण भण्डारण योजना' (Gramin Bandaran Yojana) के नाम से जानी जाती है। इसका मुख्य कार्य ग्रामीण क्षेत्रों में वैज्ञानिक भण्डारण क्षमता उत्पन्न करना एवं कृषकों के उत्पादों की दबावपूर्ण बिक्री (Forced Sell) को रोकना है जिससे उनके उत्पाद को हानि से बचाया जा सके।

इस योजना में मुख्य निम्न तथ्य सम्मिलित हैं:

1. 'ग्रामीण भण्डारण योजना' का मुख्य उद्देश्य ग्रामीणों के उत्पाद को वैज्ञानिक तरीके से भण्डारण निर्मित करके हानि से बचाना। हर प्रकार से उनके उत्पादों को सुरक्षा प्रदान करना।

2. भण्डारण सम्बन्धी अनेक सुविधाएँ प्रदान करना एवं जो उत्पाद जल्दी नष्ट हो जाते हैं उनको संकटकालीन विक्रय से बचाना।
3. पुनरीक्षित योजना के अन्तर्गत सभी वर्गों के लिए 25 प्रतिशत अनुदान की सुविधा प्रदान करना। जैसे-कृषक, कृषि स्नातक, केन्द्रीय भण्डारागार निगम, राज्य भण्डारागार निगम।
4. इसके अतिरिक्त अन्य व्यक्तिगत कम्पनियाँ एवं निगमों को 15 प्रतिशत अनुदान उनकी परियोजना लागत के आधार पर उपलब्ध करायी जाती है।
5. इस भण्डारण योजना के अन्तर्गत उत्तर-पूर्वी राज्यों, पर्वतीय क्षेत्रों और अनुसूचित एवं अनुसूचित जनजातियों के उद्यमिता एवं उनके सहकारी कार्यों हेतु 33 प्रतिशत अनुदान प्रदान किया जाता है।

7. कार्मिकों एवं कृषकों को प्रशिक्षण प्रदान करना (Provide to Personnels and Farmers)

कृषि विपणन सम्बन्धी कार्यों हेतु प्रशिक्षण कार्यक्रम, कार्यशालाएँ, गोष्ठियाँ एवं जागरूकता कार्यक्रमों एवं प्रबन्ध विकास कार्यक्रमों को 2006–07 से प्रारम्भ किया गया। राष्ट्रीय कृषि प्रबन्ध संस्थान (National Institute of Agricultural Management, NIAM) की स्थापना 1998 में हुई थी।

यह संस्थान वरिष्ठ कर्मचारियों को प्रशिक्षण देने का कार्य करता है। कृषि एवं औद्योगिक विभाग, कृषि उद्योगों, राज्य विपणन बोर्ड, निगमों, उच्चस्तरीय सहकारी, वस्तु बोर्ड, निर्यात-गृहों, ये संस्थाएँ कृषि एवं प्रसंस्करण खाद्य उत्पाद निर्यात विकास एजेन्सी (Agricultural Processed Food Products Development Agency, APEDA) द्वारा इन्हें पहचानी जाती हैं।

NIAM कृषकों, सरकारी कर्मचारियों, सहकारी, बैंक कर्मचारियों को प्रशिक्षण देने का कार्य करता है। इसके अतिरिक्त यह संस्थान स्नातकोत्तर स्तर पर कृषि व्यवसाय प्रबन्ध पर उपकेन्द्र के रूप में हैदराबाद में 2007 से प्रशिक्षण देने का कार्य करता है। इस कार्यक्रम के अन्तर्गत कृषि स्नातकों को प्रशिक्षण हेतु सहायता प्रदान की जाती है ताकि वे राष्ट्रीय एवं अन्तर्राष्ट्रीय बाजारों, वैश्विक प्रतियोगिता में महत्त्वपूर्ण स्थान प्राप्त कर सकें। इस प्रकार प्रशिक्षित स्नातक, कृषि व्यवसाय प्रबन्धक के रूप में दक्षतापूर्ण होंगे। अतः कृषि विपणन में प्रशिक्षण प्राप्त करना अति आवश्यक है।

8. विपणन नीति (Marketing Policy)

कृषि विपणन नीति कृषि उत्पाद (Agricultural Produce); श्रेणीकरण एवं विपणन अधिनियम, 1937 (Grading and Marketing Act, 1937) के अन्तर्गत कार्य करती है। कृषि विपणन सम्बन्धी हेतु विपणन एवं निरीक्षण निदेशालय (Directorate of Marketing and Inspection, DMI) इसके लिए उत्तरदायी है। DMI की स्थापना 1935 में हुई थी। इस सम्बन्ध में कृषि उत्पादों की उन्नति एवं निर्यात हेतु अन्य सरकारी संगठन महत्त्वपूर्ण भूमिका निभा रहे हैं। जो निम्नलिखित हैं:

1. कृषि लागत मूल्य आयोग (Commission for Agricultural Costs and Prices)
2. भारतीय खाद्य निगम (Food Corporation of India)

3. भारतीय कपास निगम (Cotton Corporation of India)

4. भारतीय जूट निगम (Jute Corporation of India)

इस प्रकार ये संगठन विशेष रूप से रबर, काफी, चाय, मसाले, कार्यो को सम्पादित करते हैं। इसके साथ ही सहकारी समितियाँ कार्य कर रही हैं जो क्षेत्रीय स्तर पर, राज्य स्तर पर एवं राष्ट्रीय स्तर राष्ट्रीय कृषि सहकारी विपणन संघ (National Agricultural Cooperative Marketing Federation, NAFED) पर कार्य करते हैं। इस प्रकार ये संगठन विभिन्न योजनाओं के अन्तर्गत अधिकतम विपणन सुविधाएँ निर्यात प्रोत्साहन तथा मण्डियों में भण्डारण, श्रेणीकरण एवं कृषि उत्पादों का मानकीकरण आदि सुविधाएँ प्रदान करते हैं।

कृषि एवं प्रसंस्करण खाद्य उत्पाद निर्यात विकास प्राधिकरण (Agricultural and Processed Food Products Export Development Athority) की स्थापना कृषि उत्पादों के प्रसंस्करण, उन्नति एवं निर्यात हेतु 1986 में की गई थी, जो वैश्विक बाजार में प्रतियोगिता का सामना कर सके। इसके अतिरिक्त केन्द्रीय रेशम बोर्ड, समुद्री उत्पाद, निर्यात विकास प्राधिकरण की स्थापना निर्यात में उन्नति हेतु की गई। भारतीय निर्यात संगठन संघ एवं केन्द्रीय स्तर पर राष्ट्रीय कृषि सहकारी विपणन संघ की स्थापना की गई जिससे कृषि उत्पादों के निर्यात में वृद्धि हो सके।

9. विपणन संस्थाएँ (Marketing Institutions)

कृषि विपणन सम्बन्धी अनेक सरकारी संस्थाएँ हैं जो केन्द्रीय स्तर पर कार्य कर रही हैं। जिनमें कुछ मुख्य संस्थाएँ निम्न हैं:

(*i*) राष्ट्रीय कृषि सहकारी विपणन संघ (National Agricultural Cooperative Marketing Federation, NAFED): यह संस्थान राष्ट्रीय स्तर पर कृषि उत्पादों के विपणन का कार्य कर रहा है। यह राष्ट्रीय स्तर पर शीर्ष संस्था है। इसके अन्तर्गत दलहन, तिलहन एवं औद्योगिक फसलें जैसे माल्टा, आलू, प्याज, अंगूर, काली मिर्च आदि के क्रय विक्रय का कार्य होता है। इसके अतिरिक्त राष्ट्रीय उपभोक्ता सहकारी संघ (National Consumer's Cooperative Federation) एवं आदिवासी (जनजातीय) सहकारी विपणन विकास संघ (Tribal Cooperative Marketing Development Federation of India Limited) इसके अतिरिक्त विशेष वस्तु बोर्ड के अन्तर्गत काफी, चाय, रबर, मसाले, तम्बाकू, तेल एवं वनस्पति तेल आदि औद्योगिक उत्पादों को सम्पादित किया जाता है। इस प्रकार अन्य पृथक निदेशालय हैं जिनमें कच्चे माल, गन्ना, दलहन, तिलहन, चावल, मोटे अनाज, जूट एवं कपास आदि कृषि उत्पादों का निर्यात किया जाता है। इसकी निर्यात में महत्त्वपूर्ण भूमिका है।

(*ii*) राष्ट्रीय दुग्ध विकास बोर्ड (National Dairy Development Board): राष्ट्रीय दुग्ध विकास बोर्ड कृषि उत्पादों के विपणन में सराहनीय कार्य कर रहा है।

(*iii*) लघु कृषक कृषि व्यवसाय सहायता संघ (Small Farmers Agri Business Consortium, SFAC): जनवरी 1994 से यह संघ प्रभावित हुआ। इसके लिए भारतीय रिजर्व बैंक (RBI) नाबार्ड एवं आई०डी०बी०आई० कोष की व्यवस्था करती है। यह स्वायत्तशासी संस्था है। इसके अन्तर्गत आर्थिक दक्षता के सिद्धान्तों, वातावरणीय

सुदृढ़ता एवं सामाजिक सम्पदा की परियोजनाओं को प्रोत्साहित किया जाता है। इस परियोजना द्वारा ग्रामीण स्तर पर रोजगार के सुअवसरों का विस्तार किया जाता है।

उपरोक्त संस्थाएँ कृषि उत्पादों को प्रोन्नति, निर्यात, समुद्री उत्पादों के निर्यात, रेशमी वस्त्रों के निर्यात एवं औद्योगिक उत्पादों के निर्यात हेतु विशेष बढ़ावा देती हैं। कृषि उत्पाद की वैश्विक व्यापार में प्रतियोगिता से वस्तुओं की गुणवत्ता में वृद्धि होती है। कृषि व्यवसाय को सुदृढ़ता प्रदान होने से निर्यात में वृद्धि होगी जिससे राष्ट्रीय आय में वृद्धि होगी तथा अर्थव्यवस्था को सुदृढ़ता प्रदान होगी।

10. राष्ट्रीय कृषि ई-बाजार (Launching of Agriculture E-Market)

भारत के प्रधानमंत्री श्री नरेन्द्र मोदी जी ने 14 अप्रैल 2016 से राष्ट्रीय कृषि ई-बाजार का शुभारम्भ कर दिया। इसका प्रमुख उद्देश्य कृषकों को उनके उत्पाद का समुचित मूल्य दिलाना है। इसके अन्तर्गत देश की 2477 प्रमुख मण्डियाँ एवं 4843 उप-मण्डियों को सम्बद्ध कर दिया है। इन मण्डियों को इलेक्ट्रानिक से जोड़ देने से कृषकों को विशेष सुविधा हुई है जिसके अन्तर्गत श्रेणीकरण एवं विपणन की अनेक समस्याओं का निदान आसानी से हो सकता है। राष्ट्रीय कृषि ई-बाजार को विकसित करने हेतु इसमें मण्डियों के लिये संशोधन करना पड़ेगा, देश के कुछ राज्यों में इसका शुभारम्भ गुजरात में 3, तेलांगना में 3, राजस्थान में 1, उत्तर प्रदेश में 5, हरियाणा में 2, झारखण्ड में 2 एवं हिमाचल में 2 का किया गया। मण्डियों में सबसे पहले चना, अण्डी के बीज, धान, गेहूँ, मक्का, हल्दी, प्याज, सरसों, महुआ के फूल, इमली तथा हरी मटर की बिक्री होगी। इसमें 25 जिन्सों की राष्ट्रीय कृषि ई-बाजार का शुभारम्भ मण्डियों में मध्यस्थों की श्रृंखला को कम करने के उद्देश्य से किया गया है। इनकी बिक्री ऑन-लाइन होगी। कृषकों की लागत में कमी होगी तथा उपभोक्ता के मूल्य में उत्पादक को अधिक हिस्सा प्राप्त होगा। इस प्रकार इसकी कृषि विपणन की उन्नति में महत्त्वपूर्ण भूमिका होगी, यह आशा की जाती है।

11. परिवहन सुविधाओं का विकास (Development of Transport Facilities)

ग्रामीण क्षेत्रों से माल लाने हेतु परिवहन सुविधाओं का विकास होना अति आवश्यक है। इसकी कमी को देखते हुए 'अखिल भारतीय ग्रामीण साख सर्वेक्षण समिति' तथा 1956 से निर्मित 'विपणन एवं सहका. रिता परिषद' ने इस दिशा पर महत्त्वपूर्ण कदम उठाये। इसके अतिरिक्त प्रधानमंत्री योजना के अन्तर्गत ग्रामों से नगरों को जोड़ने का प्रयास किया जा रहा है। सांसद एवं विधायक निधि द्वारा परिवहन सम्बन्धी सुविध ाओं को विकसित किया जा रहा है। इस प्रकार सरकार द्वारा 1960-61 से न्यनूतम आवश्यकता कार्यक्रम ने भी महत्त्वपूर्ण भूमिका निभाई है। इससे विपणन में सुधार सम्भव होगा। कृषि उत्पादों को मण्डी तक पहुँचने में अनेक कठिनाइयों का सामना करना पड़ता था। प्रत्येक गाँव जहाँ पर एक हजार अधिक आबादी है उसे राजमार्गों से जोड़ना अति आवश्यक है। इसके लिए एकीकृत विकास के अन्तर्गत वर्ष 1988 में सिफारिशें की गई हैं। राष्ट्रीय कृषि आयोग ने भी इसके लिए सिफारिशें की हैं। परिवहन की सुविधाओं से कृषि उत्पादों को मण्डी तक ले जाने में लागत कम आ जाती है।

12. बांटो का मानकीकरण (Standardization of Weights)

भारत में नाप तौल की विभिन्न प्रचलित प्रणालियों को समाप्त करने हेतु 1958 में मैट्रिक प्रणाली कुछ मुख्य उद्योगों एवं सरकारी संस्थाओं में क्रियान्वित की गई परन्तु 1962 से मैट्रिक प्रणाली अनिवार्य रूप से घोषित कर दी गई। जिससे धोखेबाजी आदि बुराइयों का उन्मूलन किया गया। बाजार में व्यापारी प्राय: गलत बांटो का प्रयोग करते थे। कृषकों की उपज खरीदने हेतु भारी बांटो का प्रयोग और बिक्री हेतु बाजार में हल्के बांटो का प्रयोग करते थे, जिससे उत्पादकों एवं उपभोक्ताओं को हानि उठानी पड़ती थी, इसके निर्वारण हेतु भारत सरकार ने मानक बाँट (Standard Weight) अधिनियम 1939 स्वीकृत किया था परन्तु केन्द्रीय सरकार ने इसे वर्ष 1958 में लागू किया।

13. फल-उत्पाद अधिनियम (Fruit Product Act)

वर्तमान समय में फलों को वैज्ञानिक विधि एवं तकनीकी के आधार पर विकसित करने एवं उच्च कोटि के फलों के **विक्रय एवं नियंत्रण करने हेतु 1955 में फल-उत्पाद अधिनियम (Fruit Product Act, 1955)** को लागू किया गया था।

उपभोक्ताओं के हित के लिए 'खाद्य प्रसंस्करण मंत्रालय' फलों एवं सब्जियों से निर्मित पदार्थों पर वैज्ञानिक आधार पर गुणवत्ता का निर्धारण करता है। खाद्य रंगों एवं परिरक्षक रसायनों एवं खाद्य पदार्थों के समुन्नति अनुपात एवं प्रमापीकरण को निर्धारित करता है। फल एवं सब्जियों की गुणवत्ता को कायम रखने हेतु फल एवं सब्जी संरक्षण निदेशालय के बम्बई, कोलकाता, दिल्ली एवं मद्रास क्षेत्रीय कार्यालय हैं। खाद्य वस्तुओं के संग्रह हेतु आवश्यक वस्तु अधिनियम, 1955 के अन्तर्गत शीतगृह अधिनियम, 1964 लागू किया गया। इस प्रकार उत्पादकों को समुचित मूल्य प्राप्त हो जाता है।

14. कृषि लागत एवं मूल्य आयोग की स्थापना (Establishment of Agriculture Cost and Price Commission)

कृषि पदार्थों की कीमतों में स्थिरता, फसलों के पूर्व न्यूनतम वसूली कीमत घोषित करने हेतु भारत सरकार ने जनवरी 1965 में कृषि लागत एवं मूल्य आयोग की स्थापना की है। यह आयोग विशेष रूप से धान, गेहूँ, ज्वार, बाजरा, मक्का, चना तथा अन्य दालों वाली फसलों एवं गन्ना, तिलहन, कपास एवं जूट हेतु मूल्य नीति पर अपनी सलाह देता है।

15. खाद्यान्न वसूली योजना (Food Grains procurement Scheme)

खाद्यान्न वसूली योजना खाद्य विपणन एवं कीमतों में स्थायित्व प्रदान करने हेतु लागू की गई। इस योजना के अन्तर्गत सरकार प्रत्यक्ष एवं मण्डियों के माध्यम से एक निश्चित न्यूनतम समर्थित कीमतों पर खाद्यान्नों का संग्रह करती है। यह खाद्यान्नों के अभाव एवं कमी वाले क्षेत्रों में राशनिंग द्वारा अथवा खुले रूप में अधिकतम कीमतों पर बिक्री की व्यवस्था करती है। इस प्रकार की खाद्यान्न वसूली का कार्य 'भारतीय खाद्य निगम' एवं प्रान्तीय सरकार सम्मिलित रूप से करती है।

कृषि विपणन से सम्बन्धित महत्त्वपूर्ण सरकारी संस्थाओं का वर्गीकरण (Classification of Government's Institutions Related to Agricultural Marketing)

कृषि विपणन संस्थाएँ (Agricultural Marketing Institutions)

- विपणन निरीक्षण एवं अन्य प्रशासनिक कार्यों से सम्बन्धित
  - विपणन निरीक्षण निदेशालय (Directorate of Marketing and Inspection, DMI, 1935)
- विपणन प्रोन्नति एवं निर्यात सम्बन्धित
  - भारतीय खाद्य निगम (Food Corporation of India, FCI)
  - भारतीय जूट निगम (Jute Corporation of India, JCI)
  - भारतीय कपास निगम (Cotton Corporation of India, CCI)
  - राज्य व्यापार निगम (State Trading Cooperation, STC)
- प्रोन्नति एवं मुख्य विपणन निर्यात सम्बन्धित
  - कृषि एवं प्रसंस्करण खाद्य उत्पाद निर्यात विकास प्राधिकरण (Agricultural and Processed Food Product Export Development Authority APEDA, 1986)
  - समुद्री उत्पाद निर्यात विकास प्राधिकरण (Marine Products Export Development Authority)
  - केन्द्रीय रेशम बोर्ड (Central Silk Board)
  - जैविक वस्तु बोर्ड (Organic Commodity Board)
  - भारतीय निर्यात संगठन संघ (Federation of Indian Export Organizations)
- सहकारी विपणन समितियाँ एवं संघ
  - मण्डी स्तर पर
    - सहकारी प्राथमिक विपणन समितियाँ (Primary Cooperative Marketing Societies)
  - जनपद स्तर पर
    - केन्द्रीय विपणन संघ (Central Marketing Federation)
  - राज्य स्तर पर
    - राज्य विपणन समितियाँ (State Marketing Societies)
  - अखिल भारतीय स्तर पर
    - राष्ट्रीय कृषि सहकारी विपणन संघ (National Agricultural Cooperative Marketing Federation)
  - अन्य सहकारी विपणन संघ
    - राष्ट्रीय उपभोक्ता सहकारी संघ (National Consumer's Cooperative Federation)
    - आदिवासी सहकारी विपणन विकास संघ (Tribal Cooperative Marketing Development Federation of India)

अभ्यास (Exercise)

चयनित प्रश्न (Selected Questions)

1. नियंत्रित बाजार से आप क्या समझते हैं? नियंत्रित बाजार की कार्य प्रणाली की विस्तृत विवेचना कीजिए।

2. भारत में कृषि विपणन की चुनौतियों का सविस्तार उल्लेख कीजिए।
3. भारत में कृषि विपणन व्यवस्था में क्या दोष हैं? इसके सुधार हेतु सरकार द्वारा उठाये गये कदमों की विस्तृत व्याख्या कीजिए।
4. नियंत्रित बाजार क्या है? भारत में नियंत्रित मण्डियों की प्रगति का सविस्तार उल्लेख कीजिए।
5. संक्षिप्त टिप्पणी–

(अ) विपणन एवं निरीक्षण निदेशालय (ब) ग्रामीण भण्डारण योजना

(स) कृषि लागत मूल्य आयोग (द) राष्ट्रीय कृषि ई–बाजार।

❑❑❑

5

भारत में सहकारी विपणन
(Cooperative Marketing in India)

भारत में सहकारी विपणन व्यवस्था से तात्पर्य यह है कि कृषक जब अपनी उपज की बिक्री व्यक्तिगत रूप से न करके एक सहकारी विपणन समिति के प्रबन्ध में सम्मिलित रूप से करते हैं, तो इस प्रकार की विपणन व्यवस्था सहकारी विपणन व्यवस्था कहलाती है। इस प्रकार की विपणन व्यवस्था में कृषक संगठित रूप से बिक्री करते हैं। सहकारी विपणन में कृषकों के हितों को विशेष रूप से ध्यान रखा जाता है। इस प्रकार सरकारी विपणन समितियाँ कृषकों की विपणन व्यवस्था में सुधार हेतु कार्य करती हैं।

परिभाषा (Definitions)

"सहकारी विपणन व्यवस्था कृषकों का ऐसा समूह है जो अपने संसाधनों को स्वैच्छिक रूप से केन्द्रित एवं कृषि उत्पादों की कुछ या सम्पूर्ण विपणन प्रक्रियाओं को संयुक्त रूप से साथ-साथ सम्पादित करते हैं।"

"It is the system by which a group of farmers voluntary pool their resources and joint together to carry on some or all of the process in marketing of the agricultural produce."

सहकारी विपणन व्यवस्था को हम इस प्रकार परिभाषित कर सकते हैं- "सहकारी विपणन व्यवस्था कृषकों का एक स्वैच्छिक संगठन है जिसके अन्तर्गत कृषक अपने संसाधनों को एकत्रित करके संयुक्त रूप से साथ-साथ सहकारिता एवं समानता के आधार पर कृषि विपणन में उन्नति हेतु कृषि उत्पादों की सम्पूर्ण विपणन क्रियाओं को सम्पादित करते हैं, सहकारी विपणन व्यवस्था कहलाती है।"

सहकारी विपणन व्यवस्था के अन्तर्गत कृषक संगठित होकर स्वैच्छिक एवं संयुक्त रूप से मिल-जुल कर आपस में साथ-साथ समानता के आधार पर अपने संसाधनों को एकत्रित करके कृषि विपणन में उन्नति हेतु कृषि उत्पादों की विपणन प्रक्रियाओं को सम्पादित करते हैं।

सहकारी विपणन व्यवस्था सहकारिता के सिद्धान्त पर आधारित है। सहकारी विपणन समितियाँ सदस्य कृषकों से बहुत कम व्यय पर विपणन का कार्य करती हैं। भारत में अधिकांशतया लघु एवं सीमान्त कृषक हैं जिनकी उपजें बहुत कम मात्रा में बाजार में बिक्री हेतु आती हैं जिससे इन्हें बाजार में अधिक खर्चे वहन करने पड़ते हैं। बाजार की अनेक कमियों को दूर करने हेतु सरकार ने सहकारी विपणन की प्रोन्नति में अनेक प्रयास

किये हैं। कृषकों की उन्नति हेतु संयुक्त रूप से बिक्री करने में अनेक लाभ हैं। इसका लाभ सदस्य कृषकों में बाजार में उत्पादन की बिक्री के आधार पर वितरित कर दिया जाता है। प्रत्येक सदस्य क्रय हिस्से की संख्या के आधार पर एक वोट देने का अधिकार रखता है। उपजों को भारी मात्रा में एकत्रित करने से प्रसंस्करण, भण्डारण, विपणन एवं निर्यात आदि में कृषि उत्पादों में प्रोन्नति होती है। अनेक कृषि उत्पादों के प्रसंस्करण हेतु गन्ना मिलें, दाल मिलें, तिलहन मिलें, कपास मिलें एवं सब्जियों आदि के विधायन का कार्य सम्पन्न होता है।

सिद्धान्त (Principles)

सहकारी विपणन समितियाँ सहकारिता के सिद्धान्तों पर आधारित हैं। यह समितियाँ सदस्य कृषकों या प्रक्षेत्र उत्पादकों को अधिकतम मूल्य दिलाने में सहायता प्रदान करती हैं।

स्थापना (Establishment)

प्रथम सहकारी विपणन समिति की स्थापना हुबली में वर्ष 1915 में हुई थी। इसका मुख्य उद्देश्य कपास उत्पादकों को समुचित मूल्य दिलाने एवं उन्नति करने का था। वर्ष 1955 में राज्य मंत्रियों ने सम्मेलन में सिफारिशें की कि विपणन समितियों को स्थापित किया जाना चाहिए। ये समितियाँ कृषकों को ऋण प्रदान करेंगी तथा उनके उत्पादों की बिक्री करने में सहायता प्रदान करेंगी। इस कार्य हेतु बहुउद्देश्य सहकारी समितियों को प्रारम्भ किया गया। ये समितियाँ कृषकों के उत्पाद के विपणन में सहायता प्रदान कर रही हैं तथा उनको साख (ऋण) भी उपलब्ध करा रही हैं।

उद्देश्य (Objectives)

सहकारी विपणन समितियों के मुख्य कार्य निम्नलिखित हैं:

1. सहकारी समितियों का उद्देश्य अपने सदस्यों के उत्पाद की बिक्री हेतु प्रतिनिधित्व करना।
2. सदस्यों द्वारा उत्पादित माल की गुणवत्ता में वृद्धि हेतु प्रोत्साहन प्रदान करना।
3. समितियों का कार्य अपने सदस्यों के उत्पादित माल के बदले ऋण का प्रबन्ध करना।
4. कृषकों के उत्पाद को क्रय करके श्रेणी एवं मानकीकरण करना।
5. कृषकों के उत्पाद के भण्डारण आदि की व्यवस्था करना।
6. अपने सदस्यों के लिए उन्नतशील बीज, उर्वरक एवं उन्नत कृषि यन्त्रों की व्यवस्था करना।
7. कृषकों को व्यक्तिगत विपणन की अपेक्षा सामूहिक विपणन व्यवस्था करना, जिससे उनके कृषि विपणन में उन्नति हो।
8. सहकारी विपणन समितियों का मुख्य उद्देश्य मध्यस्थों की शृंखला को समाप्त करना।
9. समितियों का उद्देश्य कृषकों को अनेक प्रकार की सुविधाएँ प्रदान करना ताकि उत्पादन एवं विपणन में उन्नति हो सके।

कार्य (Functions)

सहकारी विपणन समितियों के मुख्य कार्य निम्नलिखित हैं:

1. सहकारी विपणन समितियाँ अपने सदस्यों द्वारा उत्पादित उपज की बिक्री हेतु प्रतिनिधि का कार्य करती हैं।

2. ये समितियाँ सदस्यों से कृषि उपज को क्रय करने का कार्य करती हैं।
3. सहकारी समितियाँ सदस्यों द्वारा उच्च कोटि के माल उत्पादित करने के लिए प्रोत्साहन देती हैं।
4. सहकारी समिति कृषकों को उत्पादित माल के बदले ऋण देकर वित्तीय सुविधा प्रदान करती है।
5. समिति सदस्य कृषकों के माल को क्रय करके वर्गीकृत एवं प्रमाणीकरण का भी कार्य करती है।
6. समिति कुटीर उद्योगों द्वारा माल को क्रय करती है तथा उन्हें प्रोत्साहन देती है।
7. सहकारी समिति अनेक प्रकार की सामाजिक एवं धार्मिक सेवायें प्रदान करती है, जैसे- विद्यालय आदि खोलने का प्रबन्ध करती है।

सहकारी विपणन से लाभ (Advantages of Cooperative Marketing)

1. सहकारी विपणन समिति से विशेष लाभ यह है कि मध्यस्थों की शृंखला समाप्त हो जाती है जिससे उसे समुचित कीमत मिल जाती है।
2. समिति कृषक को उसके उत्पाद के बदले में अग्रिम ऋण की व्यवस्था कर देती है, जिससे कृषक अनुकूल समय में ही उत्पाद को बेचता है।
3. समिति अपने सदस्यों को उन्नतशील बीज, खाद एवं उन्नत यन्त्रों की व्यवस्था करती है, जिससे उन्नत कृषि का विकास होता है।
4. सहकारी समिति सदस्य कृषकों को माल के भण्डारण की व्यवस्था करती है, जिससे हानि से बचाया जा सकता है।
5. सहकारी समिति के माध्यम से कृषकों में व्यक्तिगत सौदेबाजी की अपेक्षा सामूहिक सौदेबाजी की शक्ति का सृजन होता है।
6. समिति प्रचार एवं प्रसार के माध्यम से उपज की बिक्री हेतु विस्तृत बाजार की व्यवस्था करती है।
7. समिति कृषकों के वर्गीकृत एवं प्रमापीकृत वस्तुओं हेतु प्रोत्साहन प्रदान करती है।
8. समिति कृषकों की सुविधा हेतु परिवहन की व्यवस्था में सुधार करती है।
9. समिति उत्पादित वस्तु की पूर्ति पर नियंत्रण करके कीमतों को प्रभावित कर सकती है।
10. सहकारी समिति उत्पादन की मात्रा में वृद्धि करने में सहायता प्रदान कर सकती है।
11. सहकारी समिति अवाँछनीय तत्वों को दूर कर सकती है।

सहकारी विपणन व्यवस्था में विकास एवं प्रगति (Development and Progress in Cooperative Marketing)

भारत में सहकारी विपणन व्यवस्था "सहकारी समिति अधिनियम" 1912 के अन्तर्गत की गई है। मण्डी स्तर पर प्राथमिक सहकारी विपणन समितियाँ, जिला स्तर पर केन्द्रीय विपणन संघ एवं राज्य स्तर पर राज्य विपणन समितियाँ तथा अखिल भारतीय स्तर पर राष्ट्रीय कृषि सहकारी विपणन फेडरेशन को गठित किया गया है। इस प्रकार सहकारी विपणन व्यवस्था का विकास हुआ।

स्वतंत्रता के पूर्व सहकारी विपणन व्यवस्था में कोई विशेष उन्नति नहीं की परन्तु स्वतंत्रता के बाद सहकारी विपणन समितियों में तीव्र गति से विकास एवं प्रगति हुई है। वर्ष 1951 में अखिल भारतीय, ग्रामीण साख सर्वेक्षण (All India Rural Credit Survey Committee) ने 75 जनपदों को चयनित किया था, जहाँ पर

अधिकाँशतया 63 जनपदों में सहकारी विपणन व्यवस्था का अभाव था। ग्रामीण साख सर्वेक्षण (Rural Credit Survey, 1952) की सिफारिशों के आधार पर प्राथमिक सहकारी विपणन समितियाँ (Primary Cooperative Marketing Societies) को स्थापित करना बाजार के लिये महत्त्वपूर्ण है। द्वितीय पंचवर्षीय योजना की अवधि में राज्य स्तर में 18 प्राथमिक विपणन समितियाँ स्थापित की गईं हैं। देश में शीर्ष स्तर पर राष्ट्रीय सहकारी विपणन संघ (National Cooperative Marketing Federation) की स्थापना की गई जो कृषि उत्पादों के प्रसंस्करण, भण्डारण एवं विपणन का कार्य करता है। जो अविकसित राज्यों एवं क्षेत्रों के लिए विशेष प्राथमिकता देता है जैसे-पूर्वी राज्य एवं राजस्थान आदि।

इस प्रकार हम देखते हैं कि सहकारी विपणन ने कुछ राज्यों में पर्याप्त उन्नति की है जैसे-महाराष्ट्र, आन्ध्र प्रदेश, तमिलनाडु एवं उत्तर प्रदेश। इसके अतिरिक्त अनेक राज्यों में विपणन संघ स्थापित किये गये हैं। गुजरात में कपास उत्पादक इनसे लाभान्वित हुए हैं। महाराष्ट्र में सहकारी विपणन समितियाँ तम्बाकू, फल, सब्जियाँ आदि की बिक्री का कार्य करती हैं। यह समितियाँ अपने सदस्यों के उत्पादों को केवल बिक्री का कार्य ही नहीं बल्कि उर्वरक भूमि, गुणवत्तायुक्त बीजों की भी आपूर्ति करती हैं। उत्तर प्रदेश एवं बिहार में गन्ना विपणन समितियाँ उत्पादकों के संरक्षण का कार्य ही नहीं करतीं अपितु गन्ना की गुणवत्ता में वृद्धि एवं ग्राम-स्तरीय कल्याणकारी कार्यक्रमों हेतु धन भी उपलब्ध कराती हैं। यह सहकारी समितियाँ कृषकों के गन्ने को मिलों हेतु आपूर्ति करती हैं तथा सदस्यों को खाद एवं बीजों को खरीदने के लिए वित्तीय सुविधाएँ भी उपलब्ध कराती हैं। कपास उत्पादन के गुजरात एवं महाराष्ट्र विशेष उदाहरण हैं। इन राज्यों में सहकारी समितियों ने अत्यधिक सफलता प्राप्त की है।

राष्ट्रीय स्तर पर राष्ट्रीय कृषि सहकारी विपणन संघ (National Cooperative Marketing Federation) ने कृषि वस्तुओं के विपणन में महत्त्वपूर्ण भूमिका निभा रहा है। जिससे निर्यात को विशेष प्रोत्साहन मिला। सहकारी विपणन समितियों की वर्तमान में प्रगति हो रही है। वर्तमान समय में सहकारी विपणन संरचना में 2633 सामान्य उद्देश्यीय प्राथमिक सहकारी विपणन समितियाँ (General Purpose Primary Cooperative Marketing Society) मण्डी स्तर पर देश की महत्त्वपूर्ण मण्डियों में कार्य कर रही हैं। तिलहन के लिए 3290 विशेष प्राथमिक विपणन समितियाँ कार्य कर रही हैं। 172 जिला केन्द्रीय संघ एवं राष्ट्रीय स्तर पर राष्ट्रीय कृषि सहकारी विपणन संघ (NAFED) कार्य कर रहा है। यह देश की सहकारी विपणन की शीर्षस्थ संस्था है जो महत्त्वपूर्ण कृषि उत्पादों की खरीद एवं आयात-निर्यात करने का कार्य करती है।

उपरोक्त तथ्यों के आधार पर हम कह सकते हैं कि स्वतंत्रता के बाद देश में सहकारी विपणन समितियों ने आशातीत सफलता प्राप्त की है। परन्तु इसमें पर्याप्त सफलता देश के सभी राज्यों एवं पिछड़े क्षेत्रों में नहीं मिल पाई जितनी होनी चाहिये थी। इसकी सफलता बहुत धीमी गति से हो रही है। अत: इसकी सफलता हेतु सरकार अनेक प्रयास कर रही है जो अत्यन्त ही महत्त्वपूर्ण है। आशा है कि विपणन में कुछ कमियों में सुधार करके सफलता में तीव्रता होगी।

सहकारी विपणन समितियों का संगठन (Organization of Cooperative Marketing Societies)

भारतवर्ष में सहकारी समितियों का गठन सहकारी समितियाँ अधिनियम-2012 के पश्चात् हुआ। इनकी संरचना पिरामिड के आकार की है। ये समितियाँ त्रिस्तरीय कहलाती हैं।

हमारे देश में सहकारी विपणन समितियों की संरचना द्विस्तरीय त्रिस्तरीय दोनों प्रकार की हैं:

1. द्विस्तरीय संरचना (Two-tier Structure): द्विस्तरीय संचना के अन्तर्गत प्राथमिक विपणन समितियाँ (Primary Cooperative Societies) तहसील स्तर पर होती हैं।

2. राज्य विपणन संघ (State Marketing Federation): यह समितियाँ राज्य स्तर पर होती हैं।

द्विस्तरीय संरचना आसाम, बिहार, केरल, मध्य प्रदेश, कर्नाटक, ओडिशा, राजस्थान एवं पश्चिमी बंगाल राज्यों में है।

त्रिस्तरीय संरचना के अन्तर्गत तहसील स्तर पर प्राथमिक सहकारी विपणन समितियाँ, जनपद स्तर पर केन्द्रीय सहकारी विपणन संघ या समितियाँ एवं राज्य स्तर पर राज्य विपणन समितियाँ होती हैं। राष्ट्रीय स्तर पर कृषि सहकारी विपणन संघ (NAFED) शीर्षस्थ संस्था है।

1. प्राथमिक सहकारी विपणन समितियाँ (Primary Cooperative Marketing Societies): इनका कार्यक्षेत्र तहसील या मण्डी स्तर तक होता है। इनके सदस्य व्यक्तिगत उत्पादक, व्यापारी वर्ग, बहुउद्देश्य समितियाँ एवं सरकारी व्यक्ति होते हैं। इस प्रकार की समितियाँ सदस्य कृषकों को बिक्री की सुविधाएँ प्रदान करती हैं।

2. केन्द्रीय सहकारी विपणन संघ (Central Cooperative Marketing Federation): केन्द्रीय सहकारी विपणन समितियाँ या फेडरेशन जनपद स्तर पर होते हैं। जनपद की सभी प्राथमिक सहकारी समितियाँ, उत्पादक व्यक्ति, व्यापारी वर्ग एवं सरकार इनके सदस्य होते हैं। इनका कार्य प्राथमिक सहकारी समितियों की उपजों की बिक्री करना एवं उन्हें वित्तीय सहायता के साथ-साथ अनेक सुविधाएँ प्रदान करना है जिससे उनके विपणन में उन्नति हो।

3. राज्य सहकारी विपणन संघ (State Cooperative Marketing Federation): राज्य सहकारी विपणन संघ, यह प्रान्तीय स्तर पर होता है। इनका कार्य क्षेत्र सम्पूर्ण प्रदेश होता है। यह फेडरेशन प्राथमिक सहकारी समितियों एवं केन्द्रीय सहकारी विपणन संघ द्वारा एकत्रित उपजों को क्रय-विक्रय, वित्तीय सहायता एवं उन्हें परामर्श देने का कार्य करता है। यह सहकारी विपणन संघ उनके निरीक्षण का कार्य भी करता है। यह प्रदेश स्तर पर स्वतंत्र रूप से कार्य करते हैं।

4. राष्ट्रीय कृषि सहकारी विपणन संघ (National Agriculture Cooperative Marketing Federation, NAFED): इसे नेफेड के नाम से जाना जाता है। यह देश में सहकारी विपणन की शीर्ष संस्था है। इसकी स्थापना वर्ष 1958 में की गई है। इसका मुख्य उद्देश्य कृषि वस्तुओं तथा अन्य प्रकार की वस्तुओं या उत्पादों में निजी सदस्यों के विपणन एवं व्यापारिक क्रियाओं को समन्वय करना है। यह संस्था वैश्विक व्यापार में कृषि उत्पादों का निर्यात-आयात करती है तथा यह आवश्यक वस्तुओं की पूर्ति के साथ-साथ प्रोत्साहन प्रदान करती है। इसकी अन्तर्राष्ट्रीय व्यापार में महती भूमिका है।

इस प्रकार हमारे देश में इस समय सहकारी विपणन समितियों के विस्तार के अन्तर्गत 27 राज्य स्तरीय विपणन संघ, 199 जनपदीय/क्षेत्रीय सहकारी विपणन समितियाँ एवं 4398 प्राथमिक सहकारी विपणन समितियाँ कार्य कर रही हैं। इसके अतिरिक्त राष्ट्रीय कृषि सहकारी विपणन संघ (National Agricultural Cooperative Marketing Federation, NAFED) कार्यरत है।

भारत में सहकारी विपणन संगठन की संरचना
(Structure of Cooperative Marketing in India)

द्विस्तरीय प्रणाली (Two-tier System)

प्राथमिक सहकारी विपणन समितियाँ (Primary Cooperative Marketing Societies)
↓
तहसील स्तर पर (At Taluka Level)
↓
राज्य विपणन संघ (State Marketing Federation)
↓
राज्य स्तर पर (At State Level)
(असम, बिहार, केरल, मध्य प्रदेश, कर्नाटक, ओडिशा, राजस्थान एवं पश्चिमी बंगाल)

त्रिस्तरीय प्रणाली (Three-tier System)

प्राथमिक सहकारी विपणन समितियाँ (Primary Cooperative Marketing Societies)
↓
तहसील स्तर पर (At Taluka Level)
↓
केन्द्रीय विपणन समितियाँ (Central Marketing Societies)
↓
जनपद स्तर पर (At District Level)
राज्य विपणन समितियाँ या संघ (State Marketing Societies or Federation)
↓
राज्य स्तर पर (At State Level)
↓
राष्ट्रीय कृषि सहकारी विपणन संघ (National Agriculture Cooperative Marketing Federation, NAFED)
↓
राष्ट्रीय स्तर पर (At National Level)

प्रबन्ध (Management)

सहकारी समितियों के प्रशासन के संचालन हेतु कृषक एवं सहकारी समितियाँ एक सामान्य सभा को निर्मित करती हैं। यह सभा निर्वाचन के आधार पर प्रबन्ध समिति के डेलीगेट्स को निर्वाचित करती हैं। इसके क्रियान्वयन हेतु 12 निदेशकों को निर्वाचित किया जाता है। इसे बोर्ड ऑफ डायरेक्टरी कहा जाता है। इस बोर्ड में ग्राम प्रधान, उपप्रधान एवं प्रबन्धक निर्वाचित या चयन प्रक्रिया द्वारा नियुक्त किये जाते हैं। इसके अतिरिक्त जिला सहकारी बैंक का प्रबन्ध निदेशक, डिवीजनल मजिस्ट्रेट एवं अस्सिटेंट रजिस्ट्रार कोपऑपरेटिव होता है। इस प्रकार कार्यों के सम्पादन हेतु 15 सदस्यों की समिति का गठन किया जाता है। जिनके अन्तर्गत कृषक अन्य समितियाँ एवं सरकार का प्रतिनिधित्व होता है। इसके अतिरिक्त अन्य कार्यकर्ता भी होते हैं जो वैतनिक होते हैं, जैसे लेखाकार, मुनीम आदि। इस प्रकार इसके प्रशासन के कार्यान्वयन हेतु प्रबन्ध समिति का गठन किया जाता है।

सदस्यता (Membership)

सहकारी विपणन समितियों की सदस्यता दो प्रकार से हैं:

1. **साधारण सदस्य (Ordinary Member):** व्यक्तिगत कृषक, सहकारी कृषि समितियाँ एवं सेवा समितियाँ, सहकारी विपणन समितियों के सदस्य हो सकते हैं। इनका लाभ में हिस्सा एवं निर्णायक प्रक्रिया में भाग लेने का अधिकार है।
2. **नाममात्र सदस्य (Nominal Member):** वे व्यापारी जो समितियों के व्यापार का सौदा करते हैं वे नामांकित हैं। ऐसे सदस्य नाम मात्र के होते हैं परन्तु इनका निणायिक प्रक्रिया एवं समितियों के लाभ हिस्से में अधिकार नहीं है।

सहकारी विपणन समितियों के मुख्य वित्तीय स्रोत (Main Financial Sources of Co-operative Marketing Societies)

सहकारी विपणन समितियों की आधारीय पूँजी का अनुमान 1966 में दन्तवाला समिति के आधार पर ₹ 2 लाख था परन्तु 2003 में इसकी कीमत का अनुमान कम से कम ₹ 40 लाख था।

सहकारी विपणन समितियों के मुख्य वित्तीय स्रोत निम्नलिखित हैं:

1. कृषक सदस्य एवं राज्य सरकार सहकारी विपणन समितियों के अनेक हिस्से क्रय कर सकते हैं। इसी आधार पर सहकारी विपणन समितियों के हिस्से में लाभ एवं बोनस प्राप्त करते हैं।
2. सहकारी विपणन समितियाँ केन्द्रीय बैंक, राज्य सहकारी बैंक एवं व्यापारिक बैंकों से ऋण प्रदान करने में सहायता प्रदान करती हैं।
3. सहकारी विपणन समितियाँ, सरकार द्वारा अनुदान प्राप्त करती हैं तथा ये अनुदान, श्रेणीकरण मशीन, परिवहन साधनों की व्यवस्था, प्रारम्भिक भारी खर्चों हेतु सरकार अनुदान प्रदान करती हैं। ये समितियाँ सरकार द्वारा प्रबन्धकीय कर्मचारियों की लागत हेतु 3 वर्ष के लिए अनुदान प्राप्त करती हैं।

सहकारी विपणन समितियों के प्रकार (Types of Cooperative Marketing Societies)

1. एकल वस्तु सहकारी विपणन समितियाँ (Single Commodity Cooperative Marketing Societies): इसके अन्तर्गत केवल एक वस्तु को सम्पादित किया जाता है। ये समितियाँ कृषकों के उत्पाद से पर्याप्त व्यवसाय का विस्तार करती हैं। जैसे गन्ना सहकारी विपणन समिति, कपास सहकारी विपणन समिति एवं तिलहन उत्पादक सहकारी विपणन समिति आदि।

2. बहु-वस्तु सहकारी विपणन समितियाँ (Multi-commodity Cooperative Marketing Societies): ये समितियाँ उत्पादकों द्वारा बहुत सी वस्तुओं को सम्पादित करती हैं। भारत में इस प्रकार की समितियाँ प्रायः पायी जाती हैं।

3. बहु-उद्देशीय बहु-वस्तु सहकारी विपणन समितियाँ (Multi-purpose Multi-commodity Cooperative Marketing Societies): ये समितियाँ बाजार में बहुत सी वस्तुओं का सम्पादन करने का कार्य करती हैं। ये सदस्यों को साख की सुविधाएँ भी प्रदान करती हैं तथा कृषकों को आवश्यक आगतों की पूर्ति

करती हैं तथा उनकी आवश्यक घरेलू माँगों को पूरा करती हैं। बहु-उद्देश्य समितियाँ अपने सदस्यों की आवश्यक उपभोग की वस्तुओं को उपलब्ध कराने का कार्य करती हैं।

भारत में सहकारी विपणन में धीमी प्रगति के कारण (Causes of Slow Progress in Cooperative Marketing in India)

भारत में जहाँ कृषकों को सहकारी विपणन से अनेक लाभ हैं, वहाँ पर इसकी सफलता हेतु अनेक कठिनाइयाँ भी हैं। इसी कारण से कृषकों को अभी तक पर्याप्त लाभ नहीं हो सका है तथा इसकी प्रगति बहुत धीमी है। जबकि आस्ट्रेलिया, न्यूजीलैण्ड, डेनमार्क, स्वीडन, कनाडा, अमेरिका एवं जापान आदि राष्ट्रों ने सहकारी विपणन व्यवस्था में अधिक उन्नति की है। वहीं पर भारत में सहकारी विपणन व्यवस्था पिछड़ी हुई है।

जापान जैसे देश में सहकारी समितियों के माध्यम से 96 प्रतिशत चावल सरकार को बिक्री करता है तथा यूगोस्लाविया सहकारी समितियों के माध्यम से 90 प्रतिशत सब्जियाँ एवं 68 प्रतिशत खाद्यानों की बिक्री करता है। वहीं पर भारत में उनकी तुलना में मात्र 8 प्रतिशत है जो बहुत कम है, अभी तक सहकारी समितियों में देश में पर्याप्त उन्नति नहीं हो पायी है। वर्तमान में भारत में सहकारी विपणन समितियों ने काफी प्रगति की है परन्तु पर्याप्त मात्रा में प्रगति नहीं हो पायी है जो आशा की गई थी। भारत में सहकारी विपणन समितियों की अनेक समस्याएँ हैं जिनके कारण धीमी प्रगति हो रही है ये निम्नलिखित हैं:

1. सहकारी विपणन में मुख्य बाधक व्यवसायी वर्ग है जो एक लम्बे कार्यकाल से चला आ रहा है जिनका सम्बन्ध कृषकों से गहरा है तथा वे परम्परागत व्यापार को बढ़ावा देते हैं।
2. सहकारी विपणन के माध्यम से कुल व्यापार का मात्र 8 प्रतिशत ही व्यापार होता है।
3. भारत में श्रेणीकरण सुविधाओं का अभाव है, जिससे कृषकों के माल की बिक्री व्यवस्था में उन्नति नहीं हो पा रही है। जिससे सहकारी विपणन की प्रगति नहीं हो पा रही है। वित्तीय एवं उपभोक्ता समितियाँ संकटकालीन स्थिति में दबावपूर्ण है।
4. हमारे देश में सहकारी विपणन में लगे हुए कार्यकर्ताओं में शिक्षा, निष्ठा, ईमानदारी एवं लगन की भावना का आभाव है, जिससे सहकारिता के मार्ग में कठिनाइयाँ उत्पन्न हो रही हैं।
5. विपणन व्यवस्था में परिवहन आदि की सुविधा न होने से प्रगति धीमी है।
6. सहकारी विपणन समितियाँ देश के सम्पूर्ण क्षेत्र में प्रगति नहीं कर पा रही हैं।
7. कृषि उत्पादों के भण्डारण हेतु अनुपयुक्त भण्डारों को लाइसेंस प्रदान किये जाते हैं।
8. विपणन की परम्परागत व्यवस्था भी प्रगति में बाधक है।
9. सहकारी संग्रहालयों के अभाव में भारतीय कृषक पूर्णरूपेण लाभ नहीं उठा पाता। उनके पास स्वयं भी समुचित भण्डारण व्यवस्था नहीं है।
10. भारत में कृषकों के पास वित्तीय सुविधाओं का अभाव है, जिससे कृषक महाजनों एवं आढ़तियों पर निर्भर रहते हैं और वे उनसे अपनी आवश्यकताओं की पूर्ति करते हैं जिससे कृषकों का शोषण होता है।
11. सहकारी समितियाँ सदस्यों से ऋण की वसूली नहीं कर पा रही हैं।
12. विदेशों की तुलना में भारत में सहकारी विपणन व्यवस्था का बहुत कम योगदान है।

इस प्रकार विपणन की अनेक समस्याएँ हैं जिनसे सहकारी विकास समितियों की प्रगति नहीं हो पा रही है।

सहकारी विपणन की प्रगति हेतु सुझाव (Suggestion for Improvement of Cooperative Marketing)

सहकारी समितियों की प्रगति हेतु निम्नलिखित सुझाव प्रस्तुत किये जा रहे हैं, जो अत्यन्त महत्त्वपूर्ण हैं:

1. हमारे देश में अनेक कृषि उत्पाद ऐसे हैं जिनके लिए बाजार अनुकूल हैं जिनकी बिक्री से पूर्व विधायन की विशेष आवश्यकता है, जिससे उनके मूल्य में वृद्धि हो जाती है।
2. सहकारी समितियों को ग्रामीण अँचल एवं मण्डी स्तर पर व्यक्तिगत रूप से वैज्ञानिक भण्डारण की सुविधाएँ विकसित करने हेतु सहायता प्रदान करनी चाहिए।
3. सहकारिता के माध्यम से उत्पादकों को स्वयं प्रसंस्करण करना चाहिए। उदाहरणार्थ गुजरात में कपास मिलें, गुजरात एवं पंजाब में सहकारी गन्ना मिलें, गन्ना उत्पादकों द्वारा स्वयं प्रारम्भ की गई हैं।
4. आनन्द डेरी, गुजरात में सहकारी दुग्ध विपणन में महत्त्वपूर्ण सफलता प्राप्त की है। इस प्रकार इनसे प्रेरित होकर देश के अन्य क्षेत्रों में भी सहकारी विपणन का विकास होना चाहिए।
5. सहकारी विपणन व्यवस्था का लाभ अधिकांशतया सीमान्त एवं लघु कृषकों को मिलना चाहिए।
6. सहकारी कृषकों को नियमित बाजार की सूचनाएँ प्राप्त होनी चाहिए जिससे उन्हें मूल्यों के उतार-चढ़ाव की जानकारी प्राप्त हो सके।
7. सहकारी समितियों को कृषकों की उपज को श्रेणीकरण एवं प्रमापीकरण हेतु समुचित सुविधाएँ प्रदान करनी चाहिए।
8. सहाकारिता द्वारा साख, विपणन एवं उन्नत कृषि में समुचित समन्वय होना चाहिए।
9. उन्नतशील बीजों, उर्वरकों एवं उपकरणों आदि की बिक्री सरकार को सहकारी समितियों के माध्यम से करानी चाहिए।
10. सहकारी समितियों को सामुदायिक विकास खण्डों पर विपणन व्यवस्था में विशेष बल देना चाहिए।
11. सहकारी समितियों द्वारा ग्रामीण क्षेत्रों में परिवहन आदि सुविधाओं को विकसित किया जाना चाहिए।
12. समितियों द्वारा कृषकों पारिवारिक एवं कृषि से सम्बन्धित वस्तुओं को उपलब्ध कराना चाहिए।
13. सहकारी समितियों द्वारा कृषकों को वित्तीय सुविधाएँ प्रदान करनी चाहिए जिससे कृषक व्यापारियों एवं महाजनों के शोषण से बच सकें। वित्तीय सुविधा का अत्यन्त महत्त्व है।
14. कृषि उपजों के प्रसंस्करण, विपणन, भण्डारण, वेयरहाउसिंग इसके अतिरिक्त इससे सम्बन्धित अन्य महत्त्वपूर्ण कार्यों को सहकारी विपणन समितियों के माध्यम से कार्यक्रमों को समुचित ढंग से नियोजित होना चाहिए तभी इनकी प्रगति हो सकेगी।
15. सहकारी विपणन समितियों को उपभोक्ताओं से सीधे सम्बन्ध विकसित करना चाहिए। जिससे विपणन शृंखला में प्रयुक्त मध्यस्थों की लागत में बचत हो सके।

इस प्रकार सहकारी समितियों की प्रगति हेतु उपरोक्त महत्त्वपूर्ण सुझाव दिये गये हैं, जिनको सुधार करने से सहकारी समितियों की प्रगति हो सकती है तथा कृषकों को अपने उत्पाद की उचित कीमत प्राप्त हो सकती है। अतः इन समस्याओं का समाधान करके कृषकों की उन्नति हो सकती है। इन समस्याओं को दूर करने हेतु सरकार ने भी प्रयास किये हैं। कृषकों की समुचित उन्नति एवं विकास हेतु इनकी प्रगति आवश्यक है।

अभ्यास (Exercise)

चयनित प्रश्न (Selected Questions)

1. सहकारी विपणन को परिभाषित कीजिए? भारत में सहकारी विपणन संगठन की संरचना का विस्तृत उल्लेख कीजिए।
2. सहकारी विपणन समितियों के क्या कार्य हैं? उनके उद्देश्यों का विस्तृत वर्णन कीजिए।
3. सहकारी विपणन से क्या तात्पर्य है? भारत में सहकारी विपणन की समस्याओं का विस्तृत वर्णन कीजिए।
4. भारत में सहकारी विपणन समितियों की स्थापना कब हुई? इसके प्रबन्ध की विस्तृत व्याख्या कीजिए।
5. सहकारी विपणन व्यवस्था क्या है? भारत में सहकारी विपणन की धीमी प्रगति के कारणों का सविस्तार वर्णन कीजिए।
6. सहकारी विपणन से क्या लाभ है? सहकारी विपणन की प्रगति हेतु सुझावों की विस्तृत व्याख्या कीजिए।
7. भारत में स्वतंत्रता के बाद सहकारी विपणन समितियों की प्रगति एवं विकास तीव्र गति से हुआ है, इस कथन की पुष्टि करते हुए एक लेख लिखिए।
8. संक्षिप्त टिप्पणी:

(अ) राष्ट्रीय कृषि सहकारी विपणन संघ, नेफेड

(ब) सहकारी विपणन समितियों के वित्तीय स्रोत

(स) बहुउद्देश्यीय बहुवस्तु सहकारी विपणन समितियाँ

(द) सहकारी विपणन समितियों का संगठन।

❑❑❑

6

उत्पादक की बचत
(Producer's Surplus)

कृषि वस्तुओं की उत्पादक की बचत से आशय यह है कि इसे कृषि उत्पादक अधिशेष के नाम से भी जाना जाता है। आधुनिक युग में विकासशील अर्थव्यवस्था का उदय हो रहा है। विज्ञान एवं तकनीकी द्वारा कृषि के क्षेत्र में उन्नति हुई, जिससे उत्पादन में अत्यधिक वृद्धि हुई तथा देश में हरित-क्रान्ति आयी। उत्पादन में वृद्धि होने से कृषक आय में वृद्धि हुई तथा उसके जीवन-स्तर में सुधार हुआ। जैसे-जैसे कृषि उत्पादन बढ़ता है, कृषि का विकास होता है। वैसे-वैसे उत्पादक को कृषि उत्पाद में बचत होती है। उत्पादक की कृषि उपज की बचत से देश का आर्थिक विकास होता है। यदि उत्पादन अधिक होता है तो बचत अधिक होती है अन्यथा कम बचत होती है। नियोजित अर्थव्यवस्था में उत्पादक की विपणन योग्य बचत (Marketable Surplus) एवं वास्तविक विपणन अधिशेष (Marketed Surplus) का राष्ट्रीय नीति निर्माण करने में महत्त्वपूर्ण योगदान है।

उत्पादक की बचत या अधिशेष के प्रकार (Types of Producer's Surplus)

उत्पादक अधिशेष दो प्रकार से हैं:

1. विपणन योग्य अधिशेष (Marketable Surplus)
2. वास्तविक विपणन अधिशेष (Marketed Surplus)

1. विपणन योग्य अधिशेष (Marketable Surplus): विपणन योग्य अधिशेष उत्पादक की कुल उपज की वह मात्रा है, जो किसान अपनी आवश्यकता से अधिक समझ कर बाजार में विक्रय हेतु रखता है यह अधिशेष का सैद्धान्तिक विचार है। कृषक या उत्पादक अपने उत्पाद को पारिवारिक उपयोग, प्रक्षेत्र में बुवाई हेतु, पशुओं के खाने हेतु, श्रमिकों की मजदूरी हेतु, ग्रामीण अन्य कलात्मक श्रमिकों हेतु, जमींदारों के किराया हेतु एवं धार्मिक कार्यों हेतु रखता है।

विपणन योग्य अधिशेष (Marketable Surplus)

= कुल उत्पादन – (पारिवारिक उपयोग हेतु + श्रमिकों की मजदूरी हेतु + पशुओं के दाने हेतु + बुवाई हेतु बीज + सामाजिक एवं धार्मिक कार्यों हेतु रखा गया कृषि उत्पादन)

विपणन योग्य अधिशेष (Marketable Surplus) को निम्न प्रकार भी व्यक्त किया जाता है।

विपणन योग्य अधिशेष (Marketable Surplus) = कुल उत्पादन – कुल उपभोग

Marketable Sulplus = Total Production – Total Consumption (Family requirements)

जहाँ,

$$MS = P - C$$

MS = Marketable Surplus

P = Total Production

C = Total Consumption (Family requirements)

Farm seed, Payment to labour, Artisans, Landlord and Payment of Social and Religious Work.

विपणन योग्य अधिशेष की प्रतिशत में गणना हेतु इस प्रकार सूत्र को प्रतिपादित कर सकते है:

$$MS = \frac{P - C}{P}$$

$$\text{विपणन योग्य अधिशेष} = \frac{\text{कुल उत्पादन} - \text{कुल उपभोग}}{\text{कुल उत्पादन}} \times 100$$

$$\text{Marketable Surplus} = \frac{\text{Total Production} - \text{Total Consumption}}{\text{Total Production}} \times 100$$

या,

$$\text{विपणन योग्य अधिशेष} = \frac{\text{विपणन योग्य अधिशेष}}{\text{कुल उत्पादन}} \times 100$$

$$\text{Marketable Surplus} = \frac{\text{Marketable Surplus}}{\text{Total Production}} \times 100$$

2. वास्तविक विपणन अधिशेष (Marketed Surplus): वास्तविक विपणन अधिशेष (Marketed Surplus) कृषि उत्पाद की वह मात्रा है जो, उत्पादक या कृषक द्वारा वास्तविक रूप से बाजार में विक्रय किया जाता है। इसमें वह विक्रय की वह मात्रा भी सम्मिलित होती है जो पारिवारिक आवश्यकता हेतु कृषक फसल की कटाई के पश्चात् तुरन्त अपने उत्पाद को मण्डी में बिक्री कर देता है परन्तु जब विवश होकर बेचता है तो इसे दबावपूर्ण बिक्री (Forced Sale) या संकटकालीन बिक्री (Distress Sale) कहते हैं। क्योंकि इसे वह विशेष परिस्थितियों में ही बेचता है। वास्तविक विपणन अधिशेष की यह मात्रा विपणन योग्य अधिशेष से अधिक, कम या बराबर हो सकती है।

वास्तविक विपणन अधिशेष एवं विपणन योग्य अधिशेष में सम्बन्ध (Relationship between marketed surplus and marketable surplus)

वास्तविक विपणन अधिशेष, विपणन योग्य अधिशेष से अधिक, कम या बराबर हो सकता है। यह कृषक और उसके उत्पादन की स्थिति पर निर्भर है। इसको इस प्रकार व्यक्त किया जाता है।

वास्तविक विपणन अधिशेष (Marketed Surplus) ≤ विपणन योग्य अधिशेष (Marketable Surplus)

वास्तविक विपणन अधिशेष एवं विपणन योग्य अधिशेष में निम्न प्रकार से सम्बन्ध हैं:

1. वास्तविक विपणन अधिशेष का विपणन योग्य अधिशेष से अधिक होना।

2. वास्तविक विपणन अधिशेष का विपणन योग्य अधिशेष से कम होना।
3. वास्तविक विपणन अधिशेष का विपणन योग्य अधिशेष के बराबर होगा।

1. वास्तविक विपणन अधिशेष का विपणन योग्य अधिशेष से अधिक होना (Marketed Surplus being More than Marketable Surplus): वास्तविक विपणन अधिशेष, विपणन योग्य अधिशेष से अधिक जब होता है जब कृषक उपज को अपने पास अपनी आवश्यक आवश्यकताओं के उपभोग हेतु रखने के बाद जो विपणन योग्य अधिशेष रखता है परन्तु उसे जब संकटकालीन परिस्थिति जैसे महाजन का ऋण, सहकारी समितियों एवं बैंक आदि आवश्यक ऋणों के भुगतान हेतु धन की आवश्यकता पड़ती है तब वह इसमें रखे हुए उत्पादन अधिशेष को विक्रय कर देता है तो ऐसी दबावपूर्ण बिक्री (Forced Sale) या संकटकालीन बिक्री (Distress Sale) के नाम से जानी जाती है। इस प्रकार की स्थिति सीमान्त या लघु कृषकों की होती है जिसे वह विपणन योग्य अधिशेष (Marketable Surplus) से अधिक बिक्री कर देता है। यह वास्तविक विपणन अधिशेष, विपणन योग्य अधिशेष की अपेक्षा अधिक होता है।

2. वास्तविक विपणन अधिशेष का विपणन योग्य अधिशेष से कम होना (Marketed Surplus being Less than Marketable Surplus): वास्तविक विपणन अधिशेष, विपणन योग्य अधिशेष से कम जब होता है, जब कृषक अपनी आवश्यक आवश्यकताओं के पश्चात् शेष बचत को बिक्री हेतु रखता है परन्तु जब वह रखे हुए अधिशेष की बाजार में कम मात्रा की बिक्री करता है। इस प्रकार के उदाहरण बड़े कृषकों पर लागू होता है क्योंकि उनको ऋण अदायगी की विशेष परिस्थितियों का सामना नहीं करना पड़ता। वह विपणन योग्य अधिशेष को बचाकर रखता है तथा जब बाजार में कृषि उपज की कमी होती है, उस समय बाजार में कृषि वस्तुओं की कीमतों में वृद्धि हो जाती है। वे उस समय उत्पाद की बिक्री कर देते हैं अथवा अगली फसल आने पर बिक्री करते हैं। इस प्रकार वास्तविक विपणन अधिशेष, विपणन योग्य अधिशेष की अपेक्षा कम हो जाता है।

3. वास्तविक विपणन अधिशेष का विपणन योग्य अधिशेष के बराबर होना (Marketed Surplus being equal to Marketable Surplus): वास्तविक विपणन अधिशेष, विपणन योग्य अधिशेष के बराबर जब होता है जब कृषक उपज को अपनी आवश्यकताओं के उपभोग हेतु रखने के बाद जो विक्रय हेतु उपज रखता है उस विपणन योग्य अधिशेष की उतनी ही बिक्री करता है जो विपणन योग्य रखा गया था। ऐसी परिस्थिति समान्यतया औसत कृषकों पर लागू होती है क्योंकि उनके पास धन की ऐसी परिस्थिति का सामना नहीं करना पड़ा जिसे अपनी उपज को बाजार में शीघ्र बेचना पड़े। विपणन योग्य रखी हुई उपज जो बिक्री हेतु रखी गई थी उन्हें उससे कम या अधिक विक्रय नहीं करना पड़ा। इस प्रकार वास्तविक विपणन अधिशेष, विपणन योग्य अधिशेष के बराबर हुआ।

विपणन योग्य अधिशेष को प्रभावित करने वाले कारक (Factors Affecting Marketable Surplus)

विपणन योग्य अधिशेष क्षेत्र से क्षेत्र, प्रक्षेत्र से प्रक्षेत्र एवं फसल से फसल प्रभावित होता है। किसी विशेष प्रक्षेत्र पर विपणन योग्य अधिशेष की मात्रा निम्न कारकों द्वारा प्रभावित होती है।

1. **प्रक्षेत्र का आकार (Size of Farm):** प्रक्षेत्र के आकार का विपणन योग्य अधिशेष से सीधा सम्बन्ध है जैसे-जैसे प्रक्षेत्र के आकार में वृद्धि होती है विपणन योग्य अधिशेष में वृद्धि होती है। प्रक्षेत्र का आकार कम होने पर कमी होती है।

2. **उत्पादन की मात्रा (Quantity of Production):** विपणन योग्य अधिशेष प्रक्षेत्र के कुल उत्पादन में वृद्धि होने पर बढ़ती है तथा घटने पर घटती है।

3. **वस्तु की कीमत (Price of Commodity):** विपणन योग्य अधिशेष एवं वस्तु की कीमत में सकारात्मक एवं नकारात्मक दोनों सम्बन्ध पाये जाते हैं। यह अल्पकाल एवं दीर्घकाल या सूक्ष्म एवं विस्तृत स्तर पर पाया जाता है।

4. **परिवार का आकार (Size of Family):** विपणन योग्य अधिशेष परिवार के आकार से प्रभावित होता है, यदि परिवार का आकार बड़ा है तो विक्रय योग्य अधिशेष की मात्रा कम होगी, यदि परिवार का आकार छोटा है तो विक्रय योग्य अधिशेष की मात्रा अधिक होगी।

5. **बीज एवं पशुओं के खाने एवं श्रमिकों का भुगतान:** विपणन योग्य अधिशेष की मात्रा बीज, पशु एवं श्रमिकों द्वारा प्रभावित होती है, यदि किसी प्रक्षेत्र में इनकी मात्रा अधिक है तो विपणन योग्य अधिशेष की मात्रा कम होगी, यदि इनकी मात्रा कम होगी तो विपणन योग्य अधिशेष की मात्रा अधिक होगी।

इस प्रकार उपर्युक्त कारकों द्वारा विपणन योग्य अधिशेष प्रभावित होता है।

भारत में विपणन योग्य अधिशेष की धीमी प्रगति के कारण (Causes of Slow Growth to Marketable Surplus in India)

उत्पादन के विपणन योग्य अधिशेष या बचत के निम्नलिखित मुख्य कारण हैं:

1. **लघु एवं सीमान्त कृषक (Small and Marginal Farmers):** हमारे देश में लघु एवं सीमान्त कृषकों की संख्या अधिक है जिसके कारण उनके उत्पादन के उत्पाद की बहुत थोड़ी मात्रा ही उनके आवश्यक उपयोग से बचती है। परिणामस्वरूप अति अल्प मात्रा ही बाजार में विक्रय हेतु आती है क्योंकि उन्हें आवश्यक कार्यों हेतु धन की बहुत अधिक आवश्यकता होती है जिससे उन पर मौद्रिक दबाव विशेष रूप से होता है। मध्यम एवं बड़े कृषकों की बचतें अपेक्षाकृत अधिक होती हैं जिससे उनका विपणन योग्य अधिशेष अधिक होता है।

2. **वित्तीय सुविधाओं में सुधार (Improvemet in Financial Facilities):** वित्तीय सुविधाओं में उन्नति हो जाने से बहुत से कृषकों को फसल कटाई के पश्चात् अतिशीघ्र उत्पादों को विक्रय की आवश्यकता नहीं होती। वे उत्पादों को संग्रह कर लेते हैं परन्तु जब बाजार भाव बढ़ जाते हैं तब वे उत्पादों की बिक्री कर देते है।

इस प्रकार उपरोक्त महत्त्वपूर्ण कारणों से विपणन योग्य अधिशेष की प्रगति धीमी रहती है।

भारत में विपणन योग्य अधिशेष का अनुमान (Estimates of Marketable surplus in India)

स्वतंत्रता के समय देश में कृषि अत्यन्त पिछड़ी हुई थी तथा कृषि उत्पादकता अत्यधिक कम थी जिससे विपणन योग्य अधिशेष भी कम था। भारत में उत्पादक की बचत का अनुमान सन् 1950-51 में एक अध्ययन के आधार पर यह ज्ञात हुआ है कि यह अध्ययन विभिन्न आकारों या समूहों के आधार पर आधारित है जो कृषकों द्वारा बाजार में विक्रय किया गया है। जिसमें सभी प्रकार के उत्पाद सम्मिलित थे वह 34.4 प्रतिशत था जब कि अखिल भारतीय ग्रामीण साख सर्वेक्षण समिति (All India Rural Credit Survey Committee) के आधार पर विपणन योग्य कृषि उत्पाद 33 प्रतिशत था जो इस अध्ययन के अनुमान से काफी करीब है। इससे स्पष्ट है कि स्वतंत्रता के समय कृषि उत्पादन अत्यधिक कम था।

देश विभाजन के फलस्वरूप देश का विपणन योग्य अधिशेष प्रभावित हुआ। खाद्य पर आधारित एक अध्ययन के आधार पर 75 प्रतिशत भाग उपभोग कर लिया जाता था तथा मात्र 25 प्रतिशत ही विक्रय होता था परन्तु औसतन लगभग एक तिहाई ही कृषि उत्पाद की बाजार में बिक्री होती थी। खाद्यानों में चावल की बिक्री 32 प्रतिशत एवं गेहूँ की बिक्री 35 प्रतिशत थी परन्तु नकदी फसलों में जिनमें उच्च-स्तरीय लाभ होता है उनमें विपणन योग्य अधिशेष मात्रा 90–95 प्रतिशत थी।

आजकल विभिन्न वस्तुओं का विपणन योग्य अधिशेष खेती की कुल उत्पादन लागत पर आधारित है। भारत सरकार के कृषि विभाग द्वारा राज्यों के आधार पर विभिन्न फसलों का अध्ययन किया गया है जिसे सम्पूर्ण देश की औसत वास्तविक विपणन योग्य अधिशेष तालिका के आधार पर प्रदर्शित किया गया है। खाद्यानों में जैसे चावल में 2007–08 में 72.64 प्रतिशत एवं 2014–15 में 84.4 प्रतिशत, गेहूँ में क्रमशः 70.0 एवं 73.8 प्रतिशत एवं मक्के में 83.3 एवं 88.1 प्रतिशत वास्तविक विपणन योग्य अधिशेष था। दालों में अरहर में 2007–08 में 79.16 एवं 2014–15 में 88.2 प्रतिशत, मसूर में क्रमशः 85.66 एवं 94.4 प्रतिशत था। मूँगफली में 2007–08 में 88.61 एवं 2014–15 में 91.6 प्रतिशत था। इसी प्रकार नकदी फसलों गन्ने में 2007–08 में 100 प्रतिशत एवं 2014–15 में 88.9 प्रतिशत तथा अधिकतम कपास में क्रमशः 96.15 एवं 98.6 प्रतिशत विपणन योग्य अधिशेष था। इसी प्रकार आलू में अपेक्षाकृत वृद्धि एवं वास्तविक विपणन योग्य अधिशेष अपेक्षाकृत वृद्धि एवं प्याज में विपणन योग्य अधिशेष में कमी हुई है।

भारत में महत्त्वपूर्ण कृषि उपजों का वास्तविक विपणन अधिशेष

(Marketed Sulplus of Important Crops in India)

विषय	फसलें	2007–08	2011–12	2012–13	2013–14	2014–15
खाद्यान्न	चावल	72.64	77.2	81.5	82.0	84.4
	गेहूँ	61.87	70.0	77.5	73.1	73.8
	मक्का	82.87	83.3	84.3	87.0	88.1
	बाजरा	61.78	67.5	76.8	71.1	68.4
दालें	अरहर	79.16	81.5	84.3	87.0	88.2
	चना	90.81	85.3	83.7	89.6	91.1
	उर्द	80.06	70.0	77.8	80.7	85.6
	मूँग	84.37	87.3	85.6	92.2	90.7
	मसूर	85.66	88.1	88.9	90.2	94.4
तिलहन	मूँगफली	88.61	90.8	93.5	95.2	91.6
	सरसों	95.44	82.1	90.4	94.5	90.9
	सूर्यमुखी	96.44	65.6	99.1	95.2	89.1
अन्य नकदी फसलें	गन्ना	100.0	78.0	77.8	81.6	88.9
	कपास	96.15	83.5	100.0	100.0	98.6
	आलू	63.98	77.4	86.2	61.3	71.5
	प्याज	99.46	75.6	99.2	99.3	91.3

स्रोतः एग्रीकल्चरल स्टेटिस्टिक्स एट ए ग्लान्स।

नकदी फसलों में कपास एवं गन्ना में सर्वाधिक विपणन योग्य अधिशेष की मात्रा है। खाद्यानों में विपणन योग्य अधिशेष औसतन 70 प्रतिशत, दलहन में 85 प्रतिशत, तिलहन में 90 प्रतिशत, गन्ने एवं कपास में सम्पूर्ण वास्तविक विपणन योग्य अधिशेष की सम्पूर्ण बचत होती है। प्रायः नकदी फसलें अति अल्प मात्रा में उत्पादक उपयोग करता है। अधिकांशतया लगभग सम्पूर्ण बाजार में बिक्री कर देता है। स्वतंत्रता के पश्चात् हरित क्रान्ति के परिणामस्वरूप उत्पादन में 4 या 5 गुना वृद्धि हुई है जिससे उत्पादक की बचत में अत्यधिक वृद्धि हुई है। जिससे अपेक्षाकृत वास्तविक विपणन योग्य अधिशेष में कई गुना वृद्धि हुई है जो अत्यधिक महत्त्वपूर्ण एवं सार्थक है। इसके अतिरिक्त विपणन योग्य अधिशेष को प्रभावित करने वाले अन्य महत्त्वपूर्ण कारक भी हैं जिनसे यह प्रभावित होता है।

भारत की महत्वपूर्ण कृषि उपजों का वास्तविक विपणन अधिशेष (Marketed Surplus of Important Agricultural Commodities of India)

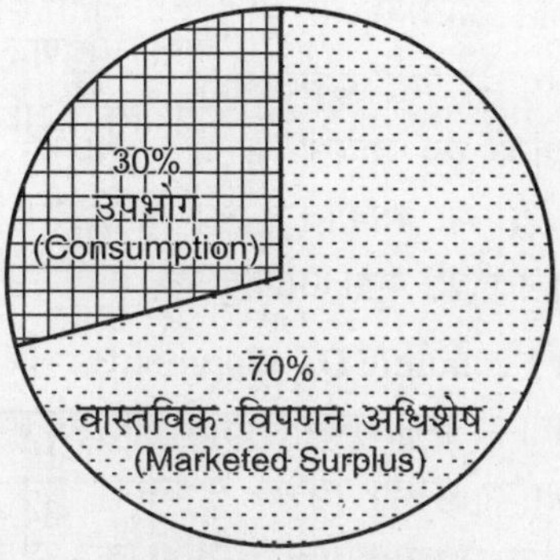

प्रमुख खाद्यान्न फसलें
(Main Food Grain Crops)
चावल, गेहूँ, बाजरा एवं अन्य फसलें

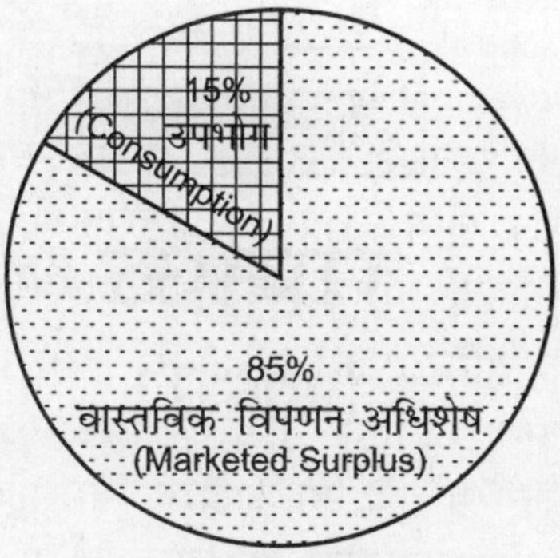

दलहनी फसलें
(Pulse Crops)

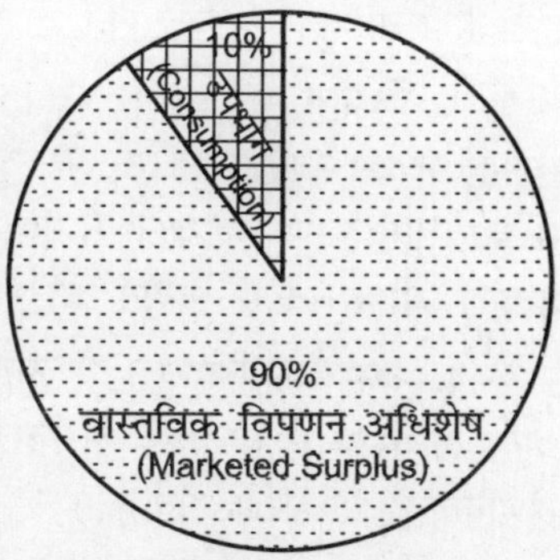

तिलहनी फसलें
(Oil Seed Crops)

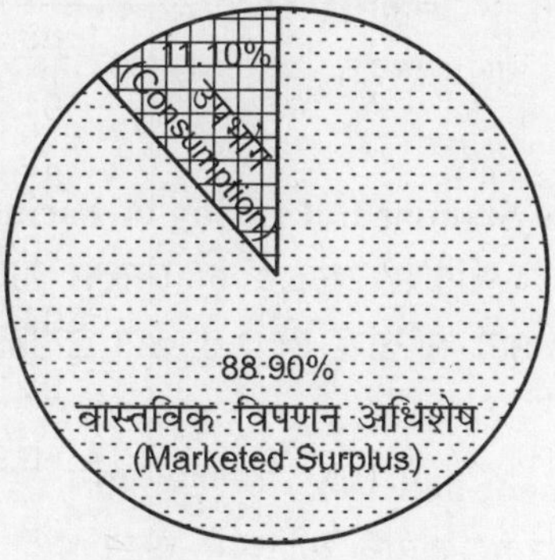

नकदी फसल गन्ना
(Cash Crop Sugarcane)

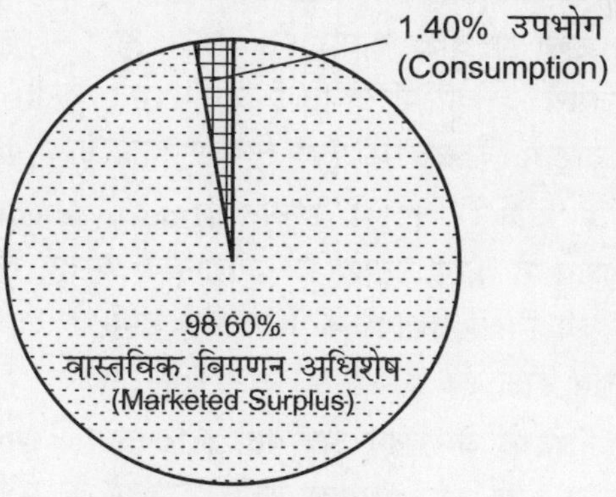

नकदी फसल कपास
(Cash Crop Cotton)

विपणन योग्य अधिशेष की आर्थिक विकास में भूमिका (Role of Marketable Surplus in Economic Development)

विपणन योग्य अधिशेष की देश के आर्थिक विकास में महत्त्वपूर्ण भूमिका है। विकासशील राष्ट्रों की अर्थव्यवस्था को सुदृढ़ करने हेतु विपणन योग्य बचत के मुख्य मूल स्तम्भ निम्न हैं:

1. औद्योगिक विकास में योगदान (Contribution in Industrial Development): विपणन योग्य बचत से औद्योगीकरण को बढ़ावा मिलता है क्योंकि ग्रामीण क्षेत्रों से उद्योगों हेतु कच्चा माल प्राप्त होता है। यह विपणन अधिशेष जहाँ पर शहरों में विशेष आवश्यकता है, बिक्री हेतु पहुँचाया जाता है। यदि कृषकों के उत्पादन में वृद्धि होगी तो विपणन योग्य बचत भी अधिक होगी जो राष्ट्रीय अर्थव्यवस्था के विकास में सकारात्मक भूमिका निभायेगी।

2. आय में वृद्धि (Increase in Income): कृषक के पास यदि विपणन योग्य उत्पाद में वृद्धि होती है उसकी आय में वृद्धि होगी। उसके उत्पादों से औद्योगिक वस्तुएँ निर्मित होती हैं जिससे बाजार का विस्तार होता है तथा कृषि उत्पाद की बाजार में माँग बढ़ जाती है जिससे उसकी आय में भी वृद्धि हो जाती है।

3. निर्यात में उन्नति (Improvement in Export): सामान्य रूप से यह देखा जाता है कि विदेशी व्यापार में आयात-निर्यात में असन्तुलन रहता है तथा उन्हें अनेक समस्याओं का सामना करना पड़ता है। कृषि में व्यवसायीकरण हो जाने से विपणन योग्य बचत या अधिशेष में वृद्धि की सम्भावना की जाती है। कृषि उत्पादों की बचत से निर्यात की सम्भावना अधिक बढ़ जाती है जिससे विदेशी मुद्रा अर्जित की जाती है।

4. आर्थिक विकास में सतत वृद्धि (Sustainable Growth in Economic Development) : विपणन योग्य अधिशेष से राष्ट्र की अर्थव्यवस्था में निरन्तर वृद्धि एवं विकास होता है जैसे कृषि उत्पादों का प्रसंस्करण, श्रेणीकरण, भण्डारण, पैकेजिंग से मूल्य में वृद्धि हो जाती है जिससे देश से वस्तुएँ विदेश में निर्यात की जाती हैं तथा विदेशी मुद्रा अर्जित होती है। विपणन योग्य अधिशेष होने से, देश में आवश्यक वस्तुओं की माँग बढ़ जाती है तथा राष्ट्रीय विकास में सतत वृद्धि होती है।

5. पूँजी निर्माण (Capital Formation): कृषि उत्पादों में वृद्धि होने से विपणन योग्य अधिशेष में वृद्धि होगी जिससे प्रक्षेत्र आय में वृद्धि होगी। इस प्रकार आय में वृद्धि होने से विकासशील राष्ट्रों का अत्यधिक विकास होता है जिससे अनेक परियोजनाएँ प्रारम्भ की जाती। जैसे-सिंचाई, विद्युत आदि। इनके निवेश को बढ़ावा मिलता है। राष्ट्रीय विकास में पूँजी निर्माण होता है।

6. कृषकों के जीवन-स्तर में उन्नति (Improvement in the Standard of Living of Farmers): विपणन योग्य अधिशेष से कृषि उत्पादों से औद्योगिक वस्तुएँ निर्मित की जाती हैं बाजार का विस्तार होता है। कृषकों के उत्पादों की बिक्री उद्योगों के लिए जब होती है तो उनकी आय में वृद्धि होती है तथा कृषकों को जीवन-स्तर में उन्नति होती है।

7. सरकारी नीतियों के लिए सहायक (Useful for Government Policies): विपणन योग्य अधिशेष से बाजार का विस्तार होगा तथा सरकार कृषि उत्पादों के मूल्यों में उतार-चढ़ाव को कम करने हेतु अनेक नीतियों का निर्माण करती है जिससे उत्पादन को प्रोत्साहन मिलता है जैसे-न्यूनतम समर्थन मूल्य, बफर-स्टाक, भण्डारण, लोक वितरण प्रणाली तथा देश के आर्थिक विकास में वृद्धि हेतु अनेक नीतियों का निर्माण करती है जिससे कृषकों के उत्पादन को बढ़ावा मिलता है तथा कृषि क्षेत्रों से औद्योगिक क्षेत्रों को कच्चे पदार्थ उपलब्ध होते हैं और देश में औद्योगिक वस्तुएँ निर्मित की जाती हैं और आयातों में कमी होती है और कृषकों

की आय में वृद्धि होती है जिससे विपणन योग्य बचत की विकासशील राष्ट्रों के विकास एवं वृद्धि में महती भूमिका है।

यदि उत्पादन अधिक होगा तो विपणन योग्य बचत अधिक होगी अन्यथा इसके विपरीत उत्पादन कम होगा तो विपणन योग्य बचत भी कम होगी, विपणन की दृष्टिकोण से कुल उत्पादन की अपेक्षा बचत अति महत्त्वपूर्ण है। कृषि उत्पादों की बचत कृषि विकास की गति एवं विस्तार को निर्धारित करते हैं। उपरोक्त महत्त्वपूर्ण तथ्य पर सिद्ध करते हैं कि विपणन योग्य अधिशेष राष्ट्र के आर्थिक विकास में सहायक है जो राष्ट्रीय अर्थव्यवस्था सुदृढ़ता प्रदान करती है। यदि देश में कृषि उत्पादों की अधिकता होगी तो औद्योगिक उद्योगीकरण, व्यवसायीकरण, मशीनीकरण विशिष्टीकरण एवं रोजगार को बढ़ावा मिलेगा। औद्योगीकरण से ग्रामीण क्षेत्रों में ही लघु एवं सीमान्त कृषकों को रोजगार के अवसर प्राप्त होंगे, लघु उद्योगों का विकास होगा। उनकी आय में वृद्धि, राष्ट्रीय आय में वृद्धि होगी। इस प्रकार विपणन योग्य बचत की राष्ट्र के आर्थिक विकास में महत्त्वपूर्ण भूमिका है।

अभ्यास (Exercise)

चयनित प्रश्न (Selected Questions)

1. उत्पादक की बचत से आप क्या समझते हो? इसकी राष्ट्रीय विकास में भूमिका की विस्तृत व्याख्या कीजिए।
2. उत्पादक की बचत से क्या तात्पर्य है? विपणन योग्य अधिशेष एवं वास्तविक विपणन अधिशेष में अन्तर स्पष्ट कीजिए।
3. उत्पादक की बचत क्या है? विपणन योग्य बचत की धीमी प्रगति के कारणों का सविस्तार वर्णन कीजिए।
4. विपणन योग्य अधिशेष एवं वास्तविक विपणन अधिशेष में क्या सम्बन्ध है? इसकी विस्तृत व्याख्या कीजिए।
5. विपणन योग्य अधिशेष में वृद्धि से क्या लाभ है? भारत जैसे विकासशील अर्थव्यवस्था के लिए विपणन योग्य बचत की महत्त्वपूर्ण आवश्यकता है, इस पर अपना मत प्रकट कीजिए।
6. भारत में विपणन योग्य अधिशेष में कमी के क्या कारण है? इसकी वृद्धि के उपायों का वर्णन कीजिए।
7. विपणन योग्य अधिशेष आर्थिक राष्ट्रीय विकास में सहायक है? इस कथन की पुष्टि कीजिए।
8. विपणन योग्य बचत को प्रभावित करने वाले क्या कारण हैं? इनकी सविस्तार व्याख्या कीजिए।
9. वास्तविक विपणन अधिशेष, विपणन योग्य अधिशेष से कम अधिक अथवा बराबर हो सकता है। इस कथन की पुष्टि सविस्तार कीजिए।

❑❑❑

7

कृषि वस्तुओं की माँग एवं पूर्ति
(Demand and Supply of Agricultural Commodities)

माँग एवं पूर्ति शब्द अर्थशास्त्र की आधारशिला है। एक अर्थशास्त्री प्राय: माँग और पूर्ति शब्द का प्रयोग करता है। माँग और पूर्ति पर ही अर्थशास्त्र का भवन खड़ा है। एक कहावत है कि तोते को यदि माँग और पूर्ति शब्द रटवा दिया जाए तो वह छोटा-मोटा अर्थशास्त्री हो जाता है। उद्यम के प्रत्येक क्षेत्र में माँग और पूर्ति की महत्ता है। इसके बिना औद्योगिक कार्य असम्भव है। इसी प्रकार कृषि क्षेत्र में कृषि व्यवसाय में माँग और पूर्ति का विशेष महत्त्व है। कृषि सम्बन्धी उत्पादों की माँग एवं पूर्ति जटिल है। कृषि उत्पाद सामान्यतया मौसमी होते हैं। इनकी पूर्ति मौसम के अनुरूप होती है तथा कृषि उत्पाद अधिकाँशतया नाशवान होते हैं। परन्तु इनकी माँग वर्ष भर लगातार होती रहती है। कृषि वस्तुएँ जीवन के लिए अत्यन्त आवश्यक हैं। कृषि उत्पादों की माँग की लोच सामान्यतया कम होती है। वैश्विक व्यापार में आयात-निर्यात में माँग और पूर्ति की महत्त्वपूर्ण भूमिका है। अत: माँग और पूर्ति पर ही समस्त व्यवसाय आधारित है।

माँग और पूर्ति का महत्त्व (Importance of Demand and Supply)

कृषि उत्पादों की माँग और पूर्ति को नियंत्रित करना एवं इनके मूल्यों का स्थिरीकरण करना उत्पादकों एवं उपभोक्ताओं के लिए एक अति महत्त्वपूर्ण कार्य है। विश्व व्यापार संगठन में इनकी सार्थकता निम्न बिन्दुओं पर आधारित हैं:

1. वैश्विक बाजार में किसी प्रकार का परिवर्तन हो जाने से माँग और पूर्ति पर प्रभाव पड़ता है। व्यापार योग्य जो बचत होती है उसका निर्यात किया जाता है तथा जिन वस्तुओं की कमी होती है उसका आयात किया जाता है।
2. कृषि अनुदानों की नीतियों के परिवर्तन से कृषि उत्पादन प्रभावित होता है। जिन विकसित देशों में कृषि पर भारी मात्रा में सब्सिडी प्रदान की जाती है जिससे उनका उत्पादन अधिक होता है तथा विपणन योग्य बचत अधिक होती है और जिन देशों में सब्सिडी कम दी जाती है उनके उत्पादन में कमी होती है तथा विपणन योग्य बचत कम होती है जिसका प्रभाव देश की सम्पूर्ण अर्थव्यवस्था पर पड़ता है।

3. राष्ट्रीय एवं अन्तर्राष्ट्रीय स्तर पर माँग और पूर्ति द्वारा भविष्य में कृषि शोधों के लिए दिशा निर्देश प्राप्त होता है।
4. माँग एवं पूर्ति की स्थिति के आधार पर उत्पादन की विधियों में परिवर्तन करने हेतु कृषकों को मार्ग दर्शन प्राप्त होता है। यदि जहाँ पर जिन क्षेत्रों में जिस कृषि उपज माँग अधिक है उसके उत्पादन हेतु उसके उत्पादन क्षेत्र में परिवर्तन करना होगा जैसे खाद्यान्नों की जगह नकदी फसलों का उत्पादन।
5. वैश्विक व्यापार की माँग और पूर्ति के अनुरूप ही कोई राष्ट्र अपने देश में उत्पादन की योजना बनाता है।

इस प्रकार माँग और पूर्ति की व्यापारिक क्षेत्र में महती भूमिका है।

इसके अतिरिक्त किसी वस्तु की माँग निम्न परिवर्तनों पर आधारित है:

1. किसी वस्तु के मूल्य में परिवर्तन होना।
2. सम्बन्धित वस्तु की कीमत में परिवर्तन होना।
3. उपभोक्ताओं की आय में परिवर्तन होना।
4. जनसंख्या में परिवर्तन होना।
5. आय के वितरण में परिविर्तन होना।
6. उपभोक्ताओं की रूचि में परिवर्तन होना।
7. उपभोक्ताओं के फैशन में परिवर्तन होना।
8. उपभोक्ताओं की आदतों में परिवर्तन होना।

कृषि वस्तुओं का मूल्य निर्धारण (Price Determination of Agricultural Commodities)

कृषि वस्तुओं के मूल्य निर्धारण में भारत सरकार की मुख्य भूमिका है जो 'कृषि लागत एवं मूल्य आयोग' की सिफारिशों के आधार पर निर्धारित होता है। सरकार 24 कृषि उत्पादों पर 'न्यूनतम समर्थन मूल्य' का निर्धारण करती है। अन्य वस्तुएँ बाजार की माँग और पूर्ति की शक्तियों के आधार पर निर्धारित होती हैं जिन पर माँग एवं पूर्ति का प्रभाव पड़ता है।

मूल्य निर्धारण करने वाली प्रक्रिया को प्रभावित करने वाले तीन मुख्य कारक हैं: 1. माँग, 2. पूर्ति एवं 3. समय।

माँग (Demand)

माँग से आशय यह है कि जब उपभोक्ता किसी बाजार में किसी एक दी गई वस्तु की एक निश्चित समय में विभिन्न कीमतों में विभिन्न मात्राएँ क्रय करता है तो यह उस वस्तु की माँग कहलाती है।

किसी वस्तु की माँग एक दी हुई कीमत पर एक निश्चित समय पर जितनी मात्रा प्रति इकाई खरीदेगा, यह उस समय की कीमत माँग कहलाती है। माँग सदैव दी हुई कीमत पर होती है। इसके लिए समय तत्त्व महत्त्वपूर्ण है। सामान्य भाषा में माँग को इस प्रकार परिभाषित कर सकते हैं।

कोई व्यक्ति किसी वस्तु को निश्चित समय में एक निश्चित कीमत में खरीदने की इच्छा रखता है वह उस वस्तु की माँग कहलाती है।

परिभाषाः माँग के सम्बन्ध में विभिन्न अर्थशास्त्रियों ने भिन्न-भिन्न परिभाषाएँ प्रस्तुत की हैं जो निम्न प्रकार हैं–

बैन्सन के मत में "माँग प्रभावपूर्ण इच्छा है। माँग से तीन बातों का अभिप्राय प्रकट होता है– (*i*) किसी वस्तु को प्राप्त करने की इच्छा (*ii*) उसे क्रय करने के साधन (*iii*) इन साधनों के खरीदने के लिए प्रयोग की तत्परता।"

"Demand is effective desire–Demand implies three things– (*i*) Desire to possess a thing (*ii*) Means of purchasing it and (*iii*) Willingness to use these means of purchasing it". **–Bensen**

बेन्हम के मत में "एक निश्चित कीमत पर किसी वस्तु की माँग उसकी वह मात्रा है जो उस कीमत पर एक निश्चित समय में खरीदी जाती है।"

The demand for anything at a given price is the amount of it which he will bought per unit of time at the price." **–Benham**

मेयर्स के शब्दों में "किसी वस्तु की माँग मात्राओं की सारणी होती है जिन्हें क्रेता समय विशेष पर सभी सम्भव कीमतों पर क्रय करने के लिए तत्पर होंगे।"

The demand for a goods is a schedule of the amount that buyers would be willing to purchase at all possible prices at anyone instant of time." **–Mayers**

जब कोई क्रेता किसी वस्तु की निश्चित मात्रा, निश्चित कीमत पर खरीदने की इच्छा कर रहा है वह माँग कीमत कहलाती है। उदाहरणार्थ यदि कोई क्रेता 10 कुन्तल गेहूँ ₹ 2000/- प्रति कुन्तल की दर से खरीदता है तो उसकी माँग कीमत ₹ 2000/- प्रति कुन्तल होगी।

माँग का नियम (Law of Demand)

किसी वस्तु की माँगी गयी वह मात्रा जो कीमत में कमी होने पर वृद्धि होती है तथा कीमत में वृद्धि होने पर घटती है वह माँग कहलाती है।

माँग और मूल्य में इस प्रकार एक-दूसरे से विपरीत सम्बन्ध है।

माँग और मूल्य को इस प्रकार भी व्यक्त किया जा सकता है। जब किसी वस्तु के मूल्य में वृद्धि होती है तो माँग में कमी होती है और कीमत में कमी होती है तो माँग में वृद्धि होती है यदि माँग की स्थिति स्थिर रहती है।

यह स्थितियाँ उपभोक्ताओं पर आधारित हैं:

1. उपभोक्ताओं की रुचि में स्थिरता।
2. आय में परिवर्तन न हो।
3. स्थानापन्न वस्तुओं में समानता हो।
4. जलवायु में परिवर्तन न हो।
5. भविष्य में मूल्यों में परिवर्तन की आशा न हो।

यदि इन परिस्थितियों में परिवर्तन होता है तो यह नियम लागू नहीं होगा।

माँग की लोच (Elasticity of Demand)

माँग लोच से आशय कीमत में परिवर्तन होने से माँग में जो परिवर्तन हो जाता है उसे माँग की लोच कहते हैं।

दूसरे शब्दों में किसी वस्तु की कीमत में एक इकाई परिवर्तन हो जाने से माँग में जितना परिवर्तन हो जाता है वह उस वस्तु की माँग की लोच कहलाती है। मार्शल ने इसे इस प्रकार परिभाषित किया है-

"The elasticity of demand in a market is high or low according as the amount demanded; increases much or little for a given fall in price and diminishes much or little for a given rise in price."

"एक बाजार में माँग की लोच उच्च या निम्न माँगी गई मात्रा के आधार पर होती है, जो दी हुई कीमतों के गिरने से बहुत अधिक वृद्धि या कम वृद्धि होती है और दी गई कीमतों में वृद्धि होने से बहुत अधिक या कम घटती होती है।"

माँग की लोच के प्रकार (Types of Elasticity of Demand)

माँग की लोच पाँच प्रकार की होती हैं:

1. पूर्णतया लोच (Perfectly Elastic)
2. पूर्णतया बेलोच (Perfectly Inelastic)
3. कम लोच (Less Elastic)
4. इकाई लोच (Unit Elastic)
5. उच्च लोच (Highly Elastic)

1. पूर्णतया लोच (Perfectly elastic): किसी वस्तु की माँग पूर्णतया लोच तब होती है जब किसी वस्तु की माँग में बहुत अधिक परिवर्तन होता है तथा मूल्यों में किसी प्रकार का परिवर्तन नहीं होता है। मूल्यों में बिना किसी प्रकार के परिवर्तन के माँग में वृद्धि या कमी हो सकती है।

2. पूर्णतया बेलोच (Perfectly inelastic): जब कीमत परिवर्तन हो जाने से माँग में किसी प्रकार का परिवर्तन नहीं होता है उसे पूर्णतया बेलोच माँग कहते हैं।

3. कम लोच (Less elastic): जब कीमत में परिवर्तन के अनुपात में माँग से कम परिवर्तन होता है उसे माँग की कम लोच कहते हैं। उदाहरणार्थ जब मूल्य में 50 प्रतिशत की कमी होती है तो माँग में 5 प्रतिशत की वृद्धि होती है।

4. इकाई लोच (Unit elastic): जब कीमत में इकाई परिवर्तन हो जाने से माँग में इकाई परिवर्तन हो जाता है इसे माँग की इकाई लोच कहते हैं।

5. उच्च लोच (Highly elastic): जब किसी वस्तु की कीमत में परिवर्तन हो जाता है तो माँग में अनुपात से अधिक परिवर्तन हो जाता है उसे माँग की उच्च लोच कहते हैं। उदाहरणार्थ जब कीमत में 10 प्रतिशत की कमी हो जाती है तो माँग में 40 प्रतिशत की वृद्धि हो जाती है और जब कीमत में 10 प्रतिशत की वृद्धि हो जाती है तो माँग में 50 प्रतिशत की कमी हो जाती है यह माँग की उच्च-लोच कहलाती है।

माँग की लोच मापने की विधियाँ (Measurement of Elasticity of Demand)

माँग की लोच मापने की तीन विधियाँ हैं:

1. कुल आय विधि (Total Outlay Method)
2. आनुपातिक विधि (Proportionate Method)
3. रेखा गणितीय विधि (Geometrical Method)

1. कुल आय विधि (Total Outlay Method): इस विधि द्वारा क्रेता की कुल आय या विक्रेता की कुल आय की तुलना कीमतों में परिवर्तन होने के पूर्व एवं पश्चात् की जाती है।

माँग की लोच को निम्न प्रकार व्यक्त किया जाता है:

1. इकाई (Unity)
2. इकाई से अधिक (Greater than Unity)
3. इकाई से कम (Less than Unity)

2. आनुपातिक विधि (Proportionate Method): माँग की लोच मापने की आनुपातिक विधि निम्न सूत्र द्वारा प्रदर्शित की जाती है:

$$\text{लोच} = \frac{\text{माँगी गई मात्रा में आनुपातिक परिवर्तन}}{\text{कीमत में आनुपातिक परिवर्तन}}$$

$$\text{Elasticity} = \frac{\text{Proportionate change in quantity demanded}}{\text{Proportionate change in price}}$$

$$\text{लोच} = \frac{\text{माँग में परिवर्तन } (\Delta q)}{\text{माँग की प्रारम्भिक मात्रा}} \div \frac{\text{कीमत में परिवर्तन } (\Delta p)}{\text{प्रारम्भिक कीमत } (p)}$$

$$\text{Elasticity (E)} = \frac{\text{Change in demand } (\Delta q)}{\text{Original quantity demanded } (q)} \div \frac{\text{Change in price } (\Delta p)}{\text{Original price } (p)}$$

$$\text{सूत्र} = \frac{\Delta q}{\Delta p} \cdot \frac{p}{q}$$

3. रेखा गणितीय विधि (Geometrical Method): रेखा गणितीय विधि द्वारा माँग वक्र के किसी बिन्दु पर माँग की लोच को किस प्रकार मापा जाता है यह ज्ञात किया जाता है।

पूर्ति (Supply)

पूर्ति से आशय यह कि जब किसी वस्तु की विभिन्न मात्रा बिक्री हेतु उत्पादकों द्वारा एक दी गई समयावधि में, विभिन्न कीमतों में पूर्ति की जाती है, पूर्ति कहलाती है।

दूसरे शब्दों में हम कह सकते हैं कि जब किसी वस्तु की पूर्ति एक निश्चित कीमत में एक दिये हुये बाजार में एक दिये गये समय में बिक्री हेतु की जाती है पूर्ति कहलाती है।

पूर्ति का नियम (Law of Supply)

जब किसी वस्तु के मूल्य में वृद्धि होती है तो उस वस्तु की पूर्ति में भी वृद्धि होती है। यदि कीमतें कम हो जाती हैं तो पूर्ति भी घट जाती है। इस प्रकार कीमत के साथ पूर्ति की मात्रा बिक्री हेतु सीधे परिवर्तित होती है। यदि कीमत ऊँची होगी तो पूर्ति भी अधिक होगी और यदि कीमत निम्न होगी तो पूर्ति भी कम होगी। कीमत और पूर्ति में सीधा सम्बन्ध होता है।

अन्य शब्दों में हम कह सकते हैं कि पूर्ति का नियम यह व्यक्त करता है कि कीमत अधिक होगी तो पूर्ति भी अधिक होगी अथवा जब कीमत कम होगी तो पूर्ति की मात्रा भी कम होगी।

इससे स्पष्ट है कि जब किसी उत्पाद की कीमत में प्रति कुन्तल वृद्धि हो रही है तो उसकी पूर्ति भी बढ़ेगी और यदि कीमत प्रति कुन्तल कम हो रही है तो पूर्ति में भी प्रति कुन्तल कमी होगी।

पूर्ति की लोच (Elasticity of Supply)

तुलनात्मक लोच पूर्ति (Comparatively Elastic Supply): जब कीमत में अल्प या थोड़ी सी कमी हो जाती है तो पूर्ति में बड़ी मात्रा में कमी हो जाती है ऐसी पूर्ति तुलनात्मक लोचपूर्ण है।

बेलोच पूर्ति (Inelastic Supply): जब कीमत में भारी मात्रा में परिवर्तन हो जाता है तो पूर्ति में बहुत थोड़ी या अल्प मात्रा में कमी होती है तो ऐसी पूर्ति तुलनात्मक बेलोचदार कहलाती है।

लोचदार पूर्ति (Elastic Supply): यदि कीमत में अल्प मात्रा में वृद्धि होती है तो पूर्ति में बहुत भारी मात्रा में वृद्धि हो जाती है इसे लोचदार पूर्ति कहते हैं।

परिभाषा (Definition): "इस प्रकार हम कह सकते हैं कि पूर्ति की लोच, कीमत में आनुपातिक परिवर्तन हो जाने से पूर्ति की मात्रा में जो आनुपातिक परिवर्तन होता है वह पूर्ति की लोच कहलाती है।"

पूर्ति की लोच मापने की विधि (Measurement of Elasticity of Supply)

पूर्ति की लोच मापने को निम्न सूत्र द्वारा प्रदर्शित करते हैं:

$$\text{पूर्ति की लोच} = \frac{\text{पूर्ति की गई मात्रा में } (\Delta q)}{\text{प्रारम्भिक पूर्ति की मात्रा } (q)} \div \frac{\text{कीमत में आनुपातिक परिवर्तन } (\Delta p)}{\text{प्रारम्भिक कीमत } (p)}$$

$$\text{Elasticity of Supply} = \frac{\text{Change in quantity supplied } (\Delta q)}{\text{Original quantity supplied } (q)} \div \frac{\text{Proportional change in price } (\Delta p)}{\text{Original price } (p)}$$

या सूत्र–

$$\text{Es} = \frac{\frac{\Delta q}{q}}{\frac{\Delta p}{p}} \quad \text{या,} \quad \text{Es} = \frac{\Delta q}{\Delta q} \times \frac{\Delta p}{p}$$

सर्वप्रथम मूल्य निर्धारण की यह तकनीक प्रो० मार्शल द्वारा लागू करने की व्याख्या की गई थी, इस प्रकार की तकनीक माँग-पूर्ति तकनीक कहलाती है। इसके आधार पर जहाँ पर माँग और पूर्ति बराबर हो जाती है उस बिन्दु पर मूल्य निर्धारण हो जाता है। यह बिन्दु साम्य बिन्दु (Equilibrium Point) कहलाता है। इस बिन्दु पर मूल्य निर्धारण माँग और पूर्ति की शक्तियों द्वारा होता है।

माँग और पूर्ति का प्रदर्शन (Representation of Demand and Supply)

एक दी हुई कीमत पर गेहूँ की माँग और पूर्ति को तालिकाओं द्वारा प्रदर्शित किया गया है।

माँग (Demand)

एक काल्पनिक आँकड़ों के आधार पर बाजार में गेहूँ की माँग को तालिका द्वारा प्रदर्शित किया गया है।

कीमत प्रति इकाई रुपये में (Price per unit in ₹)	माँगी गई मात्रा कुन्तल में (Quantity demand in Qtl.)
2700	10
2500	11
2300	14
2000	18
1800	23
1500	28
1200	35

माँग को एक चित्र द्वारा दर्शाया गया है–

माँग का प्रदर्शन
(Presentation of Demand)

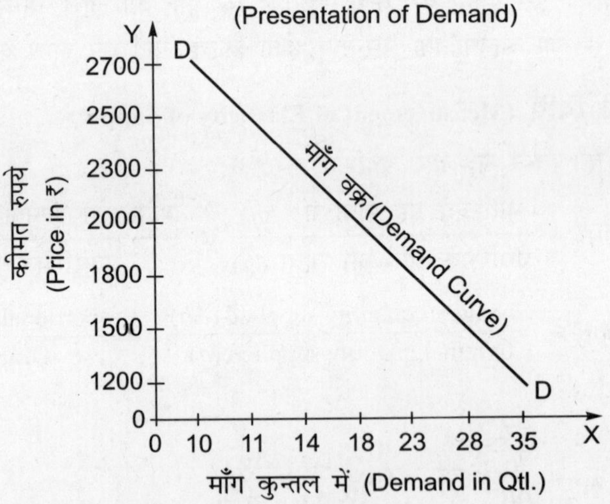

उपरोक्त तालिका से स्पष्ट है कि जैसे-जैसे गेहूँ के मूल्य में कमी होती जाती है वैसे ही माँग में वृद्धि होती जाती है और यदि कीमत में वृद्धि हो रही है तो माँग में कमी हो रही है। इससे बिल्कुल ही स्पष्ट है कि कीमत और माँग में विपरीत सम्बन्ध है जो माँग के नियम के अनुसार है।

पूर्ति (Supply)

गेहूँ की पूर्ति को एक तालिका द्वारा प्रदर्शित किया गया है-

कीमत प्रति इकाई (रुपये) (Price per unit in ₹)	पूर्ति की गई मात्रा (कुन्तल में) (Quantity supply in quantity)
2700	32
2500	30
2300	24
2000	18
1800	15
1500	11
1200	5

उपरोक्त तालिका से ज्ञात होता है कि जैसे-जैसे कीमत में कमी हो रही है वैसे पूर्ति में भी कमी हो रही है, इसी प्रकार जैसे-जैसे कीमत में वृद्धि हो रही तो वैसे ही पूर्ति में भी वृद्धि हो रही है। इससे बिल्कुल ही स्पष्ट है कि कीमत और पूर्ति में सीधा सम्बन्ध है जो पूर्ति के नियम को प्रदर्शित कर रहा है।

पूर्ति का प्रदर्शन
(Presentation of Supply)

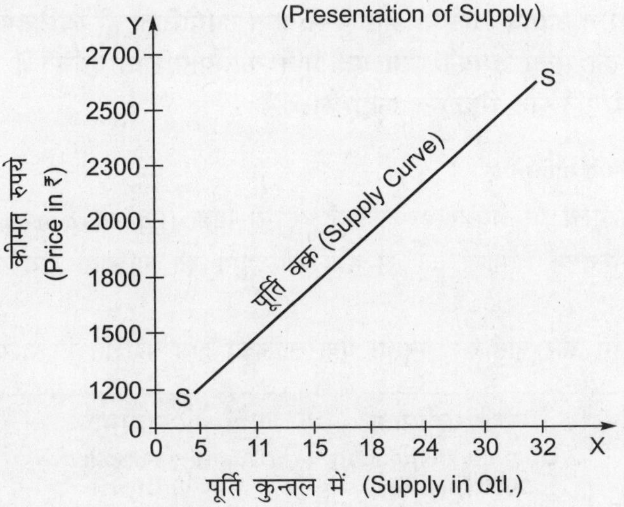

मूल्य निर्धारण (Price Determination)

मूल्य निर्धारण अल्प अवधि या दीर्घ अवधि दोनों में निर्धारित हो सकता है:

1. **अल्प अवधि या बाजार मूल्य (Short period or market price):** अल्प अवधि में मूल्य निर्धारण में वस्तु की पूर्ति को माँग के अनुसार पूर्णरूपेण समायोजित नहीं किया जा सकता। अल्प अवधि में पूर्ति प्रायः स्थिर रहती है। अल्प समय में इतना समय नहीं रहता कि किसी वस्तु के उत्पादन में वृद्धि की जा सके। अल्पकाल में माँग का प्रभाव रहता है।

2. **दीर्घ अवधि या सामान्य मूल्य (Long period or normal price):** दीर्घ अवधि में मूल्य निर्धारण किसी वस्तु की पूर्ति को उसकी माँग के अनुसार समायोजित किया जा सकता है। यदि किसी वस्तु की माँग स्थिर है तो दीर्घ अवधि में उत्पादन में वृद्धि कर पूर्ति की जा सकती है। दीर्घकाल में पूर्ति का प्रभाव रहता है।

इस प्रकार अल्प अवधि एवं दीर्घ अवधि में माँग और पूर्ति, दोनों की सापेक्ष शक्तियों द्वारा मूल्य निर्धारित होता है।

साम्य मूल्य (Equilibrium price)

बाजार में जिस बिन्दु पर माँग और पूर्ति बराबर हो जाते हैं, वह साम्य मूल्य (Equilibrium Price) कहलाता है।

साम्य मूल्य की परिभाषा (Definition of Equilibrium Price)

बोल्डिंग के मत में "साम्य मूल्य वह है जिस पर वस्तु की वह मात्रा जिसे विक्रेता विक्रय करने के लिए इच्छुक है उस मात्रा के समान होती है जिसे क्रेता क्रय करना चाहता है, यह वह मूल्य है जो बाजार को वस्तु रहित कर देता है।"

The equilibrium price is the price at which the quantity of a goods which sellers are willing to offer is equal to the quantity which the buyers want to purchase. It is that price which clears the market."

–Boulding

मार्शल के मतानुसार न उत्पादन लागत और न सीमान्त उपयोगिता ही व्यक्तिगत रूप से मूल्य निर्धारण करती है अपितु वस्तु का मूल्य उसकी माँग एवं पूर्ति की सापेक्षिक शक्तियों द्वारा निर्धारित होता है। मार्शल ने इसे माँग एवं पूर्ति का सिद्धान्त कहा है।

साम्य मात्रा (Equilibrium quantity)

वह मात्रा जो साम्य मूल्य पर बराबर हो जाती है, साम्य मात्रा (Equilibrium quantity) कहलाती है!

कृषि वस्तुओं के मूल्य में सामान्य रूप से माँग और पूर्ति की शक्तियों द्वारा साम्य बिन्दु पर मूल्य का निर्धारण होता है।

मूल्य निर्धारण में माँग और पूर्ति के अनुसार एक तालिका द्वारा प्रदर्शित किया गया है।

कीमत प्रति इकाई (₹ में) (Price per unit in Rs.)	माँगी गई मात्रा (Quantity demanded 1000 quantity)	पूर्ति की गई मात्रा (Quantity supplied 1000 Qty.)	मूल्य पर दबाव (Forces on price)
2700	10	32	↓ कमी हो रही है।
2500	11	30	↓ कमी हो रही है।
2300	14	24	↓ कमी हो रही है।
2000	18	18	↔ उदासीन (Neutral)
1800	23	15	↑ वृद्धि हो रही है।
1500	28	11	↑ वृद्धि हो रही है।
1200	35	5	↑ वृद्धि हो रही है।

उपरोक्त तालिका द्वारा स्पष्ट हो रहा है कि जब कृषि वस्तु गेहूँ का मूल्य ₹ 2700/- है तो उसकी माँग 10,000 कुन्तल है और जब उसका मूल्य घटकर ₹ 1200/- प्रति इकाई हो जाता है तो उसकी माँग 35,000 कुन्तल हो जाती है अर्थात् मूल्य में कमी होने पर माँग में वृद्धि हो जाती है। इसी प्रकार जब मूल्य ₹ 2700/- हो तो उसकी पूर्ति 32,000 कुन्तल है और जब मूल्य घटकर ₹ 1200/- प्रति इकाई हो जाता है तो माँग घटकर 5000 कुन्तल हो जाती है। अतः मूल्य में वृद्धि होने से पूर्ति में भी वृद्धि हो जाती है तथा मूल्य में कमी होने पर पूर्ति में कमी हो जाती है, इस प्रकार माँग और पूर्ति की शक्तियों के दबाव से ₹ 2000/- प्रति इकाई कीमत निर्धारित होगी जहाँ पर माँग और पूर्ति बराबर हो जाती है। इस बिन्दु पर माँग और पूर्ति प्रति इकाई 1800 कुन्तल है।

माँग एवं पूर्ति की शक्तियों द्वारा मूल्य निर्धारण
(Price Determination Demand and Supply)

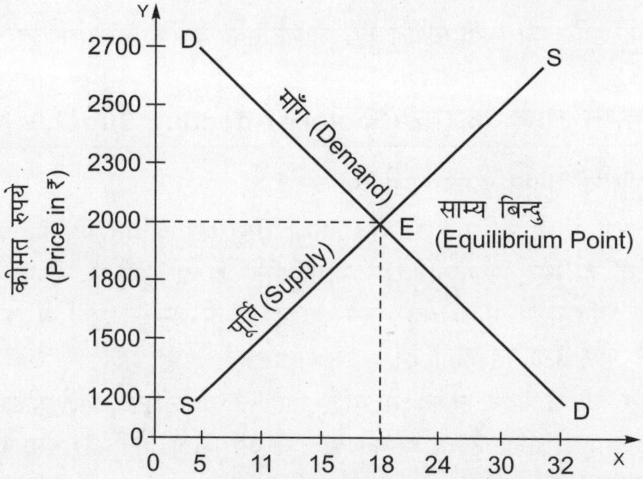

माँग एवं पूर्ति की मात्रा (कुन्तल में)
(Quantity of Demand and Supply (in Qtl.)

यही साम्य मूल्य (Equilibrium price) है। बाजार में इस बिन्दु में कीमत में स्थिरता आ जाती है। मूल्य निर्धारण चित्र द्वारा प्रदर्शित किया गया है।

बिन्दु (E) पर माँग वक्र (DD) और पूर्ति वक्र (SS) एक दूसरे को काटते हैं। इसी बिन्दु पर माँग और पूर्ति बराबर हो जाते हैं। इसी साम्य बिन्दु (Equilibrium point) पर मूल्य ₹ 2000/- प्रति इकाई निर्धारित होगा। इस प्रकार माँग और पूर्ति द्वारा बाजार में कृषि वस्तुओं का मूल्य निर्धारण होता है।

माँग को प्रभावित करने वाले कारक (Factors Affecting Demand)

कृषि वस्तुओं की माँग को निम्न कारक प्रभावित करते हैं:

1. यदि कृषि वस्तुओं की कीमत ऊँची होगी तो उसकी माँग कम होगी तथा इनकी कीमत निम्न होगी तो माँग में वृद्धि होगी।

2. यदि जनसंख्या में वृद्धि तीव्र गति से होती है तो उसकी माँग में सीधे वृद्धि होगी।
3. यदि उपभोक्ताओं की रुचि का फैशन में परिवर्तन होता है तो इस प्रकार की व्यक्तिगत माँग से कुल माँग प्रभावित होती है।
4. उत्तम कोटि की वस्तुओं में किसी वस्तु की आय और माँग में सीधा सम्बन्ध है यदि आय बढ़ती है तो माँग भी बढ़ती है। यदि आय कम होती है तो माँग भी कम होती है।
5. यदि निम्न कोटि की वस्तुएँ हैं तो आय और माँग में विपरीत सम्बन्ध है। यदि आय में वृद्धि होगी तो इनके उपयोग में कमी होगी और यदि आय में कमी होगी तो इनके उपयोग में वृद्धि होगी।
6. यदि कोई वस्तु स्थानापन्न हो तो आय में वृद्धि या कमी होने पर लोग इसकी माँग करने लगते हैं, जैसे आय बढ़ने पर चाय के स्थान पर कॉफी का प्रयोग करने लगते हैं जिससे काफी की माँग बढ़ जाती है।
7. कृषि वस्तुओं की माँग को वातावरणीय एवं सांस्कृतिक कारक भी प्रभावित करते हैं।

पूर्ति को प्रभावित करने वाले कारक (Factors Affecting Supply)

कृषि वस्तुओं की पूर्ति को निम्न कारक प्रभावित करते हैं:

1. कीमत और पूर्ति में सीधा सम्बन्ध है, यदि किसी वस्तु की कीमत में वृद्धि होती है तो उसकी पूर्ति में भी वृद्धि होती है और यदि कीमत में कमी होती है तो पूर्ति में भी कमी होती है। परन्तु यदि किसी वस्तु का भविष्य में मूल्य बढ़ने की आशा हो तो उसकी पूर्ति में कमी हो जाती है। इससे किसी वस्तु की पूर्ति प्रभावित होती है।
2. यदि किसी वस्तु की उत्पादन लागत में वृद्धि होती है तो उसकी पूर्ति में कमी होती है और यदि उत्पादन लागत में कमी होती है तो इसकी पूर्ति में अधिकता होती है। इस प्रकार उत्पादन लागत से पूर्ति प्रभावित होती है।
3. जलवायु की परिस्थितियों का पूर्ति से सीधा सम्बन्ध है यदि प्रकृति या मानसून अनुकूल है तो पूर्ति में वृद्धि होगी, यदि प्रतिकूल है तो पूर्ति में कमी होगी। कृषि वस्तुओं के उत्पादन में प्रकृति का पूर्णरूपेण प्रभाव पड़ता है जिससे पूर्ति प्रभावित होती है।
4. यदि उत्पादन में नई कोई तकनीकी का प्रयोग कर रहा है, तो उत्पादन में वृद्धि होगी तो पूर्ति में भी वृद्धि होगी अन्यथा पूर्ति में कमी होगी। जैसे-देशी बीज के स्थान पर उन्नतिशील बीज का प्रयोग करना।
5. यदि कृषि वस्तुओं के लिए परिवहन, भण्डारण एवं प्रसंस्करण आदि की सुविधाएँ सस्ती एवं उत्तम होंगी तो प्रसंस्करण उत्पादों की पूर्ति में वृद्धि होगी। विपरीत परिस्थितियों में पूर्ति कम होगी।
6. यदि सम्बन्धित उत्पादों की मूल्य में वृद्धि होती है तो कृषक इन फसलों को अधिक उगायेगा जिससे दूसरी फसलों की पूर्ति में कमी हो जायेगी। जैसे गेहूँ के मूल्य में वृद्धि होने पर कृषक गेहूँ की फसल जौ की अपेक्षा अधिक उगायेगा जिससे बाजार में जौ की पूर्ति में कमी हो जायेगी।
7. सरकारी नीतियाँ जैसे समर्थन मूल्य, खरीद मूल्य एवं आयात-निर्यात साख नीतियाँ आदि अन्य नीतियाँ कृषि उत्पादों की पूर्ति को प्रभावित करती हैं यदि ये नीतियाँ कृषक के अनुकूल हैं तो पूर्ति में वृद्धि

होगी और यदि विपरीत हैं तो पूर्ति में कमी होगी। इस प्रकार सरकारी नीतियों की कृषि वस्तुओं की पूर्ति पर महत्त्वपूर्ण भूमिका है।

इस प्रकार उपरोक्त कारक कृषि वस्तुओं की पूर्ति को प्रभावित करते हैं।

पूर्ति एवं माँग व्यावहारिकता का निर्धारण (Determinants of Supply and Demand Behaviour)

कृषि वस्तुओं की पूर्ति और माँग निर्धारण मुख्य रूप से दो तथ्यों पर आधारित हैं:

1. बाजार के प्रकार (Shades of Market)

कृषि उत्पादों की पूर्ति एवं माँग कृषि बाजारों की स्थिति पर निर्भर है। कृषक को बाजार में अनेक प्रतियोगिता का सामना करना पड़ता है। जैसे बाजार में निम्न प्रकार की स्थिति प्रदर्शित होती है–

(*i*) बाजार में क्रेताओं और विक्रेताओं की संख्या बहुत अधिक होती है।

(*ii*) उत्पाद में समानता होती है।

(*iii*) उत्पादन उद्योगों का स्वतंत्र रूप से प्रवेश एवं बहिर्गमन होता है।

प्राय: यह देखा जाता है कि कृषि उत्पाद लगभग एक समान होता है। परन्तु कुछ दुर्लभ उद्यमियों द्वारा ही प्रक्षेत्र उद्यमों का विशिष्टीकरण होता है। बाजार में क्रेताओं की संख्या बहुत अधिक होती है। प्रत्येक व्यक्ति खाद्य पदार्थ, सब्जी, फल, कपास, उत्पाद तथा अनेक वस्तुएँ क्रय करता है जो जीवन के लिए आवश्यक हैं। इनसे सरकार गेहूँ और अन्य उत्पादों को संस्थाओं के माध्यम से बड़ी मात्रा में खरीदती है जिसको वह लक्ष्यित 'लोक वितरण प्रणाली' द्वारा जनता को वितरित करती है। फिर भी बाजार में क्रेताओं की संख्या अत्यधिक होती है। अनेक उत्पादक ऐसे हैं जिनके प्रसंस्कृत और डिब्बा बन्द उत्पादों में भी लेबल नहीं लगा होता है तथा उनके उत्पादन में भी कोई विभिन्नता एवं विभेदीकरण नहीं होता है। कृषि उत्पादों में प्राय: समानता होती है तथा किसी उद्योग को प्रवेश या बाहर जाने में कोई प्रतिबन्ध नहीं है। कृषि व्यवसाय को अपनाने या छोड़ने में कोई प्रतिबन्ध नहीं है क्योंकि कृषक अधिकाँशतया अपनी पूँजी को भूमि सुधार कार्यों में लगाता है जिससे उसे अधिकतम उत्पादन एवं प्रोत्साहन मिलता है।

बाजारों में एक कारक से दूसरा कारक भिन्न होता है। इसमें से कुछ इस प्रकार हैं जैसे प्रक्षेत्र मशीनरी, उर्वरक आदि का बाजार अल्पाधिकार प्रतियोगिता वाला बाजार है। यदि कोई उन्नतशील संस्करण बीज है तो इस प्रकार का बाजार एकाधिकार (Monopoly) कहलाता है। पूर्ण प्रतियोगी बाजार सामान्य रूप से प्रक्षेत्र श्रमिकों का है। इस प्रकार देखते हैं कि कृषि उत्पादों के बाजार में समानता (Homogenity) पायी जाती है। क्योंकि वे बिना विधायन के सीधे बाजार में विक्रय कर दिया जाता है। फसल के समय बाजार मूल्य भी गिर जाते हैं परन्तु यदि बाजार भाव कम हो जाते हैं तो कृषि वस्तुओं को सरकार खरीदने के लिए बाध्य है जिससे कृषकों को अधिक उत्पादन की हानि से संरक्षण प्राप्त होता है तथा अधिक उत्पादन हेतु प्रोत्साहन मिलता है।

2. मूल्य में अस्थिरता (Price Instability)

सामान्य रूप से यह देखा जाता है कि कृषि मूल्यों में उतार–चढ़ाव होता रहता है जो विभिन्न प्रकार से होता है:

(*i*) मौसमी उच्चावचन (Seasonal Flactuation)

(*ii*) चक्रीय-उच्चावचन (Cyclical Flactuation)

(*iii*) अनियमित उच्चावचन (Irregular Flactuation)

(*i*) मौसमी उच्चावचन (Seasonal Flactuation): जब फसल की कटाई हो जाती है तो उसकी पूर्ति बाजार में अधिक हो जाती है जिससे मूल्य में कमी हो जाती है क्योंकि उस समय कृषकों के पास उचित भण्डारण आदि की सुविधा नहीं होती हैं। कृषि उत्पाद प्राय: नाशवान होते हैं अत: उनकी निजी बिक्री बाजार में फसल के समय कर दी जाती है। इसके पश्चात् कुछ महीनों में कृषि उत्पादों की बाजार में माँग बढ़ जाती है तो उस समय मूल्य में वृद्धि हो जाती है क्योंकि उत्पादों की बाजार में कमी हो जाती है।

(*ii*) चक्रीय उच्चावचन (Cyclical Flactuation): मूल्यों में चक्रीय-उच्चावचन लम्बे समय के लिए होते हैं, जब बाजार में किसी वस्तु की माँग बढ़ती है तो उस समय वह उस फसल का उत्पादन अधिक क्षेत्रों में करता है जिससे पूर्ति अधिक हो जाती है। कुछ समय पश्चात् प्राकृतिक परिस्थितियाँ प्रक्षेत्र में बीज, उर्वरक सिंचाई, प्रक्षेत्र मशीनरी आदि की सुविधाएँ अनुकूल नहीं होती है तो उसके उत्पादन में कमी हो जाती है तथा लम्बे समय तक वह इस प्रकार समायोजित कर लेता है जिससे मूल्यों में उतार-चढ़ाव होता रहता है जो लगभग चार या पाँच वर्ष में ऐसी परिस्थितियाँ आती रहती हैं जिसे चक्रीय-उच्चावचन के नाम से जाना जाता है।

(*iii*) अनियमित उच्चावचन (Irregular Flactuation): कृषि मूल्यों में अनियमित उतार-चढ़ाव, प्राकृतिक आपदा, निर्यात, मौसम आदि अनेक कारणों से होते रहते हैं। ये निश्चित नहीं होते। ये उच्चावचन किसी भी समय हो सकते हैं।

मूल्यों में उतार-चढ़ाव को कम करने के लिए सरकार ने अनेक नीतियाँ अपनायी हैं, जैसे न्यूनतम समर्थन मूल्य, भण्डारण, खरीद मूल्य, लक्ष्यित लोक वितरण प्रणाली आदि अनेक उपाय किये हैं जिनसे मूल्यों में स्थिरता आती है जो एक सराहनीय कदम है, जिनकी अत्यन्त महत्त्वपूर्ण भूमिका है।

अविकसित देशों में पूर्ति को प्रभावित करने वाले कारक (Factors Affecting Supply in Under Developed Countries)

अविकसित देशों में कृषि वस्तुओं की पूर्ति को प्रभावित करने वाले निम्न मुख्य कारण हैं:

1. अविकसित देशों में प्राय: सिंचाई की सुविधाओं में कमी है जिससे उत्पादन में कमी हो जाती है तथा पूर्ति अच्छी नहीं हो पाती।
2. मौसमी वातावरण का फसल-चक्र, वर्षा आदि से कृषि वस्तुओं की पूर्ति प्रभावित होती है।
3. बीज, उर्वरक, कृषि सम्बन्धी मशीनरी आदि संसाधनों की कमी से अविकसित देशों की पूर्ति प्रभावित होती है।
4. अधिकाँश किसान लघु एवं सीमान्त पाये जाते हैं जिससे वे कृषि में उन्नति नहीं कर पाते क्योंकि उनके पास संसाधनों की कमी होती है। इस कारण उनका उत्पादन कम होता है जिससे पूर्ति प्रभावित होती है।
5. प्राय: कृषि उत्पादों के मूल्य में अस्थिरता होती है, जिससे उतार-चढ़ाव होते हैं एवं कृषकों का फसल क्षेत्र कम या अधिक हो जाता है। जब वह अधिक मूल्य देखकर दूसरे वर्ष फसल उगाता है

तो अत्यधिक उत्पादन से बाजार मूल्य गिर जाता है। अन्य वर्षों में फिर उत्पादन क्षेत्र कम कर देगा जिससे मूल्यों में अस्थिरता से पूर्ति प्रभावित होती है।

6. विकासशील राष्ट्र यू०एस०ए० एवं पश्चिमी यूरोपीय देश कृषि क्षेत्र की अविकसित अर्थव्यवस्था को स्वीकार नहीं करते जब कि अविकसित देश कृषि पर ही आधारित है। संसाधनों की कमी से जिनकी पूर्ति प्रभावित होती है।
7. अविकसित देशों में कृषि जीविकोपार्जन का साधन है जिसे वह कृषि व्यवसाय के रूप में नहीं करते हैं जिस कारण कृषि उत्पादों की पूर्ति प्रभावित होती है।

अभ्यास (Exercise)

चयनित प्रश्न (Selected Questions)

1. माँग और पूर्ति से क्या समझते हो? कृषि वस्तुओं से सम्बन्धित माँग और पूर्ति के महत्त्व का विस्तृत वर्णन कीजिए।
2. कृषि उत्पाद की माँग और पूर्ति को प्रभावित करने वाले कारकों की विस्तृत व्याख्या कीजिए।
3. माँग की लोच क्या है? माँग की लोच मापने की विधियों की सविस्तार व्याख्या कीजिए।
4. माँग की लोच को परिभाषित कीजिए? इसको प्रभावित करने वाले कारकों का वर्णन कीजिए।
5. मूल्य निर्धारण से क्या समझते हो? कृषि उत्पादों के मूल्य निर्धारण को उदाहरण सहित समझाइये।
6. साम्य कीमत क्या है? माँग और पूर्ति की शक्तियों द्वारा मूल्य निर्धारण का विस्तृत उल्लेख कीजिए।
7. संक्षिप्त टिप्पणी कीजिए:

(अ) माँग का नियम (ब) पूर्ति की लोच

(स) बाजार मूल्य (द) पूर्ति का नियम।

❑❑❑

8

विपणन दक्षता
(Marketing Efficiency)

परिचय (Introduction)

विपणन दक्षता से आशय जब बाजार में कोई वस्तु बिक्री हेतु आती है तो उत्पादक को बाजार में अनेक खर्चे वहन करने पड़ते हैं, जैसे कि परिवहन, भण्डारण, प्रसंस्करण करने की विधियों, बाजार के शुल्क, मध्यस्थों के कमीशन एवं कटौतियों को कम करके उपभोक्ता तक पहुँचती है। जिसमें लागत न्यूनतम हों और सुविधाएँ अधिकतम हों। इस प्रकार की बाजार व्यवस्था विपणन दक्षता कहलाती है, इसके विपरीत कार्य प्रणाली में विपणन दक्षता नहीं मानी जाती है।

कोई वस्तु बाजार में किस प्रकार कुशलतापूर्वक समुचित ढंग से कम से कम लागत में अधिकतम विपणन सुविधाएँ एवं सेवाएँ प्राप्त करते हुये उत्पादक से उपभोक्ता तक पहुँचती हैं, विपणन दक्षता कहलाती है। ऐसे बाजार दक्ष बाजार कहलाते हैं।

विपणन दक्षता से तात्पर्य कृषि वस्तुओं का विपणन की अधिकतम सेवाओं को प्राप्त करते हुए कम से कम लागत में उत्पादक से उपभोक्ता तक पहुँचने की प्रक्रिया है। बाजार में विपणन की अनेक प्रणालियाँ हैं जिस प्रणाली में लागत न्यूनतम हो तथा विपणन सेवाएँ अधिकतम हों, वह विपणन प्रणाली दक्ष मानी जाती है।

परिभाषा (Definition):

"कृषि वस्तुओं का उत्पादक से उपभोक्ता तक विपणन की अधिकतम सेवाओं को प्राप्त करते हुए विपणन की न्यूनतम लागत में पहुँचने की प्रक्रिया विपणन दक्षता कहलाती है।"

विपणन दक्षता सूचकांक (Marketing Efficiency Index): विपणन दक्षता सूचकांक विपणन दक्षता मापने की सापेक्षिक (Relative) विधि है। इसे प्रतिशत में मापा जाता है।

विपणन दक्षता की अवधारणा विस्तृत एवं गतिशील है। इसकी सैद्धान्तिक एवं व्यवहारिक ढंग से अनेक परिभाषाएँ प्रस्तुत की गई हैं।

कोहल्स एवं उहल (Kohals and Uhl) के आधार पर: विपणन दक्षता विक्रीत वस्तु की कीमत एवं विपणन लागत का आनुपातिक सम्बन्ध है। इस अनुपात में वृद्धि विपणन दक्षता में उन्नति एवं अनुपात में कमी विपणन दक्षता में कमी को प्रदर्शित करता है। संतुष्टि के समान स्तर पर लागत में कमी या एक दी हुई लागत में सन्तुष्टि में वृद्धि का विपणन दक्षता में उन्नति को प्रदर्शित करता है।

"Marketing efficiency is the ratio of market (satisfaction) to marketing input (cost of resourses). An increase in this ratio represents improved efficiency and a decrease denotes reduced efficiency. A reduction in the cost for the same lavel of satisfaction or an increase in the satisfaction at a given cost result in the improvement in the efficiency."

"जब कोई वस्तु उत्पादक से उपभोक्ता तक विपणन की अधिक से अधिक सेवाओं को प्राप्त करते हुए (अधिकतम संतुष्टि) कम से कम लागत में पहुँचती है, विपणन दक्षता कहलाती है।"

यदि विपणन लागत में कमी उपभोक्ता संतुष्टि में कमी के बिना होती है तो यह विपणन दक्षता की ओर संकेत करती है। विपणन दक्षता को तकनीकी एवं कीमतों में सुधार करके बढ़ाया जा सकता है जैसे वस्तुओं के भण्डारण, परिवहन, विक्रय करने की विधियों एवं विधायन प्रक्रियाओं आदि इनके द्वारा भौतिक रूप से उत्पाद की हानियों को कम किया जा सकता है। उत्पादक, उपभोक्ता, व्यापारी, प्रसंस्करण एवं समय आदि विपणन दक्षता को प्रभावित करती हैं इसमें समन्वय होना अतिआवश्यक है।

इन सबका समुचित समन्वय (Co-ordination) एवं संयोग से विपणन दक्षता में वृद्धि हो जाती है। विपणन दक्षता में वृद्धि हेतु सरकार ने अनेक कदम उठाये हैं। विपणन दक्षता से उपभोक्ता मूल्य में उत्पादक के हिस्से में वृद्धि हो जाती है। मध्यस्थों की श्रृंखला में कमी होनी आवश्यक है। दोषपूर्ण बिक्री के ढंग में सुधार करके विपणन दक्षता में वृद्धि की जा सकती है। बाजार की अधिकतम विपणन सेवाएँ भी प्राप्त हों तथा विपणन लागत में भी कमी हो, साथ ही उत्पादक को अधिकतम संतुष्टि हो। विपणन दक्षता मापने की विधियाँ एक सूत्र द्वारा व्यक्त की जा रही है।

विपणन दक्षता की गणना (Empirical Assesement of Marketing)

कृषि वस्तुओं की विपणन दक्षता मापने की सरल विधियाँ प्रस्तुत की गई हैं। इसकी अनेक विपणन प्रणालियाँ हैं।

निर्गत-आगत अनुपात (Ratio of output to Input)

निर्गत-आगत (Output-Input) की विधि द्वारा विपणन दक्षता को मापने की विधि निम्न सूत्र द्वारा प्रदर्शित की जा रही है।

$$E = \frac{O}{I} \times 100$$

E = Index of Marketing Efficiency (विपणन दक्षता सूचकांक)

O = Output (निर्गत)

I = Input (आगत)

E का मूल्य यदि अधिक है तो विपणन दक्षता उच्च है और यदि E का मूल्य कम है तो विपणन दक्षता निम्न है।

विपणन दक्षता (Marketing Efficiency)

दो काल्पनिक बाजारों की विपणन दक्षता
(Marketing Efficiency of two Hypothetical Markets)

क्र० सं० (S. No.)	विवरण (Particulars)	बाजार A (Market A)	बाजार B (Market B)
1	कुल विपणन लागत (Total Marketing cost) ₹/ton (I)	300	500
2	निर्गत का संवर्धित मूल्य (Output Value added) (O)	900	2500
3	विपणन दक्षता (Marketing Efficiency) (E)	300	500

उपरोक्त तालिका में दो बाजार A एवं B प्रदर्शित किये गये हैं जिसमें विपणन लागत तथा संवार्धित मूल्य दोनों दिये गये हैं। बाजार A (Market A) की विपणन दक्षता 300 प्रतिशत है। तथा बाजार B (Market B) की विपणन दक्षता 500 प्रतिशत है।

अतः स्पष्ट है कि बाजार B (Market B) की विपणन दक्षता, बाजार A (Market A) की विपणन दक्षता से अधिक है। यद्यपि बाजार B की विपणन लागत बाजार A की विपणन लागत से अधिक है। विपणन दक्षता मापने में निर्गत मूल्य (Output Value Added) को कुल विपणन लागत (Total Marketing Cost) से बाजार A में 3 बार विभाजित किया गया जबकि बाजार B में विपणन लागत से निर्गत मूल्य को पाँच बार विभाजित किया गया है। यद्यपि विपणन लागत बाजार B में बाजार A की अपेक्षा अधिक है। अतः विपणन दक्षता सूत्र के आधार पर बाजार B बाजार A की तुलना में अधिक दक्ष है।

शेफर्ड सूत्र के आधार पर विपणन दक्षता (Marketing Efficiency According to Shephard's Formula)

विपणन दक्षता का संशोधित सूत्र प्रो० शेफर्ड ने प्रतिपादित किया है। इन्हीं के नाम से सूत्र का नाम शेफर्ड सूत्र के नाम से जाना जाता है। विपणन मापने की यह महत्त्वपूर्ण विधि है।

विक्रीत वस्तु का कुल मूल्य एवं विपणन लागत के अनुपात को प्रदर्शित किया जाता है। यदि इसका अनुपात अधिक है, उच्च है तो विपणन दक्षता उच्च है। यदि अनुपात निम्न है तो विपणन दक्षता निम्न है।

शेफर्ड सूत्र (Shephard's Formula)

Where :

$$ME = \left(\frac{V}{I} - 1\right)100$$

जहाँ, ME = Index of Marketing efficiency (विपणन दक्षता सूचकांक)

V = Value of Goods sold or price paid by the consumer (विक्रीत वस्तु का मूल्य या उपभोक्ता द्वारा अदा की गई कीमत) (फुटकर कीमत)

I = Total Marketing cost or Input of Marketing (कुल विपणन लागत या विपणन आगत)

इस विधि में मूल्य संवर्धन (Value added) की समस्या को हटा दिया गया है। विपणन दक्षता मापने के शेफर्ड के संशोधित सूत्र के आधार पर बाजार में दो प्रणालियों के द्वारा विपणन दक्षता को प्रदर्शित किया गया है। सेव (Apple) की बिक्री हेतु शृंखला I (Channel I) एवं तथा शृंखला II (Channel II) द्वारा व्यक्त किया गया है। शृंखला I में सेव की बिक्री सेव की तोड़ाई से पूर्व ठेकेदारी (Pre-harvesting Contractor) तथा शृंखला II में सीधी बिक्री (Direct Sale) की प्रणालियों के आधार पर विपणन दक्षता की गणना की गई है। जिसे निम्न तालिका द्वारा प्रस्तुत किया गया है।

विपणन दक्षता की गणना
(Estimates of marketing efficiency of two hypothetical markets)
सेव (Apple) ₹ 7000/– प्रति कुन्तल

क्र०सं० (S.No.)	विवरण (Particulars)	शृंखला I (Channel I) ठेकेदारी द्वारा बिक्री (Contract Sale)	शृंखला II (Channel II) प्रत्यक्ष बिक्री (Direct Sale)
1.	कुल विपणन लागत (Total Marketing cost) (I)	1500	1200
2.	फुटकर व्यापारी का विक्रय या उपभोक्ता का क्रय मूल्य (Retailer's Sale Price or Consumer's Purchase Price) (O)	7000	7000
3.	विपणन दक्षता का शेफर्ड सूचकांक (Shephard's Index of Marketing efficiency) (E)	4.66	5.83
4.	संशोधित विधि (Modified Method)	3.66	4.83

उपरोक्त तालिका में शृंखला I (Channel I) में सेव के (Contract Sale) ठेकेदारी द्वारा विक्रय तथा शृंखला II (Channel II) में सीधे विक्रय (Direct Sale) को प्रदर्शित किया गया है।

तालिका द्वारा स्पष्ट है कि सेव की ठेकेदारी द्वारा विक्रय (Channel I) की तुलना में प्रत्यक्ष (सीधी) बिक्री (Direct Sale) की विपणन दक्षता उच्च है। यह गणना शेफर्ड सूत्र के आधार पर की गई है।

विपणन दक्षता
(Marketing Efficiency)

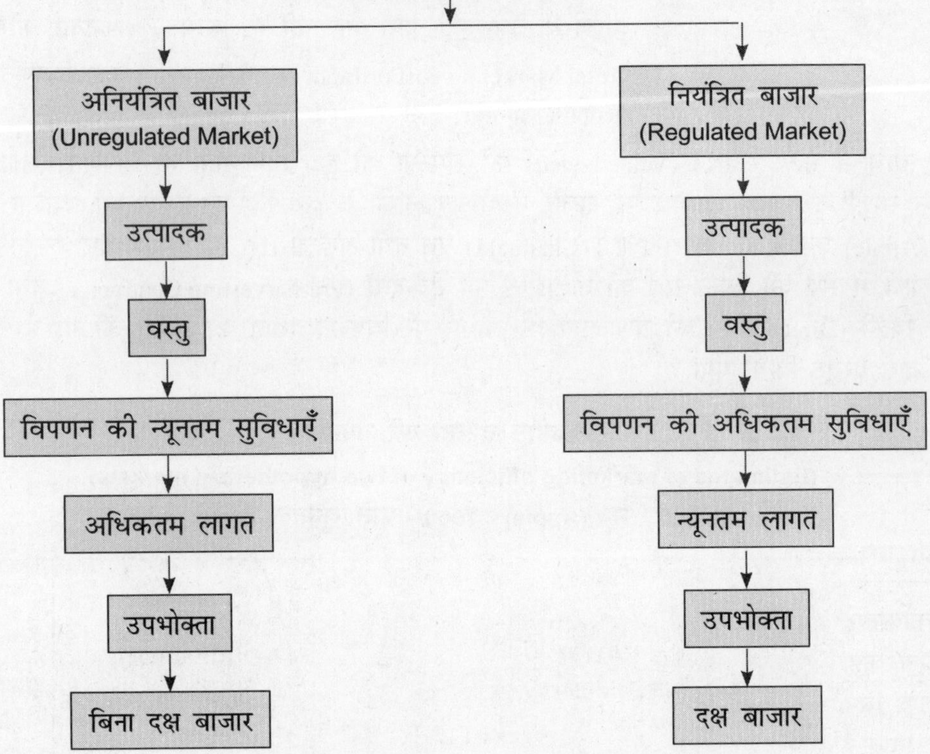

अभ्यास (Exercise)

चयनित प्रश्न (Selected Questions)

1. विपणन दक्षता को परिभाषित कीजिए? विपणन दक्षता में वृद्धि हेतु उपायों का विस्तृत वर्णन कीजिए।
2. विपणन दक्षता से आप क्या समझते हो? दक्षतापूर्ण विपणन प्रणाली की विस्तृत विवेचना कीजिए।
3. कृषि विपणन दक्षता को कैसे मापा जा सकता है? इसकी मापने की विधियों का सविस्तार वर्णन कीजिए।
4. विपणन दक्षता क्या है? इसकी गणना शेफर्ड सूत्र द्वारा किस प्रकार करेंगे, इसको विस्तार से समझाइये।
5. यह बाजार दक्षतापूर्ण बाजार है। इस कथन की पुष्टि उदाहरण सहित कीजिए।

❑❑❑

9

बाजार एकीकरण
(Market Integration)

अवधारणा (Concept)

एकीकरण (Integration) से तात्पर्य यह है कि एक बाजार में एक उद्योग के सम्बन्ध को प्रदर्शित करना एकीकरण कहलाता है। एकीकरण द्वारा एक उद्योग की दक्षता उसके संचालन से प्रभावित होती है। एकीकृत बाजार एवं बिना एकीकृत बाजारों की दक्षता में विभिन्नता होती है। कुछ बाजार अधिक दक्ष होते हैं जिनमें लाभ अधिक प्राप्त होता है जो बाजार दक्ष नहीं हैं उनमें अल्प मात्रा में लाभ प्राप्त हो जाता है। बाजार एकीकरण के सम्बन्ध में अनेक अर्थशास्त्रियों द्वारा विभिन्न परिभाषाएं दी गई हैं:

परिभाषा (Definition):

कोहल्स एवं उहल ने बाजार एकीकरण को इस प्रकार परिभाषित किया है- इस प्रकार बाजार एकीकरण वह प्रक्रिया है जो यह प्रकट करती है कि एक प्रबन्ध स्वामित्व के अन्तर्गत एक उद्योग में एक अतिरिक्त विपणन कार्यों या प्रक्रियाओं को सम्पादित किया जाता है।

"Kohals and Uhl have defined market integration as a process which refers to the expansion of firms by consolidating additional marketing functions and activities under a single management."

–Kohals and Uhl

उदाहरणस्वरूप एक स्वामित्व या प्रबन्ध के अन्तर्गत खाद्यान्न वस्तुओं का थोक व्यापारी एक फुटकर व्यापार का भी कार्य करता है जैसे एक दुग्ध व्यापारी दुग्ध एकत्रीकरण के तथा वह दुग्ध के विधायन का भी कार्य करता है। यह निम्न प्रकार का होता है:

1. क्षैतिज एकीकरण (Horizontal Integration)
2. ऊर्ध्वाधर एकीकरण (Vertical Integration)

1. क्षैतिज एकीकरण (Horizontal Integration): जब उद्योग या कोई एजेन्सी समान स्तर वाली एजेंसियों के साथ संयुक्त रूप से कार्य करती है वे होरिजन्टल इन्टीग्रेसन कहलाता है। इनका एक संघ होता है जो उसके सदस्य होते हैं उन्हें उसका लाभ मिलता है जो उसकी सदस्यता ग्रहण करते हैं उनकी विपणन

लागत में कमी आती है तथा यह व्यापारियों के हित में होता है, उपभोक्ताओं या क्रय करने वालों के हित में नहीं होता है।

2. ऊर्ध्वाधर एकीकरण (Vertical Integration): जब एक स्वामित्व या प्रबन्ध के अन्तर्गत कोई उद्योग में एक से अधिक कार्य सम्पादित किये जाते हैं वह वर्टिकल इंटीग्रेसन कहलाता है। जब आटा मिल थोक विक्रय के साथ फुटकर विक्रय का काम करती है। इसके द्वारा विपणन लागत में कमी आती है इससे बाजार की शक्ति बढ़ जाती है। उसके व्यापार का विस्तार अधिक हो जाता है। इसके विपणन मध्यस्थों की शृंखला भी कम हो जाती है। यह दो प्रकार का होता हैं– *(i)* अग्रणी बाजार (Forward Market); *(ii)* पिछड़ा बाजार (Backward Market)।

(i) *अग्रणी बाजार (Forward Market)*: इसके अन्तर्गत एक स्वामित्व के अन्तर्गत जब एक से अधिक कार्य किये जाते हैं वह फार्वर्ड मार्केट या अग्रणी बाजार कहलाता है। उदाहरणार्थ थोक विक्रेता जब फुटकर लेन-देन का भी कार्य करता है।

(ii) *पिछड़ा बाजार (Backward Market)*: जब एक स्वामित्व या प्रबन्ध के अन्तर्गत कोई दुग्ध प्रशोधन उद्योग, पहले गाँवों से दूध एकत्रित करता है तथा इसके बाद विधायन करके शहरों में उपभोक्ताओं तक पहुँचाता है।

(iii) *समूह एकीकरण (Conglomeration Integration)*: एजेंसियों का ऐसा संयोग जो सीधे तौर पर एक-दूसरे से सम्बन्धित नहीं है परन्तु जब ये संयुक्त प्रबन्ध के अन्तर्गत परिचालन या सम्पादन का कार्य करती हैं वह काँग्लोमेरेशन कहलाती है। इसे एक उदाहरण द्वारा व्यक्त किया जा सकता है। हिन्दुस्तान लिवर लिमिटेड एवं देलही क्लाथ एवं जनरल मिल्स (क्लाथ एवं वनस्पति) इत्यादि।

बाजार एकीकरण से लाभ (Advantages of Market Integration)

बाजार एकीकरण से निम्न लाभ हैं:

1. बाजार एकीकरण से अनेक लाभ हैं जैसे क्षैतिक एकीकरण (Horizontal Integration) से व्यापारियों को अधिक लाभ होता है साथ ही संघ में उद्योगों में बडे पैमाने की बचतें प्राप्त होती हैं। इसके अतिरिक्त व्यापार में विशिष्टीकरण प्राप्त हो जाता है।
2. ऊर्ध्वाधर एकीकरण (Vertical Integration) से एक से अधिक कार्य करने से अधिक लाभ प्राप्त होता तथा बाजार की उन्नति के कारण लागत में कमी तथा बाजार की दक्षता में वृद्धि हो जाने से लागत कम आती है जो इसका मुख्य उद्देश्य है।
3. ऊर्ध्वाधर एकीकरण (Vertical Integration) से बाजार की उन्नति होने से बाजार की शक्ति में वृद्धि हो जाती है।
4. ऊर्ध्वाधर एकीकरण (Vertical Integration) के अन्तर्गत जब थोक विक्रेता फुटकर विक्रय का कार्य भी करता है तो इसकी दक्षता बढ़ जाती है तथा उसे अधिक लाभ प्राप्त होता है।
5. समूह एकीकरण (Conglomeration Integration) के अन्तर्गत उद्योगों के संयुक्त हो जाने से विविधीकरण द्वारा जोखिम में कमी आ जाती है।

इस प्रकार से हम इस निष्कर्ष पर पहुँचते हैं कि एक व्यापारी के लिए बाजार एकीकरण से अनेक महत्त्वपूर्ण लाभ हैं जिनका उपयोग कर वह अधिकतम लाभ प्राप्त कर सकता है।

अभ्यास (Exercise)

चयनित प्रश्न (Selected Questions)

1. बाजार एकीकरण से आप क्या समझते हो? इसके विभिन्न रूपों का सविस्तार वर्णन कीजिए।
2. बाजार एकीकरण क्या है? क्षैतिज एकीकरण एवं उर्ध्वाधर एकीकरण में अन्तर स्पष्ट कीजिए।
3. बाजार एकीकरण की क्या अवधारणा है? उर्ध्वाधर एकीकरण का सविस्तार वर्णन कीजिए।
4. बाजार एकीकरण में एक स्वामित्व या प्रबन्ध के अन्तर्गत एक उद्योग में एक अतिरिक्त विपणन कार्यो को सम्पादित किया जाता है। इस कथन की पुष्टि कीजिए।
5. बाजार एकीकरण से क्या लाभ है? इसकी विस्तृत व्याख्या कीजिए।

❑❑❑

10

वायदा व्यापार
(Futures Trading)

वायदा बाजार से अभिप्राय कृषि वस्तुओं के मूल्यों में परिवर्तन या उतार-चढ़ाव का एक उपाय है जिसके अन्तर्गत वस्तुओं का भविष्य की तिथि में लेन-देन किया जाता है, वायदा व्यापार कहलाता है।

वायदा व्यापार कृषि वस्तुओं के मूल्यों में उतार-चढ़ाव या उच्चावचन से सुरक्षा की एक युक्ति है। कृषि उत्पादों के भण्डारण के लिए भण्डारकर्ता, प्रशोधनकर्ता एवं उत्पाद-निर्मितकर्ता को अनेक समस्याओं का सामना करना पड़ता है। मूल्यों में वृद्धि या कमी से उन्हें जोखिम भी झेलना पड़ता है। इसको कम करने के लिए वायदा व्यापार (Futures Trading) को अपनाया जाता है।

वायदा व्यापार के अन्तर्गत बाड़ (Hedging) एवं सट्टा (Speculation) दोनों प्रकार के व्यापार समाविष्ट किये जाते हैं। कुछ समय से वायदा व्यापार को 'हेज ट्रेडिंग' एवं वायदा बाजार को 'हेज मार्केट' (Hedge Market) के नाम से जाना जाता है।

वायदा व्यापार की स्थापना एवं विकास (Establishment and Evolution of Futures Trading)

वायदा व्यापार की स्थापना उन्नीसवीं शताब्दी के अन्त में हुई जिसे वस्तुओं के विभिन्न समूहों के आधार पर स्थापित किया गया। सर्वप्रथम कपास वायदा व्यापार (Cotton Futures Trading) का प्रारम्भ बम्बई में हुआ जिसे यूरोपियन ने अपने हाथ में लिया था। सन् 1875 में बाम्बे काटन ट्रेड एसोसिएशन (Bombay Cotton Trade Association) मुम्बई कपास व्यापार संघ द्वारा प्रथम बार वायदा बाजार का विकास एवं संगठन हुआ। इसी प्रकार तिलहन के लिए 1890 में बम्बई में, गेहूँ के लिए हापुड़ 1913 में, जूट के कच्चे माल के लिए 1912 में कोलकाता में स्थापित किये गये तथा इसके अतिरिक्त अन्य स्थानों में वायदा बाजारों को स्थापित किया गया। वायदा व्यापारों के अन्तर्गत सट्टा बाजार जो असंवैधानिक रूप से चल रहे थे उन्हें वायदा संविदा नियंत्रण अधिनियम, 1952 (Forward Contract Regulation Act, 1952) के अन्तर्गत नियंत्रित किया गया जो कि सितम्बर 1953 में वायदा बाजार वस्तुओं को कार्यान्वित करने की स्थापना हो गई।

इसके पश्चात् वायदा बाजार को सुदृढ़ता एवं विकसित करने के उद्देश्य से भारत सरकार ने 'वायदा बाजार समीक्षा समिति' (Forward Market Review Committee) की स्थापना एम०एल० दन्तवाला की अध्यक्षता में की।

वायदा व्यापार हेतु उपयुक्त वस्तुएँ (Commodities Suitable for Futures trading)

1. वायदा व्यापार हेतु उन वस्तुओं का प्रयोग करना चाहिए जो कम नाशवान हों।
2. भविष्य में उत्पादों का भण्डारण किया जा सके।
3. वस्तुओं की भावी माँग के अनुरूप ही भण्डारण किया जाए।
4. उपभोक्ताओं द्वारा माँग की सम्भावना अधिक हो।
5. उत्पादों की पूर्ति अल्प मात्रा में न होकर अधिक मात्रा में होनी चाहिए।
6. उत्पादों में समानता होनी चाहिए जिससे ग्रेडिंग (वर्गीकरण) में समस्या न हो।
7. मूल्यों में उतार-चढ़ाव विस्तृत क्षेत्र में होना चाहिए।

वायदा बाजार में सेवाएँ (Services Renderd by Futures Market)

1. वायदा बाजार में व्यापारियों, भण्डारणकर्ता एवं प्रशोधनकर्ता द्वारा मूल्यों के उतार-चढ़ाव के जोखिम को कम करने हेतु वस्तुओं का भण्डारण किया जाता है।
2. वायदा बाजार में कम समय में भारी मात्रा में वस्तुओं का क्रय-विक्रय होता है।
3. वायदा बाजार में भण्डारण करने वाले व्यापारी लगातार वस्तुओं के वर्तमान एवं भावी माँग की पूर्ति में परिवर्तन एवं मूल्यों के सम्बन्ध में जानकारी रखते हैं।

विपणन में जोखिम (Risk in Marketing)

विपणन में जोखिम का होना इसका मूलाधार है। इसके बिना किसी व्यवसाय को करना असम्भव है। प्रत्येक उद्यम में पहले से ही जोखिम सहन करने की क्षमता अवश्य होनी चाहिए। जैसे किसी के मूल्य में कमी हो जाना, वस्तुओं की रुचि, फैशन अथवा आदतों में परिवर्तन हो जाने से बिक्री प्रभावित होती है जिससे मध्यस्थों को भारी जोखिम उठानी पड़ती है। जहाँ लाभ है वहाँ हानि भी अवश्य है इसको विपणन से पृथक नहीं किया जा सकता। विशेषकर कृषि उत्पादों में जो अधिकाँशतया शीघ्र ही नाशवान होते हैं। अतः कृषि विपणन में जोखिम को वहन करना अति आवश्यक है।

जोखिम के प्रकार (Types of Risk)

विपणन में जोखिम के निम्न प्रकार हैं:

1. भौतिक जोखिम (Physical Risk): उत्पाद की मात्रा में कमी हो जाने से अधिक जोखिम है। यह मुख्य रूप से तापमान, मौसम, बाढ़, भण्डारण में कमी, समुचित प्रकार से सावधानी न रखने से भौतिक रूप से उत्पादों में कमी हो जाती है।
2. मूल्य जोखिम (Price Risk): एक वर्ष के अन्दर मूल्यों में उतार-चढ़ाव हो जाने से अत्यधिक जोखिम है।

3. संस्थागत जोखिम (Institution): जैसे सरकारी नीतियों में परिवर्तन होना, सरकारी बजट नीति, लेवी, कीमत नियंत्रण एवं आयात-निर्यात आदि।

जोखिम को कम करने के उपाय (Measures to Minimize Risk)

जोखिम को निम्न प्रकार कम किया जा सकता है:

1. उत्पादों के भौतिक जोखिम को उत्तम कोटि के भण्डारण एवं अच्छी परिवहन सुविधाओं को प्रदान करके कम किया जा सकता है।
2. बीमा आदि सुविधाओं से भौतिक जोखिम को कम किया जा सकता है।
3. सरकारी नीतियों जैसे समर्थन मूल्य, बाजार की सूचनाएँ कृषकों को समय से प्राप्त होना एवं प्रचार-प्रसार का प्रभावशाली माध्यम आदि के द्वारा जोखिम को कम किया जा सकता है।
4. वायदा बाजार जैसे सट्टा बाजार, हेजिंग एवं वायदा खेती आदि द्वारा जोखिम को कम किया जा सकता है।
5. बाजार की विपणन प्रणाली में सुधार करके अनेक जोखिम को कम कर सकते हैं।

वायदा बाजार (Futures Market)

वायदा बाजार के अन्तर्गत वर्तमान में भविष्य की किसी निंश्चित तिथि पर जब वस्तुओं का लेन-देन (Transactional) करते हैं तो उसे वायदा बाजार (Futures Market) कहते हैं।

वायदा बाजार केवल कृषि वस्तुओं तक ही सीमित नहीं है बल्कि विद्यालयों का शुल्क, मैंगजीन या पत्रिकायें जिनमें कीमतें पूर्व ही अदा कर दी जाती हैं। इसमें ग्राहकों एवं व्यापारियों के मध्य कीमतों की गारण्टी हो जाती है। Futures Market भविष्य में वस्तुओं के विक्रय की एक प्रकार की निश्चतता एवं प्रतिज्ञा (Promises) है।

वायदा बाजार में कृषि वस्तुएँ जैसे खाद्यान्न फसलें गेहूँ, चावल, चना, दलहन एवं खाद्य तेलों का बाजार होता है तथा धातु वस्तुओं में सोने-चाँदी का व्यापार होता है। आधुनिक युग में वायदा बाजार का कारोबार (Commodity Exchange) ऑन लाइन होता है। ऑन लाइन भावी सूचनाएँ प्राप्त होती हैं तथा लेन-देन भी ऑन लाइन होता है। वर्तमान में भविष्य की किसी तिथि पर व्यापार होता है। फसलों के उत्पाद आने के 6 माह पूर्व ही व्यापारी कीमतें या अनुमान लगाते हैं तथा उसी आधार पर वायदा बाजार के अन्तर्गत वस्तुओं का क्रय-विक्रय होता है। तकनीकी विज्ञान के द्वारा वायदा बाजार में अत्यधिक उन्नति एवं विकास हुआ है।

वायदा बाजार सट्टा एवं हेजिंग (Speculation and Hedging in Future Market)

व्यापार में कीमतों के उतार-चढ़ाव के जोखिम को कम करने के लिए सट्टा एवं हेजिंग (Speculation and Heding) एक महत्त्वपूर्ण रास्ता है।

सट्टा (Speculation): सट्टा बाजार के आधारभूत तथ्य निम्नलिखित हैं-

1. सट्टा बाजार में किसी वस्तु का क्रय-विक्रय भविष्य की तिथि पर होता है जब कीमतें अनुकूल होती हैं।

2. व्यापारी का मुख्य उद्देश्य अधिकतम लाभ कमाना होता है जब वस्तुएँ सस्ती होती हैं तो उसे क्रय कर लेते हैं और मँहगी होने पर विक्रय कर देते हैं।
3. यह व्यापार में वर्तमान समय में प्रवेश करता है।
4. वस्तुओं की भौतिक मात्रा का लेन-देन कुछ वस्तुओं को छोड़कर कोई आवश्यक नहीं है केवल मूल्यों के अन्तर को ही दिया-लिया जाता है।
5. सट्टा व्यापारी नियमित रूप से वस्तुओं का क्रय-विक्रय नहीं करता इनका कोई नियमित व्यापार नहीं होता।
6. सट्टा व्यापारी निरन्तर कीमतों की जानकारी प्राप्त करता रहता है।
7. सट्टा व्यापारी अधिकतम लाभ के उद्देश्य से भविष्य में होने वाली कीमतों का अनुमान लगाकर ही वस्तुओं का भण्डारण करता है।

सट्टा व्यापार में दो प्रकार के व्यापारी संलग्न रहते हैं:

1. समुचित सट्टा व्यापारी (Proper Speculation): समुचित सट्टा व्यापारी वह जो बाजार की प्रतिदिन सूचनाएँ प्राप्त करता है तथा अपनी शक्ति के अनुरूप भविष्य की कीमतों में होने वाले उतार-चढ़ाव का ज्ञान समुचित रूप से करता रहता है इसको समाज में सम्मान प्राप्त होता है। इसका व्यापार भविष्यवाणी पर ही आधारित है। यदि कीमतें इसके अनुरूप हैं तो अत्यधिक लाभ, प्रतिकूल होने पर अत्यधिक हानि भी होती है। इसके अन्तर्गत बड़ी या भारी मात्रा में वस्तुओं का लेन-देन होता है।

2. असंवैधानिक सट्टा व्यापारी (Illegitimate Speculation): यह व्यापार को जुए का खेल मानता है। यह वस्तुओं की कृत्रिम रूप से कमी कर देता है। वस्तुओं का बाजार में अभाव कर देता है जिससे बाजार में वस्तुओं के दाम बढ़ जाते हैं। कीमतों में अत्यधिक वृद्धि हो जाती है जिससे समाज को संकट के दौर से गुजरना पड़ता है। इनका उद्देश्य भारी मात्रा में लाभ कमाना होता है। ऐसे व्यापारियों को सरकार द्वारा निषेध या रोक रहती है। ये समाज द्वारा स्वीकार नहीं किये जाते हैं।

हेजिंग (Hedging): हेजिंग कीमतों के उतार-चढ़ाव (Price Fluctuation) के जोखिम को कम करने की एक तकनीक है। जब वस्तुओं की कीमतें बहुत अधिक गिर जाती हैं या कम हो जाती हैं तो उससे यह सुरक्षा करने का काम करती है।

परिभाषा (Definition): शेफर्ड (Shepherd) ने हेजिंग को इस प्रकार परिभाषित किया है-"Hedging is a executing opposite sales are purchages in the future market to offset the purchages or sales physical products made in the cash market."

हाफमैन (Hoffman) के अनुसार-"Hedging is the practice of buying and selling futures to off-set an equal and opposite in the cash market and thus avoid the risk of uncertain changes in the prices."

उपरोक्त परिभाषाओं के आधार पर हम कह सकते हैं कि हेजिंग (Hedging) में वस्तुओं का क्रय एवं विक्रय वायदा बाजार एवं नकद बाजार में एक साथ समान मात्रा में होता है। जितनी मात्रा वायदा बाजार में खरीदी या बेची जाती है इसके विपरीत नकद बाजार में उतनी ही मात्रा खरीदी एवं बेची जाती है। इसमें न तो अधिक लाभ होता है और न ही अधिक हानि होती है।

हेजिंग की मान्यताएँ (Assumptions of Hedging)

हेजिंग निम्न मान्यताओं पर आधारित हैं:

1. भविष्य एवं नकद बाजार की वस्तुओं की कीमतों में वृद्धि एवं कमी एक साथ होती है।
2. हेजिंग में लेन-देन एक साथ होता है जो वायदा बाजार एवं नकद बाजार में क्रय-विक्रय की विपरीत दिशा में होता है।
3. वस्तु की मात्रा विपरीत क्रय-विक्रय में समान रहती है।

हेजिंग से लाभ (Advantages of Hedging)

1. हेजिंग के अन्तर्गत वस्तुओं का क्रय-विक्रय करने पर व्यापारी को होने वाली जोखिम से सुरक्षा प्रदान करती है।
2. हेजिंग में व्यापारी को केवल सामान्य लाभ होता है अर्थात् बहुत थोड़ा लाभ मिलता है।
3. हेजिंग से व्यापारी को बहुत अल्प मात्रा में लाभ प्राप्त होता है जिससे उसे ज्यादा जोखिम नहीं वहन करना पड़ता।
4. हेजिंग से व्यापारी को वस्तुओं की कीमतों में उच्चावचन (Price Fluctuation) का विशेष प्रभाव नहीं पड़ता।
5. हेजिंग में वस्तु का भण्डारण करना आवश्यक नहीं है केवल मूल्यों के अन्तर को ही दिया या लिया जाता है।

सट्टा एवं हेजिंग में अन्तर
(Difference between speculation and hedging)

सट्टा (Speculation)	हेजिंग (Hedging)
1. सट्टा के अन्तर्गत वस्तुओं का क्रय-विक्रय वायदा बाजार एवं नकद बाजार दोनों में होता है। इसमें व्यापारियों का उद्देश्य लाभ कमाना होता है।	1. हेजिंग में व्यापारी वस्तुओं का क्रय-विक्रय वायदा बाजार में एवं नकद दोनों में करते हैं। उसका मुख्य उद्देश्य कीमतों में अधिक वृद्धि हो जाने पर सुरक्षा करती है।
2. इसमें वस्तु का क्रय-विक्रय एक-दूसरे की विपरीत दिशा में आवश्यक नहीं है।	2. इसमें वस्तुओं का क्रय-विक्रय एक-दूसरे की विपरीत दिशा में होना आवश्यक है।
3. इसमें लेन-देन समान मात्रा में होना आवश्यक नहीं है।	3. इसमें लेन-देन समान मात्रा में होना आवश्यक है।
4. इसके अन्तर्गत जब वस्तुएँ सस्ती होती हैं तो क्रय कर लेते हैं तथा कीमतें वृद्धि होने पर विक्रय कर देते हैं।	4. इसके अन्तर्गत वस्तुओं का भण्डारण आवश्यक नहीं होता केवल अन्तर को ही देते-लेते हैं।

नकद एवं भविष्य में लेन-देन को निम्नलिखित, काल्पनिक आँकड़ों के आधार पर व्यक्त कर सकते हैं। हेजिंग को एक उदाहरण द्वारा प्रदर्शित किया गया है।

हेजिंग लेन-देन का उदाहरण द्वारा प्रदर्शन
(Hedging Transactions Illustrated by example)

नकद लेन-देन (Cash Transaction)	भविष्य लेन-देन (Future Transaction)
1. नकद लेन-देन के अन्तर्गत एक व्यापारी जनवरी 21 को 500 कुन्तल गेहूँ 2000 रुपये प्रति कुन्तल की दर से खरीदता है।	1. भविष्य लेन-देन के अन्तर्गत एक व्यापारी जनवरी 21 को 500 कुन्तल गेहूँ भविष्य में जून में 2050 रुपये प्रति कुन्तल की दर से विक्रय कर देता है।
2. जनवरी 28 को 500 कुन्तल गेहूँ 1900 रुपये प्रति कुन्तल की दर से विक्रय कर देता है।	2. जनवरी 28 को 500 कुन्तल गेहूँ भविष्य में जून में 1950 प्रति कुन्तल रुपये में क्रय कर लेता है।
नकद लेन-देन में रुपये 100 प्रति कुन्तल की हानि होती है।	भविष्य लेन-देन में रुपया 100 प्रति कुन्तल का लाभ प्राप्त करता है।

उपरोक्त उदाहरण द्वारा यह स्पष्ट होता है कि नकद लेन-देन में लाभ या हानि, भविष्य लेन-देन द्वारा हानि या लाभ की क्षतिपूर्ति हो जाती है। इसमें नकद एवं भविष्य बाजारों के लेन-देन में कीमतें एक साथ बढ़ती घटती हैं। हेजिंग के अन्तर्गत बहुत से व्यापारी व्यापार का कार्य कर रहे हैं। मूल्यों के उतार-चढ़ाव से उनकी सुरक्षा होती है क्योंकि एक ही समय में जितना क्रय करता है उतना विक्रय भी कर देता है। इस प्रकार दो विपरीत उत्तरदायित्व एक-दूसरे को सन्तुलित करते हैं।

वायदा बाजार में सट्टा (Speculation) एवं हेजिंग (Hedging) दोनों समाविष्ट होते हैं। वायदा बाजार (Futures Trading) आधुनिक युग में अति आवश्यक हो गया है। वस्तुओं का क्रय-विक्रय ऑन लाइन हो गया है मण्डियों को ई-बाजार (e-market) से सम्बद्ध कर दिया गया है। वर्तमान में वायदा बाजार (Futures Market) की महती भूमिका है। इसके द्वारा आसानी से वस्तुओं का लेन-देन हो जाता है।

संविदा या अनुबन्ध खेती (Contract Farming)

आजकल संविदा खेती अत्यन्त महत्त्वपूर्ण हो गई है। इसे अनुबन्ध खेती या ठेकेदारी खेती के नाम से भी सम्बोधित किया जाता है। संविदा खेती कृषक एवं उद्योगपतियों के आपसी तालमेल से सम्भव होती है। यह खेती निजीकरण में कृषि के विकास एवं उन्नति हेतु प्रभावशाली कदम है। इसमें कृषक एवं कम्पनियाँ दोनों ही लाभान्वित होते हैं। अभावग्रस्त कृषकों के लिए वित्तीय व्यवस्थाएँ, उत्तम प्रकार के बीज, उर्वरक एवं विधायन सम्बन्धी समस्याओं का निवारण हो जाता है जिससे उनके उत्पादन में वृद्धि के साथ-साथ तथा उन्हें उत्पाद का समुचित मूल्य भी मिल जाता है। कृषि का व्यवसायीकरण हो जाने से इसका महत्व अधिक बढ़ गया है। उत्पादों की गुणवत्ता होने से हमारे उत्पाद वैश्विक बाजार में टिक सकेंगे। इसमें संविदा कृषि वायदा बाजार (Futures Trading) के अनुरूप होती है।

संविदा खेती में कृषकों एवं उद्योगपतियों के बीच कुछ पूर्व शर्तें होती हैं। इसमें कृषक विविधीकरण कृषि को अपनाता है। उसे यह पता होता है कि वह अपने उत्पादों को कहाँ बेचेगा तथा क्रेता कौन होगा। उसको एक निश्चित बाजार उपलब्ध होता है तथा कृषि सम्बन्धी जोखिमों से वह सुरक्षित रहता है तथा उसको शर्तों के अनुसार निश्चित समय में एक निश्चित कीमत प्राप्त होती है। इस प्रकार मूल्यों के उतार-चढ़ाव से वह सुरक्षित रहता है। इसमें कृषक, व्यापारी एवं सरकार सभी को लाभ होता है। कृषकों के उत्पादों में गुणवत्ता होने से निर्यात में वृद्धि होती है। देश में राष्ट्रीय आय में वृद्धि होने से अर्थव्यवस्था सुदृढ़ होती है।

मॉडल कन्ट्रैक्ट फार्मिंग अधिनियम, 2018

संविदा कृषि में कृषकों को उनके उत्पाद की उचित कीमत दिलाने हेतु केन्द्र सरकार ने मॉडल कन्ट्रैक्ट अधिनियम 2018 की स्वीकृति प्रदान कर दी है। इसके अन्तर्गत खेती के साथ-साथ डेयरी एवं पशुपालन को भी सम्मिलित किया गया है। इसका मुख्य उद्देश्य यह कि सब्जी एवं फल उत्पादन करने वाले किसानों को सीधे प्रसंस्करण इकाइयों से सम्बद्ध करना जिससे मध्यस्थों की शृंखला समाप्त हो सके। कम्पनियों को उदारवादी बनाने पर बल दिया गया है ताकि कृषकों को संरक्षण में बल मिल सके।

अधिनियम के प्रस्तावित मुख्य बिन्दु:

1. इसके अन्तर्गत नीति आयोग द्वारा प्रस्तावित कानून के लगभग सभी सिद्धान्तों को सम्मिलित किया जायेगा।
2. इसके अन्तर्गत उत्पादों के मूल्य में पूर्व, वर्तमान एवं भविष्य में होने वाली उपज को करार में सम्मिलित किया जायेगा।
3. कन्ट्रैक्ट फार्मिंग से सम्बन्धित विवादों के निपटारन हेतु निपटारन तत्त्व का गठन होगा।
4. इसके द्वारा कुशल बाजार संरचना एवं विपणन दक्षता में वृद्धि होगी।
5. यह नियम सभी वस्तुओं के लिए मूल्य शृंखला निर्मित करने में सहायता प्रदान करेगा।

अभ्यास (Exercise)

चयनित प्रश्न (Selected Questions)

1. वायदा व्यापार क्या है? इसकी स्थापना एवं विकास का वर्णन कीजिए।
2. वायदा व्यापार से आप क्या समझते हो? वायदा व्यापार में उपयुक्त वस्तुओं एवं सेवाओं का वर्णन कीजिए।
3. वायदा बाजार को परिभाषित कीजिए। हेजिंग एवं सट्टा में अन्तर स्पष्ट कीजिए।
4. कृषि विपणन में जोखिम से क्या समझते हो? इसको कम करने के उपायों का वर्णन कीजिए।
5. हेजिंग को परिभाषित कीजिए। इसके लाभों की विस्तृत व्याख्या कीजिए।
6. सट्टा बाजार क्या है? इसके रूपों को सविस्तार समझाइये।
7. हेजिंग से क्या तात्पर्य है? हेजिंग द्वारा लेन-देन को एक उदाहरण सहित प्रदर्शित कीजिए।

❑❑❑

भाग–2

व्यापार

(Trade)

(Role of Marketable Surplus in Economic Development)

11

अन्तर्राष्ट्रीय व्यापार

(International Trade)

अन्तरिक व्यापार का आशय उस व्यापार से है जो किसी देश की सीमा के अन्तर्गत ही होता है। उदाहरणार्थ यदि पंजाब से कोई व्यापारी स्वेटर आदि को उत्तर प्रदेश के व्यापार हेतु भेजता है तो यह अन्तर्क्षेत्रीय अथवा आन्तरिक व्यापार कहा जायेगा। हैबरलर (Haberler) आन्तरिक व्यापार को गृह व्यापार (Home Trade) की संज्ञा देते हैं।

हैबरलर के अनुसार, "गृह व्यापार से तात्पर्य एक सामान्य व्यापार से है जो किसी क्षेत्र विशेष के अन्तर्गत किया जाता है तथा जिस देश का विकास करने में उस देश की सरकार रुचि रखती है अथवा वह क्षेत्र उस सरकार की सीमा के अन्तर्गत आता है।

अन्तर्राष्ट्रीय व्यापार (International Trade)

अन्तर्राष्ट्रीय व्यापार से तात्पर्य राष्ट्रों के मध्य होने वाले व्यापार से है अर्थात जब व्यापार के दो पक्ष क्रेता और विक्रेता दो भिन्न-भिन्न राष्ट्रों के होते हैं उसे अन्तर्राष्ट्रीय व्यापार कहते हैं।

अन्तर्राष्ट्रीय व्यापार के आयात एवं निर्यात दो पहलू होते हैं। हैबरलर (Haberler) ने बड़े सरल शब्दों में अन्तर्राष्ट्रीय एवं अन्तर्क्षेत्रीय व्यापार के अन्तर को स्पष्ट किया है। "गृह व्यापार और विदेशी व्यापार की विभाजन रेखा एक देश की सीमा होती है। इस सीमा के अन्तर्गत होने वाला व्यापार गृह व्यापार कहा जाता है। जब कि इस सीमा के बाहर विभिन्न देशों के साथ होने वाला व्यापार विदेशी व्यापार कहलाता है।"

अन्तर्राष्ट्रीय व्यापार का आधार (Basis of International Trade)

अन्तर्राष्ट्रीय व्यापार का आधार श्रम विभाजन या विशिष्टीकरण ही है। सभी व्यापारिक क्रियायें लाभ की भावना से प्रेरित होकर की जाती हैं। इस कारण प्रत्येक देश उन वस्तुओं के उत्पादन में विशिष्टीकरण प्राप्त करना चाहता है जिसमें उसे सर्वाधिक लाभ की मात्रा प्राप्त होती है। लाभ की मात्रा लागत व्यय पर निर्भर

करती है। प्रत्येक देश उन्हीं वस्तुओं के उत्पादन में विशिष्टीकरण प्राप्त करना चाहेगा जिनमें उसे न्यूनतम लागत पर अधिकतम लाभ मिल सके। इस कारण अन्तर्राष्ट्रीय व्यापार के विकास हेतु वस्तुओं की उत्पादन लागत की भिन्नताओं को ही श्रेय दिया जाता है।

लागतों में अन्तर (Difference in Costs)

अन्तर्राष्ट्रीय व्यापार में लागतों के अध्ययन से लागत अन्तर के तीन रूप दिखलाई पड़ते हैं।

(*i*) लागतों में पूर्ण अन्तर (Absolute Difference in Costs)

(*ii*) समान लागत अन्तर (Equal Differences in Costs)

(*iii*) तुलनात्मक लागत अन्तर (Comparative Differences in Costs)

***(i)* लागतों में पूर्ण अन्तर:** लागतों में पूर्ण या निरपेक्ष अन्तर की अवस्था उस समय होती है जब किसी देश में किन्हीं वस्तुओं की अनुकूल प्राकृतिक दशायें होती हैं जिससे वह न्यूनतम लागत पर व्यापार उन्हीं वस्तुओं का उत्पादन कर सकता है। इस प्रकार पूर्ण या निरपेक्ष अन्तर में प्रत्येक देश अपने यहाँ केवल उन्हीं वस्तुओं के उत्पादन का विशिष्टीकरण प्राप्त करता है जिसके लिए अनुकूल परिस्थितियाँ होती हैं। इस प्रकार से लागत अन्तर से अन्तर्राष्ट्रीय व्यापार से अधिकतम लाभ होता है।

***(ii)* समान लागत अन्तर:** समान लागत अन्तर की अवस्था उस समय होती है जब दोनों वस्तुओं के लागत व्यय का अनुपात दोनों देशों में समान होता है। ऐसी अवस्था में दोनों ही देशों में दोनों वस्तुओं का पारस्परिक विनिमय अनुपात समान रहता है और विदेशी व्यापार में किसी प्रकार का लाभ नहीं होता है।

***(iii)* तुलनात्मक लागत अन्तर:** तुलनात्मक लागत अन्तर की व्यवस्था उस समय होती है जब एक देश दूसरे देश की अपेक्षा सभी वस्तुयें कम मूल्य पर उत्पन्न कर सकता है। परन्तु कुछ वस्तुओं की उत्पादन लागत दूसरी वस्तुओं की तुलना में कम होती है। तुलनात्मक लागत में एक देश को सभी वस्तुओं के उत्पादन में अधिक लाभ होता है और कुछ में कम। इसके विपरीत कुछ देशों को सभी वस्तुओं के उत्पादन में अधिक लागत लगानी पड़ती है और इस प्रकार सभी वस्तुओं के उत्पादन में घाटा होता है।

इस प्रकार तुलनात्मक अध्ययन में अन्तर की अवस्था में अन्तर्राष्ट्रीय व्यापार से सम्बन्धित देशों को लाभ होता है। इस अवस्था में किये गये व्यापार से संसार के कुल उत्पादन में भी वृद्धि होती है।

अन्तर्राष्ट्रीय व्यापार के मुख्य लाभ (Main Advantages of International Trade)

1. प्रादेशिक श्रम विभाजन तथा विशिष्टीकरण (Territorial Division of Labour and Specialisation)
2. उत्पादन विधि में सुधार (Improved Techniques and Efficiency in Production)
3. उपभोक्ताओं को लाभ (Advantages to Consumers)
4. आर्थिक संकट काल में सहायता (Assistance during Crises)
5. लागतों तथा मूल्यों की समानता (Equality in Cost and Price Structure)
6. कच्चे माल की उपलब्धि (Availibility of Raw Materials)
7. अन्तर्राष्ट्रीय आर्थिक विकास (International Economic Development)
8. सांस्कृतिक सहयोग तथा सह-अस्तित्व (Cultural Co-operation and Co-existence)

अन्तर्राष्ट्रीय व्यापार से हानियाँ (Disadvantages of International Trade)

अन्तर्राष्ट्रीय व्यापार से निम्नलिखित हानियाँ हैं:

1. विदेशी प्रतियोगिता के कुपरिणाम (Evil Effects of Foreign competition)
2. राष्ट्रीय स्रोतों का अनुपयुक्त शोषण (Improper Exploitation of National Resources)
3. असंतुलित आर्थिक विकास (Imbalanced Economic Development)
4. आत्मनिर्भरता को ठेस (Damage of Self Sufficiancy)
5. राशि पातन (Dumping)
6. आदतों पर कुभाव (Bad effect on Habits)
7. कृषि प्रधान अर्थव्यवस्थाओं का शोषण (Exploitation of Agricultural Economy)
8. जीवन-स्तर में गिरावट (Fall in Standard of Living)
9. अन्तर्राष्ट्रीय द्वैष तथा अशन्ति (International Jealously and Tension)

निष्कर्ष: अन्तर्राष्ट्रीय व्यापार के गुण एवं क्षेत्र में विवेचन के उपरान्त यह कहना उपयुक्त होगा कि आज के युग में अन्तर्राष्ट्रीय श्रम विभजन एवं विशिष्टीकरण का महत्व बढ़ गया है। अब हम अन्तर्राष्ट्रीय व्यापार के अभाव में अन्तर्राष्ट्रीय विकास और समृद्धि की कल्पना भी नहीं कर सकते। अन्तर्राष्ट्रीय व्यापार के दोषों को हम सहयेाग, सद्भावना एवं सुनियोजित व्यवस्था के द्वारा दूर कर सकते हैं।

अन्तर्राष्ट्रीय व्यापार का प्रतिष्ठित सिद्धान्त : निरपेक्ष लाभ तथा तुलनात्मक लाभ मॉडल (Classical Theory of International Trade : Absotute and Comparative Advantage Model)

प्रतिष्ठित अर्थशास्त्र के प्रणेता एडम स्मिथ (Adam Smith) ने वणिक वादियों के संरक्षणवादी दृष्टिकोण को स्वीकार न करके स्वतन्त्र : अन्तर्राष्ट्रीय व्यापार नीति का प्रतिपादन किया। प्रारम्भ से ही अर्थशास्त्रियों के समक्ष यह प्रश्न अत्यन्त महत्वपूर्ण रहा है कि अन्तर्राष्ट्रीय व्यापार का वास्तविक आधार क्या है? प्रतिष्ठित अर्थशास्त्रियों में सर्वप्रथम एडम स्मिथ के अनुरूप अन्तर्राष्ट्रीय व्यापार का मूल आधार वस्तुओं और सेवाओं के उत्पादन में भौगोलिक विशिष्टीकरण (Geographical Specialisation) के कारण विकसित हुआ।

भौगोलिक विशिष्टीकरण प्रकृति द्वारा विभिन्न क्षेत्रों एवं साधनों को पृथक-पृथक प्रदत्त मात्रा के कारण होता है। प्रत्येक देश में एक ही वस्तु को उत्पादित करने की लागत भिन्न-भिन्न होती है लागत का यह अन्तर वस्तुत: अन्तर्राष्ट्रीय व्यापार का मूल आधार होता है।

लागतों में अन्तर मुख्य रूप से दो प्रकार से होता है।

1. लागतों में निरपेक्ष अन्तर (Absolute Difference in Costs)
2. लागतों में तुलनात्मक अन्तर (Comparative Difference in Costs)

लागतों में निरपेक्ष अन्तर (Absolute Difference in Costs)

लागतों में पूर्ण या निरपेक्ष अन्तर की अवस्था उस समय होती है जब किसी राष्ट्र में किन्हीं वस्तुओं के उत्पादन की अनुकूल प्राकृतिक दशायें होती हैं जिससे वह न्यूनतम लागत व्यय पर उन वस्तुओं का उत्पादन

कर सकता है। इस प्रकार पूर्ण या निरपेक्ष अन्तर में प्रत्येक देश अपने यहाँ उन्हीं वस्तुओं के उत्पादन का विशिष्टीकरण प्राप्त करता है जिसके लिए अनुकूल परिस्थितियाँ होती हैं। इस प्रकार उपयुक्त भौगोलिक परिस्थितियाँ तथा उत्पादन साधनों की बाहुल्यता एवं कुशलता के कारण ही निरपेक्ष लाभ की अवस्था उत्पन्न हो जाती है। इस प्रकार के लागत अन्तर से अन्तर्राष्ट्रीय व्यापार में अधिकतम लाभ प्राप्त होता है।

लागतों में तुलनात्मक अन्तर (Comparative Difference in Costs)

तुलनात्मक लागत में अन्तर की स्थिति तब होती है जब किसी देश की वस्तु विशेष के उत्पादन में पूर्ण लाभ प्राप्त नहीं होता है। इस अवस्था में प्रत्येक देश उस वस्तु के उत्पादन में विशिष्टीकरण प्राप्त करता है जिस वस्तु के उत्पादन में उसे अधिक तुलनात्मक लाभ (Greater Comparative Advantage) प्राप्त होता है अथवा जिसमें उसे कम तुलनात्मक हानि उठानी पड़ती है। बाइनर के मतानुसार **"प्रत्येक देश उन्हीं वस्तुओं का उत्पादन करेगा जिसमें उसकी श्रेष्ठता सर्वाधिक एवं हीनता न्यूनतम हो"।**

इस प्रकार अन्तर्राष्ट्रीय व्यापार का प्रतिष्ठित सिद्धान्त मूलतः तुलनात्मक लागत सिद्धान्त है। प्रतिष्ठित सिद्धान्त के सूत्रपात करने का श्रेय राबर्ट टॉरेंस (Robert Torrens) को है। तत्पश्चात् एडम स्मिथ एवं डेविड रिकार्डो ने लागतों के अन्तर के आधार पर अपने महत्वपूर्ण योगदान दिये हैं। हैबरलर, जे०एस० मिल, केयरनेस आदि अनेक अर्थशास्त्रियों ने अपनी पूर्ण या विशिष्ट भूमिका निभाई है।

एडम स्मिथ निरपेक्ष लाभ मॉडल (Absolute Advantage Model of Adam Smith)

एडम स्मिथ ने लागतों के पूर्ण या निरपेक्ष अन्तरों की उपस्थिति को ही अन्तर्राष्ट्रीय व्यापार का आधार मानकर अपना सिद्धान्त प्रतिपादित किया है। उनके अनुसार व्यापार होने का मूल आधार यह है कि एक देश किसी एक वस्तु का निरपेक्ष एक देश से कम लागत पर उत्पादित कर सकता है जब कि दूसरा देश किसी अन्य वस्तु को उत्पादित करने में सक्षम है। ऐसी स्थिति में दोनों देशों को श्रम विभाजन और विशिष्टीकरण की प्रक्रिया के फलस्वरूप लाभ प्राप्त होते हैं।

एडम स्मिथ ने जब अन्तर्राष्ट्रीय व्यापार का निरपेक्ष लाभ सिद्धान्त प्रतिपादित किया उस समय निम्नांकित परिस्थितियाँ व्याप्त थीं:

1. औद्योगिक क्रान्ति (Industrial Revolution)
2. यातायात साधनों का विकास (Development of Means of Transport)
3. निर्यात योग्य अतिरिक्त (Exportable Surplus)
4. स्वतन्त्र व्यापार की अवधारणा का विकास (Development of Concept Free Trade)

इस प्रकार उपर्युक्त परिस्थितियों में ही एडम स्मिथ द्वारा निरपेक्ष लागत अन्तर सिद्धान्त का प्रतिपादन हुआ। इसके आधार पर व्यापार का अधिकतम लाभप्रद आधार यही है।

एडमस्मिथ ने अपनी प्रसिद्ध पुस्तक "Wealth of Nations" में विभाजन के सिद्धान्त की व्याख्या की है। वे मुक्त एवं अन्तर्राष्ट्रीय व्यापार के पक्षधर थे। उनके अनुसार मुक्त अन्तर्राष्ट्रीय व्यापार श्रम विभाजन को प्रोत्साहित करता है। अन्तर्राष्ट्रीय श्रम विभाजन राष्ट्रों के संसाधनों का अनुकूलतम प्रयोग सुनिश्चित करता है तथा इन राष्ट्रों की वास्तविक आय में वृद्धि हो जाती है।

प्रत्येक देश उन्हीं वस्तुओं का उत्पादन करेगा जिसमें उसे निरपेक्ष लाभ प्राप्त हो और उस वस्तु का आयात करेगा जिसमें लाभ प्राप्त नहीं है। स्वाभाविक है कि उस स्थिति में दोनों को अधिकतम लाभ प्राप्त होगा। **मार्शल के मतानुसार "यदि किसी देश में जिन वस्तुओं का उत्पादन हो सकता है, फिर भी उसका आयात किया जाता है तो उसे पता चलता है कि ये वस्तुयें प्रत्यक्ष रूप से देश में बनाने से सामान्यत: कम लागत पर विदेशों से मँगाई जा सकती है उनको देश में निर्मित वस्तुओं के माध्यम से प्राप्त किया जा सकता हैं"**

उपरोक्त आधार पर ही प्रतिष्ठित अन्तर्राष्ट्रीय व्यापार का सिद्धान्त आधारित है। अत: अन्तर्राष्ट्रीय व्यापार का आधार अन्तर्राष्ट्रीय श्रम विभाजन या विशिष्टीकरण ही है।

निरपेक्ष लाभ मॉडल की मान्यताएँ (Assumptions of Absolute Advantage Model)

निरपेक्ष लाभ मॉडल की निम्न प्रमुख मान्यताएँ हैं।

(*i*) उत्पादन का एकमात्र साधन श्रम है तथा वस्तु का मूल्य श्रम पर आधारित है।

(*ii*) यह मॉडल दो देशों या दो वस्तुओं पर आधारित है।

(*iii*) लागतों के अन्तर की प्रवृत्ति निरपेक्ष है।

(*iv*) एक देश के भीतर श्रम पूर्णरूपेण गतिशील है परन्तु दो देशों के बीच श्रम की गतिशीलता का पूर्ण अभाव है।

(*v*) श्रम की गुणवत्ता और विशेषताएँ समान हैं।

निरपेक्ष लाभ मॉडल की आलोचनाएँ (Criticism of Absolute Advantage Model)

निरपेक्ष लाभ मॉडल की निम्नलिखित अलोचनाएँ हैं:

(*i*) अवास्तविक मान्यतायें (Unrealistic Assumptions)

(*ii*) विशिष्टीकरण में कठिनाई (Defficulty in specialisation)

(*iii*) निरपेक्ष लाभ की अव्यवहारिकता (Impracticability Absolute Advantage)

(*iv*) राष्ट्रीय भावना को ठेस (Against Natural Spirit)

(*v*) लागत की भ्रमपूर्ण अवधारणा (Confusing Concept of Cost)

उपर्युक्त अनेक आलोचनाओं के आधार पर अनुपयुक्त न होगा कि प्रत्येक परिस्थिति में अन्तर्राष्ट्रीय व्यापार का आधार निरपेक्ष लाभ सिद्धान्त को मानना उचित है।

उदाहरण द्वारा स्पष्ट है कि निरपेक्ष लागत आधार किये जाने वाले व्यापार को इस प्रकार से समझा जा सकता है। भौगोलिक परिस्थितियों की अनुकूलता के कारण भारत को जूट के उत्पादन में तथा कनाडा को गेहूँ के उत्पादन में विशिष्टीकरण प्राप्त है। दोनों की सीमान्त उत्पादन लागत ज्ञातव्य है।

दो वस्तु-दो देशों में श्रम लागत

देश	वस्तु		
	जूट (₹)	गेहूँ (₹)	
भारत	300	600	
कनाडा	600	300	

उपरोक्त सारणी से ज्ञात होता है कि भारत में जूट और गेहूँ का विनिमय अनुपात 1 : ½ है और कनाडा में 1 : 2 है अर्थात भारत में एक कुन्तल जूट के बदले ½ कुन्तल गेहूँ तथा कनाडा में एक कुन्तल जूट के बदले 2 कुन्तल गेहूँ प्राप्त हो सकेगा। लागत व्यय के आधार भारत जूट के और कनाडा गेहूँ के उत्पादन में विशिष्टीकरण प्राप्त करेगा। इस प्रकार की व्यवस्था से दोनों देशों को अपने साधनों के उपयोग से अधिकतम लाभ होगा और अन्तर्राष्ट्रीय व्यापार से सर्वाधिक लाभ अर्जित होगा।

व्यापार से लाभ (Advatage Due to Trade)

निरपेक्ष या पूर्ण लागत व्यय के अन्तर की व्यवस्था में ही विश्व में उत्पादन की मात्रा अधिकतम होगी। यदि दोनों देशों में एक विशिष्ट श्रम और पूँजी इकाई से दोनों ही वस्तुओं का उत्पादन किया जाता है तो कुल उत्पादन निम्न प्रकार होगा।

उत्पादन

देश	वस्तु		प्रति कुन्तल
	जूट	गेहूँ	
भारत	1.0	0.50	
कनाडा	1.0	2.00	
कुल उत्पादन	2.00	2.50	

परन्तु यदि दोनों देशों में गेहूँ और जूट के स्थान पर भारत दोनों इकाइयों में से केवल जूट का और कनाडा दोनों इकाइयों में से केवल गेहूँ का उत्पादन करे तो कुल उत्पादन इस प्रकार होगा।

विशिष्टीकरण (Specialisation)

उत्पादन

देश	वस्तु		
	जूट	गेहूँ	
भारत	2.00	0.00	
कनाडा	0.00	4.00	
कुल उत्पादन	2.00	4.00	

विशिष्टीकरण से लाभ की मात्रा (Advantage duo to Specialisation)

इस प्रकार विशिष्टीकरण के उपरान्त वस्तु का उत्पादन इस प्रकार होगा।

उत्पादन

देश	वस्तु		प्रति कुन्तल
	जूट	गेहूँ	
विशिष्टीकरण में उत्पादन	2.00	4.00	
विशिष्टीकरण के अभाव में उत्पादन	2.00	2.50	
लाभ की मात्रा	0.00	1.50	

उपरोक्त उदाहरण से स्पष्ट है कि अन्तर्राष्ट्रीय व्यापार से कुल उत्पादन में 1.5 कुन्तल की वृद्धि हुई। इस प्रकार से अन्तर्राष्ट्रीय श्रम विभाजन और उत्पादन की मात्रा में वृद्धि होती है और सम्बन्धित राष्ट्रों को लाभ प्राप्त होता है। इससे ज्ञातव्य है कि भारत जूट के उत्पादन में विशिष्टीकरण प्राप्त करके अपने अतिरेक गेहूँ के निर्यात करके कनाडा से गेहूँ से प्राप्त करता रहेगा। और कनाडा गेहूँ के उत्पादन में विशिष्टीकरण प्राप्त करके अपने अतिरेक गेहूँ के निर्यात द्वारा भारत से जूट प्राप्त करता रहेगा। दोनों राष्ट्रों के मध्य उस समय तक व्यापार जारी रहेगा जब तक भारत को एक कुन्तल जूट के बदले ½ कुन्तल गेहूँ तथा कनाडा को एक कुन्तल गेहूँ की बदले ½ कुन्तल जूट प्राप्त होता रहेगा। इससे कम मात्रा में पारस्परिक विनिमय में कोई लाभ नहीं होता है और दोनों राष्ट्रों के मध्य व्यापार समाप्त हो जाता है। इस प्राकर से विशिष्टीकरण द्वारा दोनों राष्ट्र लाभान्वित होते हैं, सम्पूर्ण विश्व में व्यापार में वृद्धि होती है।

रिकार्डो का तुलनात्मक लाभ मॉडल (Recardo's Comparative Advantage Model)

प्रतिष्ठित अर्थशास्त्री डेविड (David Recardo) ने वर्ष 1817 में अपनी पुस्तक 'Principles of Political Economy' में अन्तर्राष्ट्रीय व्यापार का एक नवीन मॉडल प्रस्तुत किया जिसे तुलनात्मक लाभ मॉडल के नाम से जाना जाता है। तुलनात्मक लाभ मॉडल के केन्द्र बिन्दु तुलनात्मक लाभ का सिद्धान्त है। इसका मूल आधार प्रतिष्ठित मूल्य का श्रम सिद्धान्त (Labour Theory of Value) है। इस सिद्धान्त द्वारा किसी वस्तु का मूल्य निर्धारण भी किया जाता है। और इसका प्रत्यक्ष प्रभाव माँग और पूर्ति पर भी पड़ता है। रिकार्डो के मतानुसार मूल्य श्रम लागत तथा मजदूरी स्तर में साम्य पाया जाता है। यदि किसी उद्योग में मूल्य श्रम लागत से अधिक होंगे तो इस स्थिति में अतिरेक श्रम पूर्ति इस उद्योग में आय प्रारम्भ होगी। श्रम पूर्ति में वृद्धि उस समय तक होती रहेगी जब तक कीमतें श्रम लागत के बराबर न हो जायें। इसके विपरीत मूल्य यदि श्रम लागत से कम होंगे तो श्रम का पलायन होगा और पुनः मूल्य और श्रम लागत से कम होंगे तो श्रम का पलायन होता रहेगा जब तक मूल्य और श्रम लागत बराबर न हो जायें। इस प्रकार पुनः मूल्य और श्रम लागत साम्य स्थिति में आ जायेंगे।

मूल्य के श्रम सिद्धान्त की मुख्य मान्यताएँ निम्न प्रकार हैं–

(*i*) श्रम ही एकमात्र उत्पादन का साधन है।

(*ii*) श्रम में एकरूपता है।

(*iii*) श्रम पूर्णतया गतिशील है।

(*iv*) श्रम बाजार पूर्ण प्रतियोगितात्मक है।

रिकार्डो के अनुसार मूल्य का श्रम सिद्धान्त घरेलू व्यापार में पूर्णतया लागू होता है क्योंकि राष्ट्रीय व्यापार में श्रम पूर्णरूपेण गतिशील है। परन्तु इसको अन्तर्राष्ट्रीय व्यापार मे लागू नहीं किया जा सकता है। क्योंकि श्रम दो राष्ट्रों के बीच गतिशील नहीं होता है। इसी परिपेक्ष्य में रिकार्डो ने अन्तर्राष्ट्रीय व्यापार का आधार तुलनात्मक लागत अन्तर बताया है।

इस सिद्धान्त के अनुसार अन्तर्राष्ट्रीय व्यापार होने का मुख्य कारण यह है कि दो विभिन्न राष्ट्रों की पृथक-पृथक वस्तुओं के उत्पादन में भिन्न-भिन्न विशिष्ट लाभ प्राप्त होते हैं। एक देश उस वस्तु के उत्पादन में विशिष्टीकरण प्राप्त करेगा जिसमें उसका तुलनात्मक लाभ अधिकतम हो अथवा हानि न्यूनतम हो।

उसी को अन्य शब्दों में व्यक्त कर सकते हैं। एक राष्ट्र उस वस्तु का निर्यात करेगा जिसके उत्पादन में उसे तुलानत्मक अधिक लाभ अथवा हानि कम होती है। अन्तर्राष्ट्रीय विशिष्टीकरण से दोनों देशों को लाभ होता है।

बाइनर के शब्दों में "प्रत्येक देश उन्हीं वस्तुओं का उत्पादन करेगा जिसमें उसकी श्रेष्ठता अधिकतम एवं कीमत न्यूनतम हो"।

रिकार्डो ने इस सिद्धान्त को उदाहरण द्वारा स्पष्ट किया है -

"दो व्यक्ति जूतों एवं टोपी को बना सकते हैं इनमें से एक व्यक्ति दूसरे की तुलना में दोनों ही उद्योगों में अधिक श्रेष्ठ है परन्तु टोपी के निर्माण में अपनी प्रतिस्पर्धी की तुलना में 20% अधिक कुशल है। जबकि जूते बनाने में 33.3% अधिक श्रेष्ठ है। ऐसी अवस्था में क्या यह दोनों के हित में न होगा कि वह कुशल व्यक्ति जूतों को ही बनाये और कम कुशल व्यक्ति टोपी को ही बनाये"।

बेसटेबल (Bastable) ने एक मनोरंजक उदाहरण द्वारा रिकार्डो के उपरोक्त मत का स्पष्टीकरण किया है। उसके मतानुसार "एक व्यक्ति डाक्टर और माली दोनों का ही कार्य कुशलता से कर सकता है परन्तु उसके लिए उपयुक्त है कि वह अधिक लाभदायक कार्य डाक्टर के रूप में करे और माली का कार्य किसी और व्यक्ति से करवाये"। उसी प्रकार श्रेष्ठ देश को अपेक्षाकृत अधिक लाभ वाली वस्तु का निर्माण करना चाहिए और हीन देश को कम हानि वाली वस्तु का उत्पादन करना चाहिए।

मिल ने रिकार्डो की व्याख्या को सुधार करते हुए विनिमय अनुपात और लाभ की मात्रा का अधिक स्पष्टीकरण किया है। इसे अन्तर्राष्ट्रीय व्यापार के आधार के रूप में स्वीकार किया है और समझाया है कि दोनों के बीच किसी वस्तु का विनिमय अनुपात किस प्रकार से वस्तु की माँग और पूर्ति की सापेक्षिक शक्तियों द्वारा निर्धारित होता है।

प्रतिष्ठित तुलनात्मक लागत सिद्धान्त की मान्यताएँ (Assumptions of Classical Comparative Cost Theory)

तुलनात्मक लागत सिद्धान्त की निम्नलिखित मान्यताएँ हैं:

1. श्रम लागत
2. उत्पत्ति समता नियम
3. अन्तर्राष्ट्रीय श्रम गतिशीलता का अभाव
4. दो देशों की मान्यता
5. यातायात व्यय
6. स्वतन्त्र व्यापार
7. मुद्रा का परिमाण सिद्धान्त
8. चक्रीय-उच्चावचन का अभाव
9. समान आर्थिक स्थिति
10. स्वर्णमान

अनेक अर्थशास्त्रियों ने उपरोक्त सभी मान्यताओं को सिद्धान्त के प्रतिपादन में आवश्यक नहीं समझा है। सुप्रसिद्ध अर्थशास्त्री केयरनेस (Cairnes) ने गतिशीलता की मान्यता को अवास्तविक मानकर उसे अस्वीकार किया है। आन्तरिक और बाह्य दोनों ही क्षेत्रों में साधनों की न तो पूर्ण गतिशीलता है और न ही उसका अभाव है। दोनों ही अवस्थाओं में मात्र श्रेणी का ही अन्तर है। इस गतिशीलता की मान्यता को अस्वीकार नहीं किया गया है।

उदाहरण द्वारा स्पष्ट है हम जानते हैं कि तुलनात्मक लागत अन्तर की व्यवस्था उस समय होती है जब एक देश दूसरे की अपेक्षा सभी वस्तुओं को कम मूल्य पर उत्पन्न कर सकता है परन्तु कुछ वस्तुओं की उत्पादन लागत दूसरी वस्तुओं की तुलना में कम होती है। तुलनात्मक लागत में एक देश को कुछ वस्तुओं के उत्पादन में अधिक लाभ होता है और कुछ में कम। इसके विपरीत कुछ देशों को सभी वस्तुओं के उत्पादन में अधिक हानि उठानी पड़ती है।

दो देशों और दो वस्तुओं कि स्थिति में मात्र भारत और कनाडा में जूट और गेहूँ की सीमान्त लागत स्थिति इस प्रकार है।

विनिमय अनुपात (उत्पादन)

देश	वस्तु		प्रतिकुन्तल
	जूट (₹)	गेहूँ (₹)	
भारत	350	700	
कनाडा	300	450	

उपरोक्त उदाहरण से स्पष्ट होता है कि भारत में जूट और गेहूँ दोनों ही वस्तुओं की उत्पादन लागत कनाडा की उत्पादन लागत से अधिक है। भारत में एक कुन्तल जूट के बदले ½ कुन्तल गेहूँ कनाडा से अधिक प्राप्त होगा। और कनाडा के लिए विनिमय कार्य उस समय तक लाभप्रद होगा जब तक एक कुन्टल गेहूँ के बदले ½ कुन्तल भारत से अधिक जूट प्राप्त करता रहेगा।

इस प्रकार तुलनात्मक लागत में अन्तर की अवस्था में अन्तर्राष्ट्रीय व्यापार से सम्बन्धित देशों को लाभ होता है। इस प्रकार से किये गये व्यापार से विश्व के कुल उत्पादन में वृद्धि होगी।

तुलनात्मक लागत के प्रतिष्ठित सिद्धान्त की आलोचनाएँ (Criticism of Classical Comparative Cast Theory)

निम्नांकित आलोचाएँ इस प्रकार हैं:

1. मुद्रा के स्थान पर श्रम लागत का आधार (Labour Cost Basis Instead Money Basis)
2. साधनों की गतिशीलता की भ्रामक मान्यता (Misleading Assumption about Mobility of Resources)
3. उत्पादन लागत में स्थिरता (Stability of Production Cost)
4. यातायात व्ययों के प्रभाव की उपेक्षा (Ignorance of Transport Cost)
5. विशिष्टीकरण में कठिनाइयाँ (Defficulties in Specialisation)
6. सुरक्षा की दृष्टि की उपेक्षा (Ignorance of Security)

7. राष्ट्रीयता और आत्मनिर्भरता (Nationalism and Self Sufficiency)
8. जटिल और जड़ सिद्धान्त (Complicated and Rigid Principle)

उपरोक्त आलोचनाओं से तुलनात्मक लागत सिद्धान्त के प्रतिष्ठित रूप की त्रुटियाँ स्पष्ट हो जाती हैं। इसमें अत्यधिक व्यावहारिकता एवं उत्पादकता लाने हेतु आवश्यक है कि इसे प्राचीन रूप में परिभाषित किया जाये। आधुनिक अर्थशास्त्रियों ने इस सिद्धान्त में सुधार किये हैं।

तुलनात्मक लागत सिद्धान्त में सुधार (Improvements Inclassical Theory of Comparative Casts)

तुलनात्मक लागत सिद्धान्त के प्रतिष्ठित रूप में आधुनिक अर्थशास्त्रियों ने अनेक महत्वपूर्ण सुधार किये हैं जिनकी आधुनिक युग में व्यावहारिकता एवं उपयोगिता है।

1. श्रम के स्थान पर मुद्रा लागत का आधार स्वीकार किया गया (Acceptance of Money cost Basis Instead of Labour Cost)
2. समस्त उत्पादन दशाओं की व्याख्या (Analysis of all Conditions of Production)
3. यातायात व्यय को सम्मिलित करना (Inclusion of Transport)
4. माँग की लोच के प्रभाव की व्याख्या (Analysis of Elasticity of Demand)
5. अधिक व्यापक प्रणाली (Compressive Analysis)

इस प्रकार उपरोक्त अध्ययन के पश्चात हम इस निष्कर्ष पर पहुँचते हैं कि अन्तर्राष्ट्रीय व्यापार एवं श्रम विभाजन तथा विशिष्टीकरण का वैज्ञानिक विवेचन तुलनात्मक लागत सिद्धान्त के द्वारा किया जाता है। तुलनात्मक लागत के अन्दर भौगोलिक दशाओं की विभिन्नताओं, उत्पादन साधन की विभिन्न कार्यक्षमताओं, जनसंख्या की असमानता, सामाजिक एवं राजनैतिक परिस्थितियों के कारण उत्पन्न होते हैं। ही कारणों से कुछ राष्ट्र वस्तुओं के उत्पादन में विशिष्टीकरण प्राप्त करते हैं। यद्यपि तुलनात्मक लागत सिद्धान्त में अन्तर्राष्ट्रीय श्रमविभाजन एवं व्यापार की व्याख्या आवश्यक होती है। परन्तु अनेक कारण ऐसे भी हैं जिनके कारण अन्तर्राष्ट्रीय व्यापार सम्भव नहीं हो पाता। जैसे राष्ट्रीय सुरक्षा, राष्ट्रीय आत्मनिर्भरता की नीति, विनिमय नियन्त्रण, मुद्रा के मूल्य में परिवर्तन और विनिमय दरों में उच्चावचनों के कारण अन्तर्राष्ट्रीय व्यापारिक सम्बन्ध तुलनात्मक लागत सिद्धान्त के आधार पर नियोजित नहीं हो पाते हैं।

इस प्रकार अनेक सीमाओं एवं कठिनाइयों को पार करने के पश्चात् भी तुलनात्मक लागत सिद्धान्त ही अन्तर्राष्ट्रीय व्यापार और श्रम विभाजन के मूल कारणों को प्रकाशित करता है। इस प्रकार से यह सिद्धान्त अन्तर्राष्ट्रीय व्यापार मूल का आधा" है। आधुनिक अर्थशास्त्रियों ने उसमें सुधारकारी दृष्टिकोण अपनाकर इसकी उपयोगता में वृद्धि कर दी है। उसकी अन्तर्राष्ट्रीय व्यापार में महत्वपूर्ण भूमिका है।

भारत का कृषि आयात एवं निर्यात (Export and Import of Indian Agriculture)

भारत की निर्यात एवं आयात में कृषि क्षेत्र की महती भूमिका है। लगभग 65 प्रतिशत जनसंख्या कृषि पर आधारित है। भारत में स्वतंत्रता के समय खाद्यानों की अत्यन्त कमी थी जिसे विदेशों से आयात करना पड़ता था, इसके साथ ही मूल्यवान वस्तुएँ भारत से निर्यात की जाती थी। कृषि उत्पादों के निर्यात हेतु कृषि या कृषि

से सम्बन्धित वस्तुओं के उत्पादन की बहुत बड़ी आवश्यकता थी। अत्यधिक उत्पादन से विपणन योग्य कृषि उत्पादों की बचत होगी। वर्ष 1990–91 में निर्यातक कृषि उत्पाद का मूल्य ₹ 6317 करोड़ था तथा 1993–94 में बढ़कर ₹ 13021 करोड़ हो गया। वर्ष 2012–13 की अवधि में ₹ 230141 करोड़ हो गया जो आयात से बहुत अधिक है।

तालिका : भारत के कृषि उत्पादों का आयात-निर्यात
(India's Agricultural product, Import-Export)

वर्ष	कृषि आयात	कुल राष्ट्रीय आयात	राष्ट्रीय आयात में कृषि आयात का प्रतिशत	कृषि निर्यात	कुल राष्ट्रीय निर्यात	राष्ट्रीय निर्यात में कृषि निर्यात का प्रतिशत
1990–91	1206	43171	2.79	6013	32527	18.49
1995–96	5890	122678	4.80	20398	106353	19.18
2000–01	12086	828307	5.29	28657	201356	14.23
2005–06	21499	660409	3.26	49217	456418	10.78
2010–11	57334	1683467	3.41	117483	1142922	10.28
2014–15	115434	2733945	4.22	239453	1891645	12.66

स्रोत: Director General of Commercial Intelligence and Statistics, Ministry of Commerce, Kolkata.

उपरोक्त तालिका द्वारा स्पष्ट होता है कि वर्ष 1991–92 में कृषि उत्पाद के आयात का प्रतिशत 2.79 था एवं निर्यात 18.49 प्रतिशत था। वर्ष 2014–15 में आयात प्रतिशत में वृद्धि हुई है जो सम्पूर्ण आयात का 4.22 प्रतिशत है तथा निर्यात में कमी हुई जो कुल राष्ट्रीय निर्यात का 12.66 प्रतिशत है। वर्ष 1991 में कुल राष्ट्रीय आयात ₹ 43171 करोड़ तथा जिसमें कृषि आयात ₹ 1206 करोड़ का था। इसी प्रकार वर्ष 2014–15 में कुल राष्ट्रीय आयात ₹ 2733945 करोड़ का था जिसमें कृषि आयात ₹ 115434 करोड़ का था एवं कुल राष्ट्रीय निर्यात ₹ 1891645 करोड़ था जिसमें कृषि निर्यात ₹ 239453 करोड़ था। इस प्रकार हम देखते हैं कि वर्ष 2014-15 में कुल राष्ट्रीय निर्यात के मूल्य से कुल राष्ट्रीय आयात मूल्य में वृद्धि हुई है। परन्तु कृषि आयात प्रतिशत से कृषि निर्यात का प्रतिशत अधिक है। अत: वर्तमान में निर्यात को प्रोत्साहन मिल रहा है जिससे राष्ट्रीय आय में वृद्धि हुई है।

अन्तर्राष्ट्रीय व्यापार में कृषि वस्तुओं की वर्तमान में स्थिति एवं सम्भावनाएँ (Present Status and Prospects of Agricultural Commodities in International Trade)

कृषि वस्तुओं की वर्तमान स्थिति (Present Status of Agricultural Commodities)

अन्तर्राष्ट्रीय व्यापार में कृषि वस्तुओं की वर्तमान में स्थिति एवं सम्भावनाओं के विषय में हम भारतीय परिपेक्ष्य में दृष्टिपात करते हैं, तो इस समय कृषि वस्तुओं की अन्तर्राष्ट्रीय व्यापार में महत्त्वपूर्ण भूमिका है। स्वतंत्रता के समय वर्ष 1951–52 में कृषि उत्पादों की स्थिति अच्छी नहीं थी, उस समय हमारे देश में खाद्यानों

की बहुत कमी थी, हमें खाद्यान्न विदेशों से आयात करना पड़ता था। बढ़ती हुई जनसंख्या के अनुपात में उत्पादन बहुत कम था। विशेष कारण यह था कि देश के बँटवारे के समय चावल का अधिक उपजाऊ क्षेत्र बंगाल का, तथा गेहूँ का अधिक उपजाऊ क्षेत्र पंजाब का पाकिस्तान में चला गया था। इससे भारत को खाद्यानों की पूर्ति हेतु विदेशों पर आश्रित रहना पड़ता था परन्तु वर्ष 1966–67 में देश में हरित-क्रान्ति के प्रभाव से खाद्यानों के उत्पादन में चार या 5 गुना वृद्धि हुई है। इस प्रकार तिलहन उत्पादन में भी वृद्धि हुई। उन्नतिशील प्रजातियाँ, उर्वरक, सिंचाई के संसाधन, फसल सुरक्षा के उपाय, कृषि मशीनरी एवं यन्त्र तथा जैविक खादें एवं द्वितीय हरित क्रान्ति, इन्द्रधानुषी क्रान्ति, सदाबहारी क्रान्ति, पीली क्रान्ति, नीली क्रान्ति, श्वेत क्रान्ति आदि इसके साथ-साथ अनेक उन्नतिशील उपायों, बैंकों का राष्ट्रीयकरण, कृषकों को वित्तीय सहायता, सहकारी विपणन इकाईयों, उत्पादों के प्रसंस्करण, निर्यात संवर्धान इकाइयाँ, वैज्ञानिक भण्डारण, परिवहन सुविधाएँ, श्रेणीकरण एवं प्रमापीकरण आदि अनेक तकनीकी उपायों ने कृषि उत्पादन एवं व्यापार में भारी परिवर्तन ला दिया है। जिससे भारत आयात ही नहीं बल्कि कृषि वस्तुओं का पर्याप्त मात्रा में निर्यात भी करने लगा है। बढ़ती हुई जनसंख्या के अनुपात में उत्पादन में काफी वृद्धि हुई है। साथ ही उत्पादों की गुणवत्ता में भी वृद्धि हुई है। स्वतंत्रता के समय कृषि अत्यन्त पिछड़ी हुई थी। परन्तु वर्ष 1951–52 से पंचवर्षीय योजनाओं के अभ्युदयकाल से ही कृषि को प्राथमिकता दी जाने लगी है। पंचवर्षीय योजनाओं में अनेक परियोजनाएँ कृषि के विकास हेतु प्रारम्भ की गईं जिससे कृषि उत्पादन में आशातीत वृद्धि हुई है। कृषकों को वित्तीय सहायता की महती भूमिका है क्योंकि बिना पूँजी के उन्नतिशील कृषि असम्भव थी। व्यापारिक बैंकों एवं क्षेत्रीय बैंकों का कृषकों के लिए वित्तीय सुविधाएँ प्रदान करने में महत्त्वपूर्ण योगदान है। आज की कृषि उन्नतिशील कृषि है, भारत वैश्विक व्यापार में महत्त्वपूर्ण योगदान दे रहा है। भारत एक विकासशील राष्ट्र है तथा अमेरिका, यूरोपीय देश, जापान आदि विकसित राष्ट्र हैं जो अपने व्यापार का विस्तार करना चाहते हैं तथा विकासशील राष्ट्रों के व्यापार में अवरोध उत्पन्न करते हैं। कुछ दिन पहले से सैनेटरी एवं फाइटो सैनेटरी के माध्यम से विकसित राष्ट्र, विकासशील राष्ट्रों के व्यापार में तकनीकी रुकावटें पैदा कर रहे हैं क्योंकि इसमें गुणवत्ता मानक महत्त्वपूर्ण है जो इसमें खरे नहीं उतरते हैं उन देशों को समस्या का सामना करना पड़ता है। विकासशील एवं अविकसित राष्ट्र इस मामले को लेकर समस्याग्रस्त हैं क्योंकि उत्पादों को मानकपूर्ण होना चाहिए। विकसित राष्ट्र अपने व्यापार का विस्तार दूसरे विकासशील राष्ट्रों के व्यापार पर कब्जा करना चाहते हैं और वे चाहते हैं कि विकासशील राष्ट्र उनके लिए व्यापारिक दरवाजे खोल दें; खुली छूट दे दें; परन्तु ये विकसित राष्ट्र अपने कृषकों को ग्रीन बाक्स, ब्लू बाक्स के माध्यम से भारी अनुदान (Subsidy) देते हैं जिससे उनके कृषि उत्पादों की उत्पादन लागत कम हो जाती तथा उनके उत्पाद वैश्विक व्यापार में सस्ते हो जाते हैं। 'विश्व व्यापार संगठन' में दोहा वार्ता एवं कृषि पर समझौता एक महत्त्वपूर्ण विषय है जिसके अन्तर्गत बाजार पहुँच, घरेलू अनुदान एवं निर्यात अनुदान यह वैश्विक व्यापार को विकृत कर रहे हैं परन्तु विश्व व्यापार संगठन के ग्यारहवें मंत्रिस्तरीय सम्मेलन में ब्यूनस (आयर्स) में भारत और चीन ने संयुक्त रूप से प्रस्ताव पेश किया। विकसित राष्ट्र अपने वायदों को पूरा नहीं करते हैं। इस सम्मेलन में सब्सिडी को लेकर काफी लम्बी वार्ताएँ चलीं हैं जिसमें भारत जैसा विकासशील राष्ट्र मुकाबले में आज भी अड़ा हुआ है परन्तु अमेरिका एवं योरोपीय देश अपने कृषि अनुदानों को वायदों के अनुरूप कम नहीं कर रहे हैं। भारत जैसे राष्ट्र ने अपने वायदों को पूरा किया तथा प्रशुल्क दरों को भी घटाया है।

अन्तर्राष्ट्रीय व्यापार में भारत ने कृषि उत्पादों के निर्यात में पर्याप्त में वृद्धि की है। निर्यातक वस्तुएँ जैसे बासमती चावल, बासमती के अतिरिक्त अन्य चावल, गेहूँ अन्य खाद्यान, दालें, चाय, काफी, दुग्ध उत्पाद, औद्योगिक उत्पाद, मसाले, काजू, मूँगफली, शक्कर, ताजे फल, सब्जियाँ, प्रसंस्करित सब्जियाँ, समुद्री उत्पाद, कपास का कच्चामाल, जूट, खाने वाला तेल, अण्डी का तेल आदि अनेक कृषि उत्पाद हैं जिनको आज भारत

विदेशों में निर्यात कर रहा है। जिसके अन्तर्गत भारत, बासमती चावल, अन्य चावल, गेहूँ, खाद्यान, शक्कर, ताजी सब्जियाँ, ताजे फल, समुद्री उत्पाद, खाने वाला तेल आदि का निर्यात विशेष रूप से करता है। परन्तु चावल, गेहूँ, अन्य खाद्यान्न, शक्कर, कपास, सब्जियाँ एवं फलों का निर्यात भारी मात्रा में करता है तथा इसे वैश्विक व्यापार में स्थान प्राप्त है इसके साथ ही भारत का दुग्ध उत्पादन में महत्त्वपूर्ण स्थान है।

वैश्विक व्यापार में जब हम कृषि वस्तुओं के आयात-निर्यात का अवलोकन करते हैं तो वर्ष 1913–14 के खाद्यानों का उत्पादन लगभग 265 मिलियन टन तथा औद्यानिक फसलों का 277 मिलियन टन एवं दुग्ध उत्पाद 146 मिलियन टन हुआ जिससे भारत को उत्पादन में आशातीत सफलता प्राप्त हुई जिससे प्रसंस्करण, उत्पादों में मूल्य वृद्धि तथा वस्तुओं में गुणवत्ता से विदेशी आय में वृद्धि हुई। जब हम अन्तर्राष्ट्रीय व्यापार में निर्यातों में दृष्टिपात करते हैं तो वर्ष 2014–15 में बासमती चावल 3702.26 हजार टन, जिसका मूल्य 27599 करोड़ था। अन्य चावल 8225.53 हजार टन तथा इसका मूल्य 20336 करोड़ रुपये तथा गेहूँ 2914.74 हजार टन एवं मूल्य 5258 करोड़ रुपये। इसी प्रकार शक्कर का उत्पादन 1954.44 हजार टन एवं 5327 करोड़ रूपये का निर्यात हुआ। इसी प्रकार सब्जी, फल, कपास एवं दुग्ध उत्पादों के निर्यात से विदेशी मुद्रा अर्जित हुई। इसी प्रकार जब हम भारत के आयातों पर दृष्टिपात करते हैं तो देखते हैं कि दालें, गेहूँ, चावल, अन्य खाद्यान्न, काजू, खाने वाला वनस्पति तेल आदि हैं। भारत ने वर्ष 2014–15 से 4584.8 हजार टन दालों का आयात किया जिसका मूल्य 17063 करोड़ रुपये, खाने वाला वनस्पति तेल 115478 हजार टन जो 5909.4 करोड़ रुपये एवं शक्कर 1538.6 हजार टन जिसका मूल्य 3668 करोड़ रुपये का था जिनका आज भी भारी मात्रा में विदेशों से आयात करना पड़ता है।

वर्ष 2014–15 में कुल राष्ट्रीय निर्यात में कृषि का योगदान 12.66 प्रतिशत जो वर्ष 1990–91 एवं वर्ष 1995–96 में जहाँ क्रमशः 18.49 एवं 19.18 प्रतिशत था जो पूर्व की अपेक्षा कम था। इसी प्रकार वर्ष 2014–15 में कुल आयात में कृषि का हिस्सा 4.22 प्रतिशत था जो वर्ष 1990–91 एवं वर्ष 1995–96 में जहाँ क्रमशः 2.79 एवं 4.80 प्रतिशत था जिसमें परिवर्तन अल्प मात्रा में था। इस प्रकार निर्यात जहाँ वर्ष 2014–15 में 12.66 प्रतिशत है वहाँ पर आयात 4.22 प्रतिशत है जो निर्यात की तुलना में आयात काफी कम है। इसी वर्ष 2014–15 में कृषि वस्तुओं का निर्यात 239453 करोड़ रुपये का एवं आयात 115434 करोड़ रुपये का हुआ जो कुल राष्ट्रीय निर्यात में कृषि के हिस्से में पूर्व की अपेक्षा काफी वृद्धि हुई है। इससे सिद्ध होता है कि अन्तर्राष्ट्रीय स्तर में भारत का महत्त्वपूर्ण योगदान है तथा वैश्विक बाजार में प्रतियोगिता करने में सक्षम हो रहा है। विकासशील राष्ट्रों में भारत अग्रणी भूमिका निभा रहा है जो एक सराहनीय कदम है।

कृषि वस्तुओं की निर्यात की भावी सम्भावनाएँ (Future Prospects of Export of Agricultural Commodities)

अन्तर्राष्ट्रीय व्यापार में कृषि वस्तुओं के निर्यात की भावी सम्भावनाएँ है जैसे कि पंजाब, हरियाणा एवं आन्ध्र प्रदेश में चावल, गेहूँ उगाने के लिए पर्याप्त क्षमता है परन्तु पंजाब एवं हरियाणा समुद्र से काफी दूर हैं जिससे निर्यात में समस्याएँ उत्पन्न होती हैं। पंजाब में चावल, गेहूँ उत्पाद के स्थान पर यदि अन्य उद्योगों को बढ़ावा दें तो निर्यात में काफी वृद्धि हो सकती है जो अत्यन्त महत्त्वूपर्ण कदम होगा। जैसे फल, सब्जियाँ, दुग्ध उद्योग, मसाले, मशरूम खेती, कृषि-वानिकी, फूलों की खेती आदि ये शीघ्र नाशवान उत्पाद हैं इनके लिए शीतगृहों, परिवहन आदि की पर्याप्त सुविधा होनी चाहिए। इनमें लागत अधिक होती है जो कि लघु एवं सीमान्त कृषकों के लिए उपयुक्त नहीं है क्योंकि इनमें जोखिम अवश्य है। पंजाब एवं हरियाणा के अतिरिक्त उत्तर प्रदेश का क्षेत्र भी क्षमतायुक्त है जहाँ पर उत्पादन में वृद्धि कर गुणवत्तायुक्त उत्पादों का निर्यात कर सकते हैं।

जहाँ खाद्यानों की सुरक्षा में सार्थकता है, जहाँ पर निर्यात की काफी सम्भावनाएँ हैं। परन्तु हमारे देश में कृषकों को वातावरण की समस्या, जलवायु परिवर्तन, मृदा उर्वरता, भू-क्षरण, सिंचाई के संसाधनों आदि की समस्याओं का सामना करना पड़ता है जिससे कृषि उत्पादकता प्रभावित होती है फिर भी खाद्यानों की समस्या काफी हद तक हल हुई है जिसके द्वारा बढ़ती हुई जनसंख्या को पूर्ति की जा रही है। वर्ष 1973–74 में गरीबी रेखा से नीचे 58.88 प्रतिशत लोग जीवन निर्वाह कर रहे थे परन्तु वर्ष 2013–14 में 20.9 प्रतिशत लोग जीवन-निर्वाह कर रहे हैं। वर्तमान में उपभोग की अपेक्षा विपणन योग्य अधिशेष की मात्रा अधिक है। कृषि विविधीकरण, फल, सब्जियाँ, कपास, दुग्ध उत्पाद, बासमती चावल, मसाले, फूलों की खेती, मशरूम एवं कृषि-वानिकी को सम्पूर्ण देश में बढ़ावा देना होगा। इन उत्पादों का प्रसंस्करण करके मूल्य में वृद्धि की जा सकती है। इस प्रकार इनमें विधायन, पैकेजिंग, भण्डारण, परिवहन तथा श्रेणीकरण, मानकीकरण तथा बाजार में सहकारी विपणन को बढ़ावा देकर निर्यात में वृद्धि कर सकते हैं। इसके लिए राष्ट्रीय स्तर पर APEDA जो प्रसंस्कृत कृषि उत्पादों का निर्यात करता है तथा अनेक निर्यात संवर्धान्‍ इकाइयाँ इस क्षेत्र में कार्य कर रही हैं। इसके साथ ही निजी प्रसंस्करण को प्रोत्साहन देना होगा ताकि उत्पादक निर्यात में वृद्धि कर सकें। राष्ट्रीय स्तर पर NAFED शीर्षस्थ संस्था है जो निर्यात में महत्त्वपूर्ण भूमिका निभा रही हैं इसके अतिरिक्त सरकार ने राष्ट्रीय कृषि बाजारों का भी शुभारम्भ कर दिया है जिससे उत्पादन की ऑनलाइन बिक्री होगी जिससे कृषि निर्यातों में प्रोन्नति होगी। आज वर्तमान में कृषि का व्यवसायीकरण हो जाने से वैश्विक बाजार में भारतीय कृषि वस्तुओं के निर्यात की अपार सम्भावनाएँ हैं। वर्तमान में भारत 'विश्व व्यापार संगठन' के अन्तर्गत मानकों का सामना कर रहा है। भारतीय निर्यातक वस्तुओं में गुणवत्ता में वृद्धि हुई है। उपरोक्त तथ्यों से स्पष्ट है कि अन्तर्राष्ट्रीय व्यापार में कृषि वस्तुओं की वर्तमान में स्थिति सराहनीय एवं अच्छी है तथा भविष्य में भी कृषि वस्तुओं की अन्तर्राष्ट्रीय व्यापार में वृद्धि होगी ऐसी सम्भावना व्यक्त की जाती है। आशा है इसमें प्रगति एवं उन्नति होगी। भारत उन्नति के शिखर पर होगा। भारतीय अर्थव्यवस्था सुदृढ़ होगी।

अभ्यास (Exercise)

चयनित प्रश्न (Selected Questions)

1. अन्तर्राष्ट्रीय व्यापार से आप क्या समझते हो? निरपेक्ष लाभ मॉडल सिद्धान्त की विस्तृत व्याख्या कीजिए।
2. अन्तर्राष्ट्रीय व्यापार को परिभाषित कीजिए। अन्तर्राष्ट्रीय व्यापार की राष्ट्रीय अर्थव्यवस्था में क्या भूमिका है, सविस्तार वर्णन कीजिए।
3. तुलनात्मक सिद्धान्त क्या है? इसकी विस्तृत व्याख्या कीजिए।
4. आयात-निर्यात से आप क्या समझते हैं? भारत के आयात-निर्यात की विशेषताओं का सविस्तार वर्णन कीजिए।
5. आयात-निर्यात क्या है? भारत में कृषि उत्पादों के आयात-निर्यात की व्याख्या कीजिए।
6. तुलनात्मक लाभ के सिद्धान्त से आप क्या समझते हो? इसकी मान्यताओं एवं आलोचनाओं की विस्तृत विवेचना कीजिए।
7. भारतीय कृषि वस्तुओं को अन्तर्राष्ट्रीय व्यापार में वर्तमान स्थिति एवं सम्भावनाओं की विस्तृत व्याख्या कीजिए।

❑❑❑

12

प्रशुल्क एवं व्यापार पर सामान्य समझौता
(General Agreement on Tariffs and Trade)

प्रशुल्क एवं व्यापार पर सामान्य समझौते से अभिप्राय एक विश्वस्तरीय व्यापार पर समझौते से है जो अन्तर्राष्ट्रीय व्यापार में विकास एवं रोजगार के विस्तार के उद्देश्य से किया गया था।

प्रशुल्क एवं व्यापार पर सामान्य समझौते का अभ्युदय 1930 की विश्व व्यापी एवं द्वितीय विश्व युद्ध के उपरान्त विषम परिस्थितयों के मध्य हुआ। अन्तर्राष्ट्रीय व्यापार के विकास की स्थिति अत्यन्त दयनीय हो गयी थी। विश्व के समस्त राष्ट्रों ने अपने आयातों को नियन्त्रित करना प्रारम्भ कर दिया था। अन्तर्राष्ट्रीय व्यापार में एक कौतूहल सा उत्पन्न हो गया था जिसके परिणामस्वरूप विश्व व्यापार में अभाव उत्पन्न हो गया। विकसित अथवा धनी राष्ट्र इसकी समस्या के समाधान का उपाय खोजने लगे। अन्तर्राष्ट्रीय व्यापार तथा रोजगार के विस्तार के उद्देश्य से नवम्बर 1945 में अमेरिका ने अनेक प्रस्ताव प्रकाशित किये। इस विषय पर विश्व के अनेक राष्ट्रों ने सक्रिय भूमिका निभाई जिसके परिणामस्वरूप 30 अक्टूबर 1947 को जेनेवा (स्विटजरलैण्ड) में सीमा शुल्कों से सम्बन्धित एक सामान्य समझौते पर 23 राष्ट्रों ने हस्ताक्षर कर दिये। इसी समझौते को गैट (General Agreement on Tariffs and Trade) के नाम से जाना जाता है। इस प्रकार गैट का जन्म हुआ। गैट का अभ्युदय हुआ।

गैट का प्रारम्भः अन्तर्राष्ट्रीय स्तर पर प्रशुल्क एवं व्यापार पर सामान्य समझौते का प्रारम्भ 1 जनवरी, 1948 को हो गया। प्रारम्भिक काल में गैट की स्थापना अस्थायी प्रबन्ध के रूप में थी परन्तु कुछ दिनों पश्चात एक स्थायी समझौते के रूप में स्थायित्व प्रदान हो गया।

गैट का मुख्यालयः गेट का मुख्यालय जेनेवा (स्विट्ज़रलैण्ड) में था।

गैट का सिद्धान्त (Princeiples of GATT)

गैट के निम्नलिखित मुख्य सिद्धान्त हैं-

1. गैट के किसी भी सदस्य राष्ट्र द्वारा अन्य किसी राष्ट्र के उत्पादों के लिए जो लाभ, अनुग्रह अथवा छूट दी जाती है वह बिना किसी शर्त के समस्त सदस्य राष्ट्रों के लिए स्वतन्त्र ही दे दी जायेगी। यह भेदभाव रहित व्यवस्था होगी।

2. गैट के सिद्धान्त में सीमा संघों तथा स्वतन्त्र व्यापार क्षेत्रों की अनुमति मात्र इस शर्त पर दी जा सकती है जिसके परिणामस्वरूप सम्बन्धित क्षेत्रों में व्यापार में सुगमता हो तथा अन्य राष्ट्र प्रतिकूल प्रभाव से प्रभावित न हो।
3. गैट के अन्तर्गत ही सदस्य राष्ट्रों के व्यापार सम्बन्धी विवादों का निपटारा सदस्य राष्ट्रों के आपसी विचार-विमर्श पर होना चाहिए।

गैट वार्ताओं के चक्र (Rounds of GATT Negotiations)

अन्तर्राष्ट्रीय व्यापार समस्या को सुलझाने हेतु गैट की स्थापना हुई। इसकी स्थापना को लेकर अनेक बैठकें आयोजित की गईं जो महत्त्वपूर्ण थीं। ये निम्न प्रकार हैं:

1. गैट की स्थापना से लेकर उसके अन्त तक कुल आठ चक्र आयोजित किये गये हैं।
2. आयोजित किए गए प्रथम छ: चक्रों में जो वार्ताएँ हुईं वह प्रशुल्क दरों में कमी करने से थीं।
3. विश्व व्यापार की समस्याओं के सम्बन्ध में गैट वार्ता के सातवें चक्र में हुए सम्मेलनों में गैर-प्रशुल्क बाधाओं के निवारण के विषय को सम्मिलित किया गया।
4. गैट के आठवें चक्र में पूर्व वार्ताओं से भिन्न विषय को सम्मिलित किया गया। यह पूर्ववर्ती वार्ताओं से पूर्णरूपेण भिन्न अनेक वार्ताओं पर विचार-विमर्श के पश्चात एक नवीन चक्र का उद्‌भव हुआ जिसे **उरूग्वे-चक्र** के नाम से जाना जाता है।
5. गैट की आठवीं वार्ता के फलस्वरूप गैट के स्थानापन्न के रूप में 1 जनवरी 1995 से अत्यधिक शक्तिशाली संगठन 'विश्व व्यापार संगठन' का अभ्युदय हो गया।

उरूग्वे-राउण्ड तथा डंकल प्रस्ताव (Urugvay Round and Dunkel Proposal)

1. गैट के आठवें चक्र में अनेक महत्त्वपूर्ण विषयों पर वार्ताएँ हुईं जिससे उरूग्वे-राउण्ड का प्रारम्भ 1986 में हो गया।
2. इनकी वार्ता ब्रुसेल्स, मांट्रियल तथा जेनेवा आदि देशों में हुई।
3. आठवें चक्र की वार्ता की समाप्ति का समय चार वर्ष 1986 से 1990 तक रखा गया था।
4. दिसम्बर 1990 में हुई ब्रुसेल्स की बैठक में निष्कर्ष देना निश्चित था।
5. अनेक वार्ताओं एवं विवादों के पश्चात गैट के तत्कालीन महानिदेशक आर्थर डंकल (Arthur Dunkel) को इस समस्या का सम्पूर्ण उत्तरदायित्व सौंपा गया।
6. आर्थर डंकल ने 20 दिसम्बर 1991 को सदस्य राष्ट्रों के समक्ष सहमति हेतु एक विस्तृत दस्तावेज प्रस्तुत कर दिया।
7. डंकल ने यह भी व्यक्त किया कि प्रस्तावों को मूल रूप में पूर्णरूपेण स्वीकृति कर लिया जाए।
8. समस्त प्रस्तावों को मूलरूप में स्वीकृत करने में अधिकांश राष्ट्रों के सदस्यों ने असमर्थता व्यक्त की।
9. उसके चक्रीय वार्ता को इन प्रस्तावों पर आधारित करके जारी रखना स्वीकार किया गया।
10. उपरोक्त प्रस्तावों को डंकल प्रस्ताव अथवा ड्राफ्ट फाइनल (Draft Final Act) के नाम से जाना जाता है।

11. इस प्रकार प्रस्तावों के निष्कर्ष हेतु 15 दिसम्बर 1993 को तारीख निश्चित की गई जिसके परिणामस्वरूप सदस्य राष्ट्रों द्वारा 15 दिसम्बर 1993 में जेनेवा में स्वीकृति प्रदान कर दी गई।
12. इसके फलस्वरूप 124 सदस्य राष्ट्रों द्वारा 15 अप्रैल 1994 को मोरक्को के मारकेस नगर में इस समझौते पर हस्ताक्षर कर दिये गये।

गैट के उद्देश्य (Objectives of GATT)

प्रशुल्क एवं व्यापार सामान्य समझौते (गैट) के निम्नलिखित मुख्य उद्देश्य थे:

1. व्यापारिक क्षेत्र में निष्पक्षतापूर्ण समस्त राष्ट्रों की बाजार की प्राप्ति हेतु सम्भव अवसर प्रदान करना जिससे समरसता भाव उत्पन्न हो।
2. गैट का मुख्य उद्देश्य था कि वास्तविक आय में वृद्धि हो तथा वस्तुओं की प्रभावशाली माँग में वृद्धि की जाय।
3. आपसी सहयोग एवं विचार-विमर्श के आधार पर ही अन्तर्राष्ट्रीय व्यापार सम्बन्धी समस्याओं का निराकरण होना।
4. अन्तर्राष्ट्रीय व्यापार से पक्षपात एवं भेदभाव को मिटाकर परस्पर लाभ हेतु व्यापारिक तटकरों एवं गतिरोधों को कम करना।
5. सम्पूर्ण विश्व में सामाजिक कल्याण की दृष्टि से जनमानस के जीवन-स्तर को ऊँचा उठाने का प्रयत्न करना।

विश्व व्यापार की समस्याएँ एवं गैट का उदय

द्वितीय महासमर के उपरान्त अन्तर्राष्ट्रीय व्यापार व्यवस्था की दशा अत्यन्त शोचनीय हो गयी। धनी एवं विकसित राष्ट्रों के उद्योगपति समस्या का निदान ढूँढ़ने लगे। राजनैतिक एवं साम्राज्यवादी व्यवस्था का अन्त हो गया। नवीन राष्ट्रों ने स्वव्यापार के संरक्षण हेतु आयातों को रोककर आयात प्रशुल्क की दरों में अत्यधिक वृद्धि कर दी। विकसित राष्ट्रों के माल विक्रय में परेशानी उत्पन्न हो गयी। नवीन विज्ञापनों के कारण उत्पादन लागत में अत्यधिक वृद्धि हो गयी थी। इस प्रकार अन्तर्राष्ट्रीय व्यापार में अनेक समस्याएँ उत्पन्न हो गयी थीं। अत: पूँजीपतियों एवं व्यापारियों ने गैट को स्थापित कर माल विक्रय हेतु दूरदर्शी योजनाएँ निर्मित की थीं।

गैट की प्रथम बैठक में सदस्य राष्ट्रों की संख्या 23 थीं परन्तु स्थापना के अन्त तक आठवें चक्र की बैठकों में सदस्य राष्ट्रों की संख्या 117 हो गयी। इस प्रकार गैट संस्था में अनेक बैठकें आयोजित की गयीं जो विश्व व्यापार के विकास एवं संवर्धन हेतु अत्यन्त महत्त्वपूर्ण थीं।

इस प्रकार से गैट के आठवें चक्र में कुल 15 मदों को सम्मिलित किया गया जिन्हें दो भागों में विभक्त किया जाता है। प्रथम व्यापारिक वस्तुएँ तथा द्वितीय अन्य सेवाएँ हैं।

1. प्रथम व्यापार सम्बन्धी।

1. प्रशुल्क (2) गैर प्रशुल्क उपाय (3) ऊष्ण कटिबन्धीय उत्पाद (4) राष्ट्रीय संसाधनों पर आधारित उत्पाद (5) वस्त्र एवं कपड़ा (6) कृषि (7) गैट धारायें (8) सुरक्षा (9) बहु पक्षीय व्यापार समझौते एवं व्यवस्थाएँ (10) सब्सिडीज (11) विवाद सम्बन्धी निपटारे (12) बौद्धिक सम्पदा अधिकार के व्यापार सम्बन्धी पहलू (13) व्यापार सम्बन्धी निवेश उपाय (14) गैट कार्य पद्धति।

2. द्वितीय भाग में व्यापार की सेवाओं हेतु पृथक वार्ता को सम्मिलित किया गया। भविष्य में उपरोक्त 14 मदों को पुन: सात क्षेत्रों में विभक्त किया गया।

(1) बाजार पहुँच (2) कृषि (3) वस्त्र (4) ट्रिम्स (5) ट्रिप्स (6) सेवाओं का व्यापार (7) संस्थागत मामले।

उपरोक्त विषयों पर आपसी सहमति प्राप्त नहीं हो सकी। अत: बौद्धिक सम्पदा अधिकार के व्यापारिक पहलू ट्रिप्स (TRIPS) एवं व्यापारिक निवेश उपायों ट्रिम्स (TRIMS) तथा सेवाओं को गैट के अन्तर्गत लाने की सहमति नहीं प्राप्त हुई। भारत सहित अनेक विकासशील राष्ट्रों अमेरिका द्वारा प्रस्तुत इस प्रस्ताव का अत्यधिक विरोध हुआ। आठवें चक्र के पूर्व तक इन विषयों को गैट के अन्तर्गत सम्मिलित नहीं किया गया था। इस विषय पर विकासशील राष्ट्रों की यह धारणा थी कि यदि विकसित राष्ट्रों को मुक्त व्यापार की छूट दे दी जायेगी तो विकासशील देशों का इन क्षेत्रों में विकास रुक जायेगा। विकासशील देश इस पर पूर्ण रूपेण सजग थे। विकसित देशों का यह विचार था कि विकासशील देश उन्हें प्रत्येक क्षेत्र में सुविधा प्रदान करें जिससे उन राष्ट्रों के अग्रणी क्षेत्र जैसे सेवा, बौद्धिक सम्पत्ति तथा निवेश आदि अनेक महत्त्वपूर्ण विषयों में एकाधिकार स्थापित कर अन्तर्राष्ट्रीय प्रतिस्पर्धा में विकासशील देशों को इन क्षेत्रों से पूर्ण रूपेण निष्कासित कर दें। इसके फलस्वरूप उरूग्वे-चक्र के समझौते पर हस्ताक्षर कर दिया जिसमें 1 जनवरी 1995 से विश्व व्यापार संगठन की स्थापना हो गयी। लगभग पाँच दशक तक विश्व व्यापार की महत्त्वपूर्ण संस्था गैट को 12 दिसम्बर 1995 को समाप्त कर दिया गया।

अभ्यास (Exercise)

चयनित प्रश्न (Selected Questions)

1. प्रशुल्क एवं व्यापार पर सामान्य समझौते से आप क्या समझते हो? इसके क्या उद्देश्य हैं? इसका वर्णन कीजिए।

2. प्रशुल्क एवं व्यापार पर सामान्य समझौता क्या है? इसके सिद्धान्तों का वर्णन कीजिए।

3. उरुग्वे-राउण्ड तथा डंकल प्रस्ताव क्या है? इसकी विस्तृत व्याख्या कीजिए।

4. प्रशुल्क और व्यापार पर सामान्य समझौते का भारतीय अर्थव्यवस्था पर क्या प्रभाव है? इसकी व्याख्या कीजिए।

5. संक्षिप्त टिप्पणी लिखिए:

(अ) व्यापार सम्बन्धी निवेश के उपाय (Trade Related Investment)

(ब) उरुग्वे-चक्र (Urugvay Round)।

13

विश्व व्यापार संगठन

(World Trade Organisation – W.T.O.)

विश्व व्यापार संगठन (W.T.O.) की स्थापना 1 जनवरी 1995 को गैट (GATT) के स्थान पर हुई है। W.T.O. का उदय गैट की दीर्घकालीन वार्ता के फलस्वरूप हुआ। विश्व व्यापार संगठन एक स्थायी संगठन है। भारत ने विश्व व्यापार संगठन का अनुमोदन 30 जनवरी 1994 को किया और विश्व व्यापार संगठन का प्रारम्भिक सदस्य बन गया। विश्व व्यापार संगठन की स्थापना डंकल प्रस्तावों को स्वीकार करने पर ही हुई। इस डंकल प्रस्ताव पर 15 अप्रैल, 1994 को मोरक्को के माराकेस नगर में गैट के 124 सदस्य देशों द्वारा हस्ताक्षर कर दिये गये। भारत इस समझौते पर हस्ताक्षर करके विश्व व्यापार संगठन का संस्थापक सदस्य बन गया। इस संगठन की स्थापना विश्व व्यापार में वृद्धि करने तथा अन्तर्राष्ट्रीय व्यापार में अनेक समस्याओं के समाधान हेतु की गई है। विश्व व्यापार संगठन एक अधिक शक्तिशाली संगठन है।

मुख्यालय (Head Quarter): विश्व व्यापार संगठन का मुख्यालय जेनेवा (स्विट्जरलैण्ड) में स्थित है।

सदस्यता: विश्व व्यापार संगठन के सदस्यों की संख्या वर्ष 2016 तक 164 हो गई है।

विश्व व्यापार संगठन का प्रबन्ध (Mangement of W.T.O.)

विश्व व्यापार संगठन के कार्य संचालन हेतु एक सामान्य परिषद (General Council) है जिसमें प्रत्येक राष्ट्र सदस्य एक स्थायी प्रतिनिधि होता है। इसकी बैठक सामान्यत: जेनेवा में स्थित मुख्यालय पर माह में एक बार होती है। इसके कार्यों के नीति निर्धारण के सर्वोच्च अधिकार इसके मंत्रिस्तरीय सम्मेलन को प्राप्त हैं। इस सम्मेलन का आयोजन प्रत्येक दो वर्ष के उपरान्त होता है। संगठन के सामान्य परिषद द्वारा प्रत्येक दिन के कार्यों को संचालित करने हेतु संगठन का सर्वोच्च पदाधिकारी महानिदेशक (Director General) होता है। महानिदेशक का कार्यकाल 4 वर्ष का होता है। महानिदेशक की सहायता हेतु 4 उपमहानिदेशकों की भी नियुक्ति होती है। इनकी नियुक्ति चुनाव द्वारा होती है जो सदस्य राष्ट्रों में ही होते हैं।

विश्व व्यापार संगठन के उद्देश्य (Objectives of World Trade Organisation)

विश्व व्यापार संगठन के मुख्य उद्देश्य निम्नलिखित हैं:

1. विश्व व्यापार संगठन द्वारा समग्र विश्व के जीवन-स्तर में वृद्धि करना।
2. अन्तर्राष्ट्रीय व्यापार के विकास द्वारा सम्पूर्ण विश्व में पूर्ण रोजगार की वृद्धि।
3. समस्त विश्व में समग्र उत्पादन में अभिवृद्धि करना तथा व्यापार में व्यापक प्रसार करना।
4. विश्व के संसाधनों का अनुकूलतम प्रयोग करना।
5. अन्तर्राष्ट्रीय व्यापारिक विवादों का निपटारा।
6. अन्तर्राष्ट्रीय व्यापार में भेदभाव की विचारधारा को समाप्त कर सकारात्मकता लाना।
7. विश्व व्यापार संगठन द्वारा अन्तर्राष्ट्रीय व्यापार को इसके उद्देश्य के आधार पर ही नियम को व्यवस्थित करना एवं इसके नियमों के अनुरूप नीति निर्धारण एवं लागू करना।
8. अन्तर्राष्ट्रीय व्यापार को उत्थान एवं अविरत विकास (Sustainable Development) हेतु प्रोत्साहन की अवधारणा को स्वीकार करना।
9. पर्यावरण का संरक्षण एवं सुरक्षा करना।

इस प्रकार उसका मुख्य उद्देश्य व्यापार एवं अनवरत विकास की अवधारणा को साकार कर अन्तर्राष्ट्रीय व्यापार के अवरोध को समाप्त करना है।

विश्व व्यापार संगठन के कार्य (Functions of World Trade Organisation)

विश्व व्यापार संगठन के निम्नलिखित प्रमुख कार्य हैं:

1. विश्व व्यापार एवं प्रशुल्क से सम्बन्धित भावी समस्याओं पर विचार-विमर्श हेतु एक ही मंच में होना।
2. अन्तर्राष्ट्रीय व्यापार समझौते एवं बहुपक्षीय समझौतों को कार्यान्वित करना।
3. अन्तर्राष्ट्रीय व्यापार के प्रशासन एवं परिचालन हेतु सुविधा उपलब्ध कराना।
4. व्यापार विवादों से सम्बन्धित नियमों एवं प्रक्रियाओं को प्रशासित करना।
5. अन्तर्राष्ट्रीय व्यापार नीति समीक्षा प्रक्रिया से सम्बन्धित नियमों को क्रियान्वित कराना।
6. विश्व व्यापार संगठन का कार्य वैश्विक आर्थिक निर्माण में अत्यधिक सामंजस्यता लाने, अन्तर्राष्ट्रीय मुद्राकोष एवं विश्व बैंक से सहायता प्राप्त करना है।
7. अन्तर्राष्ट्रीय व्यापार में सम्पूर्ण विश्व के संसाधनों का अनुकूलतम प्रयोग करना है।

W.T.O. विश्व व्यापार संगठन के सम्मेलन: यह शक्तिशाली मंच है दो वर्ष में कम से कम एक बार आयोजित होता है।

W.T.O. का प्रथम सम्मेलन (First Conference of W.T.O.)

विश्व व्यापार संगठन का प्रथम मंत्रिस्तरीय सम्मेलन 9 दिसम्बर से 13 दिसम्बर तक 1996 को सिंगापुर में आयोजित हुआ। इस सम्मेलन का मुख्य विषय श्रम मानक निर्धारित करना, निवेश एवं प्रतिस्पर्धा को अन्तर्राष्ट्रीय से सम्बन्धित करना आदि थे। भारत के साथ अन्य विकासशील राष्ट्र इस विषय के विपक्ष में थे तथा अन्य विकसित राष्ट्र पक्ष में थे। भारत का तर्क था कि श्रम मानक W.T.O. की विषय नहीं बल्कि अन्तर्राष्ट्रीय श्रम संगठन (ILO) का विषय है। भारत के मत को स्वीकार किया गया। इसके द्वारा यह व्यक्त

किया गया कि विकासशील राष्ट्रों के व्यापार को प्रतिबन्धित करने हेतु श्रम मानकों का प्रयोग नहीं होगा। निवेश तथा अन्तर्राष्ट्रीय व्यापार सम्बन्धित विवादों की समस्या का TRIMS द्वारा समाधान करने का निश्चय किया गया। इसके हेतु एक कार्यकारी दल का गठन होगा। प्रथम सम्मेलन की सर्वाधिक महत्त्वपूर्ण उपलब्धि थी कि कम्प्यूटर एवं सूचना प्रौद्योगिकी को 2000 तक अन्तर्राष्ट्रीय व्यापार में शुल्क मुक्त रखा जायेगा। इस पंच दिवसीय सम्मेलन में 128 राष्ट्रों के वाणिज्य मंत्रियों ने भाग लिया था तथा सम्मेलन सफल रहा।

W.T.O. का द्वितीय सम्मेलन (Second Conference of W.T.O.): अन्तर्राष्ट्रीय व्यापार संगठन का द्वितीय मंत्रिस्तरीय सम्मेलन 18 मई से 20 मई तक 1998 को जेनेवा में सम्पन्न हुआ। इस सम्मेलन में 132 राष्ट्रों के वाणिज्य मंत्रियों ने भाग लिया। इस सम्मेलन को भारत ने विकासशील राष्ट्रों के साथ भेदभाव पूर्ण बताया। भारत ने क्षेत्रीय व्यापारिक गुटों के प्रसार की निन्दा की।

W.T.O. का तृतीय सम्मेलन (Third Conference of W.T.O.): विश्व व्यापार संगठन का तृतीय मंत्रिस्तरीय सम्मेलन 30 नवम्बर से 3 दिसम्बर 1999 तक अमेरिका के सियेटल नगर में हुआ। इस सम्मेलन में 135 राष्ट्रों ने भाग लिया। यह सम्मेलन विवादास्पद रहा। पर्यावरण संरक्षण एवं मानवाधिकार जैसे महत्त्वपूर्ण विषयों पर ध्यान नहीं दिया जा रहा था। भारत के साथ अन्य विकासशील राष्ट्रों ने व्यापक स्तर पर इसका विरोध किया। श्रम मानक जैसे गैर–व्यापारिक विषयों को केन्द्र बिन्दु मानकार वार्ता चल रही थी। कृषि सेवाओं के व्यापार सम्बन्धी समझौते आदि विवादास्पद विषयो पर आम सहमति न मिलने से यह सम्मेलन सफल नहीं हो सका। इस सम्मेलन की समाप्ति पर कोई घोषणा पत्र जारी नहीं किया गया। सम्मेलन को स्थगित करने की घोषणा कर दी गई।

W.T.O. का चतुर्थ सम्मेलन (Fourth Conference of W.T.O.): विश्व व्यापार संगठन का चतुर्थ मंत्रिस्तरीय सम्मेलन 9 नवम्बर से 14 नवम्बर, 2001 तक दोहा, कतर में आयोजित किया गया। तृतीय सम्मेलन की असफलता के कारण विश्व व्यापार संगठन हेतु विस्तृत कार्य सूची का पृष्ठांकन माँगने हेतु कतिपय विकसित देशों के सम्मिलित प्रयासों के संदर्भ में इस सम्मेलन की अत्यधिक महत्ता है। निवेश पर बहुपक्षीय शासन, प्रतियोगी नीति, व्यापार सुविधा, तथा पर्यावरण आदि सम्मिलित हैं। तथा भारत श्रम जैसे विषयों की वार्ता के विपक्ष में था। भारत ने अनेक विषयों को हल करने हेतु रेखांकन किया। भारत ने पर्यावरण सुरक्षा की चिन्ता व्यक्त करने की आड़ में कोई भी व्यापार सम्बन्धी प्रतिबन्ध लगाने का समर्थन नहीं किया।

पंचम मंत्रिस्तरीय सम्मेलनः विश्व व्यापार संगठन की सामान्य परिषद की बैठक 13 मई ये 14 मई 2002 को आयोजित सम्मेलन के निर्णय के आधार पर W.T.O. का पंचम मंत्रिस्तरीय सम्मेलन 10 सितम्बर से 14 सितम्बर 2003 को मैक्सिको में आयोजित हुआ।

छठवाँ मंत्रिस्तरीय सम्मेलनः छठवाँ मंत्रिस्तरीय सम्मेलन 13 से 18 दिसम्बर 2005 तक हाँगकाँग (चीन) में सम्पन्न हुआ।

सातवाँ मंत्रिस्तरीय सम्मेलनः सातवाँ मंत्रिस्तरीय सम्मेलन 30 नवम्बर से 2 दिसम्बर, 2009 में जेनेवा में सम्पन्न हुआ।

आठवाँ मंत्रिस्तरीय सम्मेलनः आठवाँ मंत्रिस्तरीय सम्मेलन 15–17 दिसम्बर, 2011 में जेनेवा में सम्पन्न हुआ।

नौवाँ मंत्रिस्तरीय सम्मेलनः नौवाँ मंत्रिस्तरीय सम्मेलन 3–6 दिसम्बर 2013 में बाली (इण्डोनेशिया) में सम्पन्न हुआ।

दसवाँ मंत्रिस्तरीय सम्मेलनः दसवाँ मंत्रिस्तरीय सम्मेलन 15–19 दिसम्बर 2015 में नैरोबी (केन्या) में सम्पन्न हुआ।

विश्व व्यापार संगठन (World Trade Organization)

WTO के मंत्रिस्तरीय सम्मेलन (Ministerial Conference of WTO)

सम्मेलन (Conference)	वर्ष (Year)	स्थान (Place)
पहला	9–13 दिसम्बर, 1996	सिंगापुर
दूसरा	18–20 मई, 1998	जेनेवा
तीसरा	30 नवम्बर–3 दिसम्बर, 1999	सियेटल
चौथा	9–14 नवम्बर, 2001	दोहा (कतर)
पाँचवाँ	10–14 सितम्बर, 2003	केनकुन (मैक्सिको)
छठवाँ	13–18 दिसम्बर, 2005	हाँगकाँग (चीन)
सातवाँ	30 नवम्बर–2 दिसम्बर, 2009	जेनेवा
आठवाँ	15–17 दिसम्बर, 2011	जेनेवा
नौवाँ	3–6 दिसम्बर, 2013	वाली (इण्डोनेशिया)
दसवाँ	15–19 दिसम्बर, 2015	नैरोबी (केन्या)
ग्यारहवाँ	10–13 दिसम्बर, 2017	व्यूनस आयर्स (अर्जेंटीना)

वर्तमान में WTO की सदस्यता (Membership of WTO in Current)

सितम्बर 2016 तक WTO की सदस्य संख्या 164 हो गई थी। 26 अप्रैल 2015 को सेशेल्स को WTO का 161वाँ सदस्य बनाया गया था। 27 जुलाई 2015 को कजाखस्तान WTO का 162वाँ सदस्य, लाइबेरिया इसका 163वाँ सदस्य तथा 19 दिसम्बर 2015 को अफगानिस्तान विश्व व्यापार संगठन का 164वाँ सदस्य बना। वर्तमान में विश्व के अन्य 30 देश WTO की सदस्यता ग्रहण करने की प्रक्रिया में है।

WTO के मंत्रिस्तरीय सम्मेलन (Ministerial Conference of WTO)

WTO की सबसे बड़ी निर्णायक संस्था सदस्य देशों के मंत्रियों का सम्मेलन है। जिसकी बैठक 2 वर्ष में होना अति आवश्यक है। अब तक 1995 से WTO की स्थापना के पश्चात् 11 मंत्रिस्तरीय सम्मेलन हो चुके हैं।

WTO का दसवाँ मंत्रिस्तरीय सम्मेलन (10th Ministerial Conference of WTO)

मंत्रिस्तरीय सम्मेलन (MC 10) कीनिया की राजधानी नैरोबी में 15–18 दिसम्बर 2015 को सम्पन्न हुआ। यह सम्मेलन मूलत: 15–18 दिसम्बर के लिए प्रस्तावित था। किन्तु वार्ता लम्बी चलने के काण यह एक दिन बाद तक चला। सम्मेलन में भारतीय शिष्टमण्डल का नेतृत्व केन्द्रीय वाणिज्य मंत्री निर्मला सीतारमण ने किया। विकसित देशों के प्रतिरोध के कारण 14 वर्ष से लम्बित दोहा दौर के समझौतों पर इस सम्मेलन में कोई सहमति नहीं बन पायी। खाद्य सुरक्षा हेतु पब्लिक स्टाक होल्डिंग का विषय भी विवादित रहा। यद्यपि भारत के दबाव में विकासशील राष्ट्रों में यह सहमति बन गई जिसके तहत विकासशील देशों को अपने कृषकों के हितों की सुरक्षा हेतु स्पेशल सेफ गार्ड मैकेनिज्म (SSP) का इस्तेमाल करने की अनुमति दे दी गई। वर्ष 2015 में WTO के स्थापना के 20 वर्ष होने के नाते यह सम्मेलन अत्यन्त महत्त्वपूर्ण था।

WTO का ग्यारहवाँ मंत्रिस्तरीय सम्मेलन (11th Ministerial Conference of WTO)

WTO का ग्यारहवाँ मंत्रिस्तरीय सम्मेलन का आयोजन ब्यूनस आयर्स अर्जेंटीना में 10-13 दिसम्बर, 2017 के मध्य सम्पन्न हुआ। भारत और चीन में इस सम्मेलन में हुई वार्ता का डटकर विरोध किया। विकसित देशों द्वारा कृषकों को दिये जा रहे प्रक्षेत्र अनुदान (Farm Agriculture Subsidy) को समाप्त करने हेतु संयुक्त रूप से प्रस्ताव पेश किया है। विकसित देशों द्वारा दी जा रही यह सब्सिडी (Subsidy) इस व्यापार को सबसे अधिक विकृत करती है। जिससे विकासशील राष्ट्र प्रभावित होते हैं। भारत विकासशील देशों में अग्रणी भूमिका निभा रहा है।

सम्बद्ध समितियाँ

WTO के कार्य संचालन हेतु अनेक महत्त्वपूर्ण समितियाँ में सर्वाधिक महत्त्वपूर्ण दो समितियाँ हैं-

1. विवाद निवारण समिति (Dispute Settlement Body, DSB)
2. व्यापार नीति समीक्षा समिति (Trade Policy Review Body, TPRB)

इसके अतिरिक्त WTO की निम्न महत्त्वपूर्ण समितियाँ हैं-

1. वस्तु व्यापार परिषद (Council for Trade in Goods)
2. सेवा व्यापार परिषद (Council for Trade in Services)
3. बौद्धिक सम्पदा के अधिकारों के व्यापार सम्बन्धी पहलुओं पर परिषद (Council for Trade Related Aspect of Intellectual Property Rights)

भारत प्रशुल्क एवं व्यापार पर सामान्य समझौते (GATT) एवं विश्व व्यापार संगठन (W.T.O.) का संस्थापक सदस्य है। तथापि भारत को W.T.O. के समझौतों के क्रियान्वयन न होने से इनकी कमियों का सामना करना पड़ा। भारत को ज्ञात हुआ कि विकसित राष्ट्रों ने अपने उत्तरदायित्वों को W.T.O. के अनुरूप पूरा नहीं किया। इन समझौतों में विकासशील राष्ट्रों के पक्ष वाली विशिष्ट व्यवहार वाली धाराओं का क्रियान्वयन नहीं किया। भारत ने अन्य विकासशील राष्ट्रों से भी W.T.O. की इस नीति के प्रति चिन्ता व्यक्त की। इस प्रकार भारत W.T.O. की नीतियों के प्रति सजग प्रहरी का कार्य कर रहा है। विकासशील राष्ट्रों में भारत अग्रणी है।

गैट एवं डब्लू॰ टी॰ ओ॰ की स्थापना एवं विकास
(Establishment and Development of GATT and WTO)

- प्रशुल्क एवं व्यापार पर सामान्य समझौता (General Agreement on Tariffs and Trade, GATT)
  - स्थापना (1947)
  - मुख्यालय जेनेवा (स्विट्जरलैण्ड)
  - 23 राष्ट्रों के सदस्य देशों के हस्ताक्षर (स्थापना के समय)
  - आठवें उरूग्वे-राउण्ड एवं डंकल प्रस्ताव
  - 124 सदस्य राष्ट्र
  - भारत संस्थापक सदस्य
- विश्व व्यापार संगठन (World Trade Organization, WTO)
  - स्थापना (1995)
  - मुख्यालय जेनेवा (स्विट्जरलैण्ड)
  - 124 सदस्य राष्ट्रों के हस्ताक्षर 15 अप्रैल 1994 (स्थापना के समय) माराकेश (मोरक्को)
  - वर्तमान में सदस्य राष्ट्र 164
  - WTO का ग्यारहवाँ मंत्रिस्तरीय ब्यूनस आयर्स (अर्जेंटीना)
  - भारत संस्थापक सदस्य
  - मंत्रिस्तरीय सम्मेलन (प्रत्येक दो वर्ष पश्चात)
  - महानिदेशक का कार्यकाल (चार वर्ष)

अभ्यास (Exercise)

चयनित प्रश्न (Selected Questions)

1. विश्व व्यापार संगठन क्या है? इसके सिद्धान्तों का वर्णन कीजिए।
2. विश्व व्यापार संगठन के मंत्रिस्तरीय सम्मेलन से क्या समझते हैं? उसकी विस्तृत व्याख्या कीजिए।
3. विश्व व्यापार संगठन के ब्यूनस आयर्स में हुए मंत्रिस्तरीय सम्मेलन में कृषि से सम्बन्धित प्रस्तावों पर एक लेख लिखिए।
4. विश्व व्यापार संगठन का भारतीय कृषि पर प्रभाव, इस कथन पर अपने विचार व्यक्त कीजिए।
5. संक्षिप्त टिप्पणी लिखिए-

(अ) विवाद निवारण समिति (Despute Settlement Body, DSB)

(ब) वस्तु व्यापार परिषद (Concil for Trade in Goods)

(स) व्यापार नीति समीक्षा समिति (Trade Policy Review Body, TPRB)

(द) वैश्वीकरण एवं उदारीकरण (Globalization and Liberalization)।

14

कृषि पर समझौता
(Agreement on Agriculture, AOA)

विश्व व्यापार संगठन का दोहा विकास दौर वर्ष 2001 (कतर) में सम्मेलन प्रारम्भ किया गया। इस पर विकसित एवं विकासशील राष्ट्रों के मध्य कृषि पर समझौता (Agreement on Agriculture) हुआ था जिसके अन्तर्गत तीन मुख्य प्रावधान हैं, जैसे-बाजार पहुँच, घरेलू अनुदान एवं निर्यात अनुदान हैं। इसके अतिरिक्त खाद्य सुरक्षा एवं बौद्धिक सम्पदा के अधिकारों से सम्बन्धित अन्य प्रावधान भी हैं जो अत्यन्त महत्त्वपूर्ण हैं। भारतीय कृषि पर इसके निहितार्थ महत्त्वपूर्ण भूमिका है। इस परिप्रेक्ष्य में इसकी विस्तृत व्याख्या की जा रही है। भारतीय कृषि पर इस समझौते का विशेष प्रभाव पड़ा है।

कृषि पर समझौते के प्रमुख प्रावधान (Major Provisions of Agreement on Agriculture, AOA)

कृषि पर समझौता (AOA), विश्व व्यापार संगठन (WTO) के अन्तर्गत बहुपक्षीय व्यापार समझौते का एक भाग है। इस समझौते पर मोरक्को के माराकेश नगर में 15 अप्रैल 1994 को 124 सदस्यीय देशों ने हस्ताक्षर कर दिया। जनवरी 1995 से यह लागू हो गया।

विकसित एवं विकासशील राष्ट्रों के मध्य जो आर्थिक दूरियाँ हैं उनको कम करने के लिए इसे लागू किया गया ताकि अविकसित एवं विकासशील राष्ट्र जहाँ अधिकांशतया गरीब लोग निवास करते हैं, उन देशों की कृषि में उन्नति एवं समृद्धता लाकर चहुँमुखी विकास के उद्देश्य से यह प्रभावित हुआ। विकसित राष्ट्र जो कृषि पर भारी अनुदान (Subsidy) देते हैं उन पर अंकुश लगाया जाए तथा उनके कृषि पर अनुदान को कम किया जाए। इस विषय पर विकासशील राष्ट्रों ने भारत के नेतृत्व में विकसित राष्ट्रों का डटकर विरोध किया। इसका मुख्य उद्देश्य यह था कि प्राकृतिक संसाधनों का प्रयोग न्यूनतम मात्रा में किया जाये। कृषि व्यापार समझौते के अन्तर्गत तीन प्रकार के मुख्य प्रावधान सम्मिलित हैं-

1. बाजार पहुँच वचनबद्धता (Market Access Commitment)
2. घरेलू अनुदान (Domestic Subsidies)
3. निर्यात अनुदान (Export Subsidies)

1. बाजार पहुँच वचनबद्धता (Market Access Commitment): बाजार पहुँच वचनबद्धता का मुख्य उद्देश्य कृषि क्षेत्र के व्यापार में जो विकृतियाँ पैदा हो गयी हैं इनको कम करना जिससे विकासशील एवं गरीब देशों की जो कृषि जीवकोपार्जन है उसमें उन्नति हो सके। सभी प्रशुल्क दरों के कमी की जाए जैसे कोटा, परमिट प्रणाली, लाइसेंसिंग प्रणाली, स्पेशल सेफ गार्ड आदि। विकसित राष्ट्रों के लिए 36 प्रतिशत की कमी हेतु 6 वर्ष का समय दिया गया कम से कम 15 प्रतिशत तथा विकासशील राष्ट्रों के लिए 24 प्रतिशत की कमी 10 वर्षों में करना है। भारत में कई प्रकार की कस्टम ड्यूटी का प्रयोग होता है जैसे बेसिक कस्टम ड्यूटी (Basic Custom Duty), अतिरिक्त कस्टम ड्यूटी (Additional Custom Duty) एवं विशेष कस्टम ड्यूटी (Special Custom Duty)। कृषि वस्तुओं पर सरचार्ज भी सम्मिलित रहता है।

भारत ने प्रशुल्क दरों को शीघ्र ही कम दिया। कृषि उत्पाद जैसे चावल, स्किमड मिल्क पाउडर, मक्का, सोयाबीन इनको प्रशुल्क एवं व्यापार पर सामान्य समझौता (General Agreement on Tarrifs and Trade GATT) समझौते पर समाप्त कर दिया गया या कम कर दिया गया। इस प्रकार प्रशुल्क दरों में कमी उदारीकरण एवं वैश्वीकरण के परिणामस्वरूप हुई। भारत ने इस प्रतिबन्धित कर के आधार पर प्राथमिक कृषि उत्पादों में 100 प्रतिशत, प्रसंस्करित उत्पादों में 150 प्रतिशत एवं खाने योग्य तेल में 300 प्रतिशत कमी की है जो कुछ अपवादों के साथ प्रतिबन्धित कर लगाये गये हैं। बहुत से देश अपने कृषि उत्पादों को लागत मूल्य से कम पर बिक्री करते हैं ताकि दूसरे देशों के व्यापार पर कब्जा कर सकें, अथवा अधिक उत्पादन को खपा सकें। विकसित राष्ट्रों में जापान, यू०एस०ए०, ई०यू०, कनाडा आदि देश हैं जो चावल, दूध एवं दुग्ध से निर्मित उत्पादों पर प्रतिबन्धित कर (Bonded Duty) लगाकर भारी मात्रा में सुरक्षा करते हैं। विकसित राष्ट्रों में जापान ने सर्वाधिक प्रशुल्क दरों की दीवारें खड़ी की हैं। जैसे चावल में 700 प्रतिशत एवं दुग्ध उत्पादों में 557 प्रतिशत है। इस प्रकार विकसित देश आयातों में भारी कर लगाकर अपने उत्पादों का संरक्षण करते हैं।

2. घरेलू अनुदान (Domestic Subsidies): घरेलू अनुदान (Domestic Subsidy) के अन्तर्गत Aggregate measure of domestic support (AMS) व्यक्तिगत उत्पाद के उत्पादन मूल्य का अधिकतम 5 प्रतिशत विकसित देशों के लिए तथा 10 प्रतिशत विकासशील राष्ट्रों के लिए प्रावधान रखा गया। AMS अनुदान अम्बर-बाक्स अनुदान कहलाता है। इसके अन्तर्गत अनुत्पाद विशेष अनुदान तथा उत्पाद विशेष अनुदान दोनों सम्मिलित रहते हैं। जैसे पानी, बिजली, साख, उर्वरक, बीज, फसल सुरक्षा के उपाय एवं प्रक्षेत्र मशीनरी आदि। इसके अनुदान में कमी करने के लिए विकसित राष्ट्र 20 प्रतिशत 6 वर्षों की अवधि एवं विकासशील राष्ट्रों के लिए 13.3 प्रतिशत 10 वर्षों की अवधि का प्रावधान रखा गया। AMS की गणना उत्पाद की घरेलू कीमत में अन्तर्राष्ट्रीय कीमत को घटाने के आधार पर की जाती है।

(*i*) **ग्रीन-बाक्स सब्सिडी:** इसके अन्तर्गत शोध, फसल सुरक्षा, खाद्य सुरक्षा प्रशिक्षण, प्रसार सेवाएँ, आधारीय संरचना, विपणन, प्रोन्नति सेवाएँ वातावरण सम्बन्धी कार्यक्रम, कृषकों के लिए बीमा, संरचनात्मक कार्यक्रम आदि सम्मिलित हैं। इन कार्यक्रमों के लिए सरकार सहायता प्रदान करती है।

(*ii*) **ब्लू-बाक्स:** इसके अन्तर्गत कृषकों को सीधे अनुदान प्रदान किया जाता है। उत्पादन के आधार पर सब्सिडी उपलब्ध की जाती है।

ग्रीन-बाक्स एवं ब्लू-बाक्स के अन्तर्गत विकसित देश पारदर्शिता का निर्वहन नहीं करते हैं। विकसित राष्ट्र विशेष रूप से यू०एस०ए०, योरोपीय संघ के देश (EU) एवं जापान के हिस्से में कुछ सदस्यीय देशों के कुल ग्रीन बाक्स व्यय का 87.5 प्रतिशत है। कृषि पर समझौता (AOA) की घरेलू अनुदान प्रावधान के अन्तर्गत वर्तमान में यूरोप एवं यू०एस०ए० अकेले प्रतिवर्ष 8380 बिलियन डालर खर्च करते हैं। इस प्रकार विकसित

राष्ट्र अपने वायदे के अनुसार खरे नहीं उतरे वे अपने कृषकों को भारी मात्रा में सब्सिडी देते हैं। इनकी तुलना में विकासशील देश अपने कृषकों को बहुत कम अनुदान (सब्सिडी) उपलब्ध करा पाते हैं। सब्सिडी की तो भारी मात्रा के प्रभाव से उनकी उत्पादन लागत कम हो जाती है तथा उत्पादन भी अत्यधिक होता है। इसके कारण कृषि उत्पाद सस्ते हो जाते हैं, इसकी तुलना में विकासशील देशों के उत्पाद अपेक्षाकृत महँगे होते हैं जिससे विकासशील देशों को अपने ही देश में उत्पादों का विक्रय कठिन हो जाता है। विकसित राष्ट्र चाहते हैं कि विकासशील राष्ट्र उनके लिए मुक्त दरवाजे खोल दें, खुली छूट दे दें। विकसित राष्ट्र, विकासशील राष्ट्रों पर अपने उत्पादों को डम्प कर देते हैं इससे बचाव हेतु विकासशील एंटीडम्पपिंग कानून लागू कर देते हैं ताकि उनके उत्पाद सुरक्षित रह सकें। इस प्रकार वैश्विक व्यापार का सामना गरीब देशों के लिए अत्यधिक कठिन हो जाता है। इस प्रकार बहुत भारी मात्रा में सब्सिडी से गरीब देश प्रभावित होते हैं तथा गरीब देशों के लिए इस प्रकार मात्रा से सब्सिडी देना सम्भव नहीं है। ये कृषकों को उत्पादन मूल्य की बहुत थोड़ी मात्रा में सब्सिडी प्रदान करते हैं जिससे उनके उत्पादन में कमी तथा उत्पादों की गुणवत्ता में कमी होती है। इस प्रकार विकासशील एवं अल्प विकसित राष्ट्र वैश्विक बाजार में विकसित राष्ट्रों का सामना नहीं कर पाते और उनके निर्यात भी प्रभावित होते हैं।

भारत में कृषि अनुदान

(Agricultural Subsidies in India)

(करोड़ रुपये)

वर्ष	कृषि अनुदान					कृषि उत्पादन का मूल्य	अनुदान कृषि उत्पाद मूल्य के प्रतिशत के रूप में
	उर्वरक	विद्युत	सिंचाई	अन्य	कुल		
1993–94	4562	2400	5872	1235	14069	249421	5.64
1997–98	9918	4937	10318	983	26156	394802	6.63
2001–02	12995	10410	13009	3234	39248	534488	7.34
2005–06	18460	19431	14280	5647	57818	732234	7.90
2008–09	76603	27489	23665	33160	160917	1067592	15.07

उपरोक्त तालिका से ज्ञात होता है कि भारत में कृषि पर सब्सिडी उत्पाद मूल्य की मात्रा में बहुत कम दी जाती है। वर्ष 1993–94 में कृषि उत्पाद मूल्य 249421 करोड़ रुपये तथा कुल सब्सिडी 14096 करोड़ रुपये है जो कृषि उत्पाद मूल्य का 5.64 प्रतिशत है। हलाँकि सब्सिडी निरन्तर बढ़ रही है। वर्ष 2008-09 में कृषि उत्पाद मूल्य 1067592 करोड़ रुपये है तथा सब्सिडी 160917 करोड़ रुपये है जो कृषि उत्पाद मूल्य का 15.07 प्रतिशत है। इस प्रकार कृषि अनुदान में मुख्य रूप से उर्वरक, विद्युत, सिंचाई एवं अन्य आदतें सम्मिलित हैं।

भारत की तुलना में विदेशों में कृषि अनुदान (Subsidy) भारी मात्रा में प्रदान की जाती है। इस प्रकार Production Subsidy Equivalent (PSE), जो आर्थिक सहकारिता एवं विकास संगठन (Organization of Economic Cooperation and Development, OECD) देशों द्वारा दी जा रही सब्सिडी 5 प्रतिशत अनुदान सीमा की अपेक्षा अत्यधिक है। उदाहरणार्थ जापान के आधार (1986-88) में 67 प्रतिशत एवं यूरोपीयन देशों की 44

प्रतिशत थी। इसी प्रकार वर्ष 1999 में PSE 11792 अमेरिकन डालर प्रति कृषक जापान में, 831 डालर यूरोपीय देशों (EU) एवं भारत में मात्र 53 अमेरिकी डालर थी, जो विकसित देशों की तुलना में बहुत कम है। इसी प्रकार जापान में प्रति हेक्टेयर 26000 अमेरिकी डालर, यूरोपीयन देशों में 17000 डालर एवं भारत में मात्र 66 अमेरिकी डालर है। इस प्रकार हम देखते हैं कि भारत की तुलना में विकसित राष्ट्र सैकड़ों गुना कृषि उत्पादन सब्सिडी देते हैं जो निर्धारित सीमा से बहुत भारी मात्रा है। ग्रीन बाक्स सब्सिडी वैश्विक व्यापार को विकृत कर देती है। विकसित देशों के कृषि उत्पाद विकसित बाजारों में सस्ते हो जाते हैं। विकासशील देशों में भारत ने ग्रीन बाक्स सब्सिडी का सर्वाधिक विरोध किया है। साथ ही अन्य विकासशील राष्ट्र भारत के नेतृत्व में विकसित देशों की सब्सिडी कम करने के लिए निरन्तर संघर्ष कर रहे हैं। ग्यारहवें मंत्रिस्तरीय सम्मेलन में जो ब्यूनस आयर्स अर्जेंटीना में 10–13 दिसम्बर 2017 में सम्पन्न हुआ, इस पर भारत और चीन ने विकसित देशों को प्रदान की जा रही सब्सिडी को समाप्त करने हेतु संयुक्त रूप से प्रस्ताव पेश किया है। इस प्रकार की सब्सिडी से विकासशील राष्ट्र सर्वाधिक प्रभावित होते हैं।

3. निर्यात अनुदान (Export Subsidies): निर्यात अनुदान (Export Subsidies) के अन्तर्गत विकसित राष्ट्रों के लिए सब्सिडी को कम करने का प्रावधान 36 प्रतिशत 6 वर्षों के लिए था अनुदानित निर्यात (Subsidized Export) की मात्रा को न्यूनतम 21 प्रतिशत का प्रावधान है। इस प्रकार विकासशील देशों के लिए 24 प्रतिशत 10 वर्षों की अवधि के लिए तथा अनुदानित निर्यात की मात्रा को न्यूनतम 14 प्रतिशत रखा गया है। यह सब्सिडी आन्तरिक परिवहन, विपणन लागत एवं निर्यात प्रोन्नति को सम्मिलित करती है। निर्यात सब्सिडी निर्यात साख, गारण्टी या बीमा आदि।

कृषि पर समझौता (Agreement on Agriculture, AOA) निर्यात अनुदान प्रदान करना मात्र 25 देशों को ही स्वीकृति प्रदान करता है। उदाहरणार्थ यू०एस०ए०, यूरोपियन देश, कनाडा, टर्की एवं हंगरी देशों द्वारा गेहूँ पर 95 प्रतिशत सब्सिडी प्रदान की जा रही थी। इण्डोनेशिया, उरुग्वे, यूरोपीयन देश यू०एस०ए० एवं कम्बोडिया द्वारा चावल में 100 प्रतिशत सब्सिडी प्रदान की गई थी। यूरोपीयन देश सर्वाधिक निर्यात सब्सिडी का प्रयोग करने वाले देश हैं, उदाहरणार्थ शक्कर एवं दुग्ध उत्पाद।

कृषि पर समझौते का भारतीय कृषि के निहितार्थ कुछ महत्वपूर्ण बिन्दुओं पर ध्यानाकर्षण कराना अति आवश्यक है। जब हम भारतीय कृषि पर राष्ट्रीय स्तर में अवलोकन करते हैं, तो हम देखते हैं कि भारत में पंजाब एवं हरियाणा में गेहूँ की उत्पादकता सर्वाधिक है, अत: निर्यात में आधारीय आवश्यकताओं में बढ़ावा देने की विशेष आवश्यकता है। खाद्य सुरक्षा की दृष्टि से भी इनका स्थान महत्त्वपूर्ण है। गेहूँ के कुल उत्पादन में उत्तर प्रदेश महत्त्वपूर्ण स्थान रखता है। कृषकों को अत्यधिक उत्पादन में वृद्धि करने हेतु प्रोत्साहन प्रदान करना चाहिए। बाजार में विपणन व्यय में कमी, विपणन लागत, भण्डारण, परिवहन खर्चों की कमी होनी चाहिए। विशेष गुणवत्ता वाली कृषि उपजों के लिए निर्यात की सुविधाएँ प्रदान की जायें जिससे वैश्विक बाजार में हमारे देश के उत्पाद सामना कर सकें। वैश्विक बाजार प्रतियोगिता में हमारे उत्पाद टिक सकें। इस कार्य हेतु इसके अन्तर्गत बहुत सी योजनाएँ हैं जिनमें कुछ विशेष वस्तुओं के लिए सुविधाएँ प्रदान करती हैं। निर्यात सब्सिडी प्रदान करने से उत्पादकों का उत्साहवर्धन होता है। इसकी वैश्विक व्यापार में महत्त्वपूर्ण भूमिका है।

कृषि पर समझौते के अन्य मुख्य प्रावधान (Other Major Provisions of Agreement on Agriculture)

कृषि पर समझौते के निम्न अन्य मुख्य प्रावधान हैं:

1. सैनेटरी एवं फाइटो सैनेटरी उपाय (Sanitary and Phyto-sanitary Measures, SPS)
2. व्यापार से सम्बन्धित बौद्धिक सम्पदा के अधिकार (Trade Related Intellectural Property Rights, TRIPS)

1. सैनेटरी एवं फाइटो सैनेटरी उपाय (Sanitary and Phyto-sanitary Measures, SPS): सैनेटरी एवं फाइटो सैनेटरी उपायों द्वारा मानव, पशु एवं पक्षियों की सुरक्षा हेतु लागू किया जाता है। सैनेटरी मानव एवं पशुओं के स्वास्थ्य से सम्बन्ध रखता है तथा फाइटो सैनेटरी पादपों के स्वास्थ्य से सम्बन्धित है। इसके अन्तर्गत उत्पादों को रोग एवं बीमारियों से मुक्त होना, उत्पादों को विशेष उपचार या प्रसंस्करण एवं उत्पादों का निरीक्षण करना है कि कीटनाशी फसल सुरक्षा उपायों को किस सीमा तक प्रयोग किया गया है, इस तकनीक को मानव एवं पशुओं के जीवन की सुरक्षा हेतु लागू किया गया है।

टोकियो-राउण्ड या बहुपक्षीय व्यापार समझौता (Multilateral Trade Negotiation, 1974-79) में व्यापार की तकनीकी रूकावटों पर समझौता (An Agreement on Technical Barriers to Trade, 1979) TBT Agreement के नाम से जाना जाता है। इसे खाद्य सुरक्षा एक नये प्रतिरूप टोकियो राउण्ड TBT समझौते के नाम से जानते हैं। उरुग्वे-राउण्ड में यह एक पृथक समझौता (Agreement) है। SPS समझौता अन्तर्राष्ट्रीय बाजार में प्रतिस्थापित करने के लिए प्रोत्साहन देती है और WTO के सदस्यीय देशों की सरकारों को अपने उत्पादों को मानक कायम रखने हेतु भाग लेती है। इस सम्बन्ध में मुख्य रूप से खाद्य सुरक्षा हेतु संयुक्त रूप से FAO एवं WHO है। विकासशील राष्ट्रों के उत्पाद सैनेटरी एवं फाइटोसैनेटरी के मापदण्ड में खरे नहीं उतरते अत: उन्हें वैश्विक व्यापार में कठिनाई का सामना करना पड़ रहा है। विकसित राष्ट्र SPS मानकों के आधार पर विकासशील देशों के व्यापार में अवरोध उत्पन्न करते हैं। भारत जैसे अनेक राष्ट्र इसका सामना कर रहे हैं क्योंकि उत्पादों के मानकों के आधार अनेक कारक प्रभावित करते हैं। वर्तमान में विश्व व्यापार संगठन में इसकी विशेष महत्ता है।

2. व्यापार से सम्बन्धित बौद्धिक सम्पदा के अधिकार (Trade Related Intellectual Property Rights, TRIPs): व्यापार से सम्बन्धित बौद्धिक सम्पदा के अधिकार के अन्तर्गत किसी वस्तु का कापीरॉइट, ट्रेड मार्क, भौगोलिक संकेत, डिजाइन एवं पेटेण्ट के अधिकार आदि सम्मिलित किये जाते हैं।

उदाहरणार्थ पौधों की प्रजाति की सुरक्षा हेतु पेटेण्ट का प्रावधान रखा गया है। जैसे कोई नई तकनीक की सुरक्षा हेतु पेटेण्ट के अधिकार द्वारा सुरक्षित रखा जाने का प्राविधान है।

बौद्धिक सम्पदा के अधिकार से आशय यह है कि जिनका सृजन बौद्धिक क्रिया-कलापों द्वारा होता है, वे बौद्धिक सम्पदा कहलाती हैं। जब उसे संरक्षण प्रदान कर दिया जाता है तो ये बौद्धिक सम्पदा के अधिकार कहलाते हैं। यदि इन्हें संरक्षण प्रदान नहीं किया गया तो ये वैश्विक व्यापार में विकृति पैदा करती है। विकासशील राष्ट्रों को लागू करने के लिए 2005 तक 10 वर्ष का समय दिया गया था।

अतः बौद्धिक सम्पदा के अधिकार (TRIPs) की विश्व व्यापार में महत्त्वपूर्ण भूमिका है।

संक्षिप्त में विश्व व्यापार संगठन के प्रावधान

(Provisions of World Trade Organization in Brief)

क्र०सं०	मानक	विकसित देश		विकासशील देश	
		प्रतिशत	वर्ष	प्रतिशत	वर्ष
1.	बाजार पहुँच (Market Access)				
	(*a*) द्वारा कम होना	36	6 वर्षों में	24	10 वर्षों में
	(*b*) प्रत्येक स्तर पर न्यूनतम कमी	15		10	
2.	घरेलू अनुदान (Domestic Subsidies)				
	(*a*) द्वारा कम होना	20	6 वर्षों में	13.3	10 वर्षों में
	(*b*) अधिकतम स्तर पर अनुदान	5		10	
3.	निर्यात अनुदान (Export Subsidies)				
	(*a*) द्वारा कम होना	36	6 वर्षों में	24	10 वर्षों में
	(*b*) अनुदानित निर्यात की मात्रा	21		14	

विश्व व्यापार संगठन का भारतीय कृषि एवं व्यापार पर प्रभाव (Impact of World Trade Organization on Indian Agriculture and Trade)

विश्व व्यापार संगठन का भारतीय कृषि एवं व्यापार के प्रभाव के सम्बन्ध में राष्ट्र के विभिन्न क्षेत्रों के विभिन्न लोगों के विभिन्न दृष्टिकोण हैं। वैश्विक व्यापार में वस्तुओं में प्रतियोगिता बहुत अधिक है। अतः कृषि वस्तुएँ बाजार प्रतियोगितात्मक आधारित होना चाहिए। इस प्रकार व्यापार में उपभोक्ताओं को वस्तुओं की विभिन्न प्रजातियाँ उपलब्ध हो जाती हैं तथा उपभोक्ता लाभान्वित होते हैं। इसके अन्तर्गत कृषि के क्षेत्र में अत्यधिक प्रतियोगिता है। इस कारण उत्पादक अपने कृषि उत्पादों की गुणवत्ता में वृद्धि करके राष्ट्रीय निर्यात में भूमिका निभाता है जिससे देश की राष्ट्रीय आय में भी वृद्धि होती है।

भारत में कृषि क्षेत्र में WTO का निम्न प्रभाव पड़ा है–

1. भारत ने विश्व व्यापार में निर्यातक बचत में वृद्धि उत्पन्न की है तथा विश्व बाजार की माँग को पूरा करने में अपनी दक्षता को बढ़ाया है।
2. खाद्यान्न सुरक्षा में वृद्धि की है और देश के खाद्यानों को पूरा करने में सक्षम हुआ है।
3. भारत की घरेलू सब्सिडी (AMS) निर्यात सब्सिडी एवं अधिकाँश प्रशुल्क दरें विश्व व्यापार संगठन से पहले ही विशेष रूप से स्वीकृत थीं।
4. विकसित देशों में यू०एस०ए०, कनाडा, आस्ट्रेलिया एवं न्यूजीलैण्ड आदि कृषि उत्पादों के उत्पादन की भारी क्षमता रखते हैं क्योंकि वहाँ प्राकृतिक संसाधनों की अच्छी उपलब्धता है। वे वैश्विक व्यापार की माँग को पूरा करते हैं, उनकी तुलना में भारत को अपने कृषि उत्पादों का अच्छा मूल्य नहीं मिल पाता है।

5. कृषि उत्पादों की गुणवत्ता मानक सैनेटरी एवं फाइटो-सैनेटरी आधार पर व्यापार की तकनीकी रूकावटें (Technical Barriers of Trade, TBT) के आधार पर विकसित राष्ट्र मानकों को पूरा करते हैं। भारत जैसे विकासशील राष्ट्र मानकों को पूरा करने में सक्षम नहीं है। अतः कृषि वस्तुओं के व्यापार में अवरोध उत्पन्न होता है।
6. विकसित राष्ट्र अपने अनुदानों को ग्रीन बाक्स एवं ब्लू बाक्स के रूप में परिवर्तित करके देते हैं जब कि भारत जैसे विकासशील देशों के पास इस प्रकार की कृषि अनुदान व्यवस्था नहीं है।
7. भारत में किसानों के पास संसाधन सीमित हैं। अधिकाँशतया सीमान्त एवं लघु कृषक हैं जिनके पास विपणन योग्य बचत बहुत कम होती है। बहुत से कृषक भूमिहीन हैं जिनके पास कोई बचत नहीं होती। इस प्रकार हमारे देश के अधिकाँश गरीब किसान हैं जो वैश्विक कृषि उत्पाद स्पर्धा में बहुत पीछे हैं।
8. हमारे देश में कृषि उत्पादों के विविधीकरण में कमी है। वे अधिकाँशतया खाद्यान्न का उत्पादन करते हैं जब कि फल, सब्जियाँ, मशरूम, मत्स्य उद्योग, दुग्ध एवं मसाले आदि के उत्पाद का मूल्य अधिक होता है, विश्व व्यापार में इनकी महत्त्वपूर्ण भूमिका है। इसके अनुरूप भारतीय कृषि उत्पादों की गुणवत्ता में वृद्धि करनी होगी।

विश्व व्यापार संगठन की समितियाँ एवं मुख्य प्रावधानों का वर्गीकरण

(Classification of Committees and Major Provisions of WTO)

- समितियाँ (Committees)
  - बौद्धिक सम्पदा के व्यापारिक अधिकार से सम्बन्धित (Trade Related Intellectual Property Rights, TRIPs)
  - व्यापारिक निवेश उपायों से सम्बन्धित (Trade Related Investment Measures, TRIMS)
  - विवाद बन्दोबस्त समिति (Dispute Settlement Body, DSB)
  - व्यापार नीति समीक्षा समिति (Trade Policy Review Body, TPRB)
  - वस्तु व्यापार परिषद (Council for Trade in Council)
  - सेवा व्यापार परिषद (Council for Trade and Services)
  - सेवाओं से सम्बन्धित व्यापार पर सामान्य समझौता (General Agreement on Trade in Services, GATS)
- मुख्य प्रावधान (Major Provisions)
  - कृषि पर समझौता (Agreement on Agriculture, AOA)
    - बाजार पहुँच (Market Access)
    - घरेलू अनुदान (Domestic Subsidy)
      - ग्रीन बाक्स अनुदान
      - ब्लू बाक्स अनुदान
    - निर्यात अनुदान (Export Subsidy)
    - सैनेटरी एवं फाइटो सैनेटरी उपाय (Sanitary and Phyto-Sanitary Measures, SPS)
    - व्यापार से सम्बन्धित बौद्धिक सम्पदा के अधिकार (Trade Related Intellectual Property Rights, TRIPs)

9. हमारे देश में बाजार के आधारीय ढाँचे में कमी है तथा विधायन, सूचना, प्रशिक्षण आदि में कमी है। इनके लिए सर्वोत्तम नीति की आवश्यकता है जिससे हम वैश्विक व्यापार में अपना स्थान बना सकें।
10. निजी क्षेत्रों में अधिक निवेश होता है परन्तु कृषि क्षेत्र में अधिक निवेश नहीं होता है। अतः निजी क्षेत्रों एवं कृषि क्षेत्रों में अधिक समन्वय की आवश्यकता है जिससे कृषि क्षेत्र अधिक निवेश को आकर्षित कर सके।
11. कृषि पर समझौते के तहत भारत को कृषि क्षेत्र में रोजगार सृजन को बढ़ावा देना होगा।
12. विश्व व्यापार संगठन के अन्तर्गत बौद्धिक सम्पदा के अधिकार विवादित हैं। इसमें भौगोलिक क्षेत्र का महत्त्वपूर्ण स्थान है।

बौद्धिक सम्पदा के अधिकार (IPR) के अन्तर्गत बासमती चावल एवं हल्दी में भारत का अधिकार है। बौद्धिक सम्पदा के अधिकारों का दुरुपयोग भी होता है। जिस कारण वास्तविक देश इस अधिकार से वंचित हो जाता है।

उपरोक्त बिन्दु विश्व व्यापार संगठन के महत्त्वपूर्ण बिन्दु हैं जिनका प्रभाव भारत के कृषि एवं व्यापार पर पड़ा है जो भारत के नये आयामों को खोलने में मदद करेगा। भारत विश्व व्यापार संगठन का संस्थापक सदस्य है। भारत को इससे अनेक भावी आशायें है जिनसे भारत के वैश्विक व्यापार में एक नया मोड़ आयेगा। विकासशील देशों में भारत अग्रणी भूमिका निभा रहा है जो एक महत्त्वपूर्ण कदम जिससे भारत के वैश्विक व्यापार में वृद्धि होगी।

अभ्यास (Exercise)

चयनित प्रश्न (Selected Questions)

1. कृषि पर समझौते से आप क्या समझते है? इसके प्रावधानों की व्याख्या कीजिए।
2. घरेलू अनुदान क्या है? इनके विभिन्न रूपों की व्याख्या कीजिए।
3. निर्यात अनुदान से क्या तात्पर्य है? इस पर दिये जा रहे अनुदानों का वर्णन कीजिए।
4. कृषि पर समझौते पर एक लेख लिखिए।
5. कृषि पर समझौता और दोहा वार्ता क्या है? इस पर अपना मत प्रकट कीजिए।
6. कृषि समझौते का भारत पर क्या प्रभाव पड़ा है? इसे विस्तार से समझाइए।
7. सैनेटरी एवं फाइटो-सैनेटरी से आप क्या समझते हो? भारत जैसे विकासशील राष्ट्रों के लिये इसकी प्रासंगिकता पर मत प्रकट कीजिए।
8. वैश्विक व्यापार में भारतीय आयात-निर्यात पर एक लेख लिखिए।
9. संक्षिप्त टिप्पणी लिखिए-

   (अ) बाजार पहुँच (Market Access)

   (ब) व्यापार से सम्बन्धित बौद्धिक सम्पदा के अधिकार (Trade Related Intellectual Property Rights, TRIPs)

   (स) अनुदान (Subsidy)

भाग–3

कृषि मूल्य
(Agricultural Price)

15

कृषि मूल्य नीति
(Agricultural Price Policy)

कृषि मूल्य से तात्पर्य कृषि से सम्बन्धित उत्पादों के मूल्य निर्धारण एवं कृषि मूल्यों में किस प्रकार उतार-चढ़ाव होते हैं तथा इन्हें किस प्रकार एक सीमा तक लाया जा सकता है। कृषि मूल्य कहलाता है। प्राय: कृषि वस्तुएँ मौसमी तथा शीघ्र नाशवान होती हैं। अल्पकाल में माँग का प्रभाव अधिक रहता है तथा दीर्घकाल में पूर्ति का प्रभाव रहता है। बाजार में कृषि मूल्यों के परिवर्तन को अनेक कारक प्रभावित करते हैं।

भारत एक कृषि प्रधान देश एवं विकासशील राष्ट्र है। कृषि मूल्य का अध्ययन ऐसे राष्ट्र हेतु अत्यन्त महत्त्वपूर्ण एवं अति आवश्यक है। कृषि मूल्य का प्रभाव उत्पादकों एवं उपभोक्ताओं पर पड़ता है। उत्पादक एवं उपभोक्ता दोनों ही इससे प्रभावित होते हैं। उत्पादन की मात्रा एवं उपभोक्ता का स्तर मूल्य की स्थिति पर ही आधारित है। कृषि मूल्यों में अल्प मात्रा में परिर्वतन हो जाने से सम्पूर्ण अर्थव्यवस्था प्रभावित हो जाती है।

इस प्रकार कृषि मूल्यों का अध्ययन अत्यन्त आवश्यक है जिनकी विकास में महत्त्वपूर्ण भूमिका है। पूर्ति और माँग की शक्तियाँ बाजार कीमतों का सृजन करती हैं जहाँ पर माँग और पूर्ति बराबर होती है। अर्थशास्त्र में इसे संतुलन कीमत या सामान्य कीमत कहते हैं। इसमें माँग और पूर्ति का विशेष महत्त्व है। अविकसित एवं विकासशील राष्ट्रों में अधिकाँशतया कृषि का महत्त्व विशेष रूप से होता है जिससे कृषि वस्तुओं की कीमत मात्र माँग एवं पूर्ति के सिद्धान्त द्वारा ही निश्चित नहीं होती है बल्कि मूल्यों में परिवर्तन अनेक आन्तरिक एवं बाह्य कारणों द्वारा ही होता है।

कृषि मूल्य नीति की आवश्यकता (Need of Agricultural Price Policy)

भारत में कृषि मूल्य नीति की देश के आर्थिक विकास में महत्त्वपूर्ण भूमिका है। यह कृषकों के उत्पादन में वृद्धि करने हेतु एक प्रभावशाली यन्त्र है जो उनको अत्यधिक उत्पादन हेतु प्रेरित करता है। मूल्य नीति निर्धारण से कृषक उत्पादन पर आधारित नई-नई तकनीकी को अपनाता है क्योंकि अत्यधिक उत्पादन से उसे किसी प्रकार की हानि नहीं होती है। उसे पता रहता है कि उसकी फसल आने पर उसके उत्पादन का क्या

मूल्य होगा। इससे उसे यह आश्वासन प्राप्त होता है कि अधिक उत्पादों से मूल्यों में कमी नहीं होगी। जब उत्पादन अधिक होता है और बाजार भाव गिरने लगते हैं तो उस समय सरकार उसके उत्पाद को सरकार क्रय करेगी। यह मूल्य फसल की बुवाई से पूर्व घोषित हो जाते हैं जिसकी घोषणा केन्द्र सरकार कृषि लागत एवं मूल्य आयोग की सिफारिशों के आधार पर करती है। इसे न्यूनतम समर्थन मूल्य (Minimum Support Price) कहते हैं। सरकार इस मूल्य पर खरीदने को बाध्य है जिसे सरकार, FCI, CWC, SWC एवं बफर गोदामों आदि सरकारी संस्थाओं के माध्यम से करती है। सरकार न्यूनतम समर्थन मूल्य के आधार पर 24 फसलों के उत्पादन को क्रय करती है। कृषकों के उत्पादन एवं आय की हानि को संरक्षण के लिए कृषि मूल्य नीति की विशेष आवश्यकता है। वर्तमान में कृषि का व्यवसायीकरण हो जाने से कृषि मूल्य नीति की महत्त्वपूर्ण भूमिका है।

कृषि मूल्य नीति के उद्देश्य (Objectives of Agricultural Price Policy)

कृषि मूल्य नीति भारत जैसे विकासशील राष्ट्र के लिए नितान्त आवश्यक है। कृषि उत्पादन पर ही सम्पूर्ण अर्थव्यवस्था आधारित है। आज भी देश के 65 प्रतिशत लोग कृषि पर जीवन-निर्वाह कर रहे हैं। इसके मुख्य उद्देश्य निम्नलिखित हैं-

1. कृषि मूल्य नीति का मुख्य उद्देश्य उत्पादकों एवं उपभोक्ताओं को संरक्षण प्रदान करना है क्योंकि इससे मूल्य की न्यूनतम एवं अधिकतम सीमा का निर्धारण हो जाता है।
2. कृषि उत्पादों, खाद्यानों एवं कीमतों में एक निश्चित आश्वासन का सम्बन्ध स्थापित होना।
3. कृषि मूल्य नीति का उद्देश्य मूल्यों के मौसमी उतार-चढ़ाव को नियंत्रित करना है।
4. मूल्य नीति निर्धारण से कृषकों के उत्पादन को बढ़ावा देना है।
5. इसका उद्देश्य सामान्य मूल्य स्तर को स्थिरीकरण करने का है। देश की जनता की आय में वृद्धि करने तथा आर्थिक विकास को बढ़ावा देना है।
6. अधिक उत्पादन से विपणन योग्य बचत अधिक होगी इस प्रकार इसका मुख्य उद्देश्य देश में नियमित रूप से निर्यात में वृद्धि करना है।
7. अधिक उत्पादन से कृषकों को संरक्षण प्रदान करना।
8. इस प्रकार कृषि मूल्य का मुख्य उद्देश्य देश की अर्थव्यवस्था को सुदृढ़ करना है।

कृषि कीमतों की मुख्य विशेषताएँ (Main Features of Agricultural Prices)

कृषि कीमतों की निम्न विशेषताएँ हैं-

1. कृषि वस्तुओं में गैर कृषि वस्तुओं की अपेक्षा अत्यधिक उतार-चढ़ाव होते हैं।
2. कृषि वस्तुओं का प्रकृति पर निर्भर होने के कारण प्राय: कृषि वस्तुओं में उतार-चढ़ाव अधिकतम पूर्ति पक्ष की ओर से होते हैं।
3. कृषि कीमतों में गैर कृषि कीमतों की तुलना में अत्यधिक वृद्धि होती है क्योंकि कृषि उत्पाद में तीव्रता से वृद्धि सम्भव नहीं है।
4. कृषि कीमतों में परिवर्तन के परिणामस्वरूप कृषि क्षेत्रों में रोजगार की दिशा में कोई विशेष परिवर्तन दृष्टिगोचर नहीं होता।

कृषि कीमतों में उच्चावचन (Fluctuation in Agricultural Prices)

हमारा राष्ट्र एक कृषि प्रधान देश है अत: भारत जैसे राष्ट्र के लिये कृषि कीमत एक महत्त्वपूर्ण स्थान रखती है। खाद्यान्नों की कीमतें राष्ट्रीय कीमत संरचना में महत्त्वपूर्ण भूमिका निभाती हैं। खाद्यान्नों की कीमतों में किसी भी प्रकार का उतार-चढ़ाव तथा उच्चावचन सम्पूर्ण कीमत संरचना को प्रभावित करता है।

कृषि कीमतों में निम्नांकित उच्चावचन दृष्टिगत होते हैं:

1. कृषि कीमतें प्राय: नाशवान होती हैं जिससे दिन-प्रतिदिन अल्पकालिक उच्चावचन होते रहते हैं जैसे सब्जी एवं दूध आदि।
2. कृषि वस्तुएँ मौसमी होती हैं जिसके कारण मौसम का ऋतु के अनुसार एक वर्ष के अन्तर्गत ही कीमतों में उतार-चढ़ाव होते रहते हैं।
3. कृषि कीमतों में मानसून की अनिश्चतता के कारण उतार-चढ़ाव होते रहते हैं।
4. कृषि कीमतों में दीर्घकालीन परिवर्तन हो सकते हैं।
5. कृषि कीमतों में बाढ़, सूखा, अकाल आदि के अचानक हो जाने से अनियमित एवं अनिश्चित परिवर्तन हो जाते हैं।
6. कृषि कीमतों में चक्रीय परिवर्तन होते रहते हैं ये तरंगवत गति स्वत: नियन्त्रित तथा एक वर्ष से अधिक होती है।
7. विभिन्न प्रान्तों में प्राकृतिक भिन्नताओं एवं स्थान और मण्डी की असुविधाओं के कारण कीमतों में परिवर्तन होता है तथा क्षेत्रीय विभिन्नता के कारण भी उच्चावचन प्रभावित होता है।

कृषि मूल्यों को प्रभावित करने वाले कारक (Factors Affeting Agricultural Prices)

1. माँग एवं पूर्ति में परिवर्तन (Change in demand and supply)

कृषि उपज की माँग एवं पूर्ति में परिवर्तन होने से कृषि मूल्य विशेष रूप से प्रभावित होता है। जनसंख्या में वृद्धि के कारण खाद्यान्नों की माँग में वृद्धि हो जाती है तथा जनता की आय में वृद्धि के परिणामस्वरूप माँग में वृद्धि हो जाती है तथा इसके प्रारूप में परिवर्तन हो जाता है जबकि उपभोक्ताओं की रूचि, फैशन, आदत, संभावित मूल्य वृद्धि के भय आदि माँग में वृद्धि कर देती हैं तथा प्राकृतिक प्रकोपों एवं जमाखोरी के कारण वस्तु की पूर्ति में कमी हो जाती है। इस प्रकार माँग और पूर्ति के कारण कृषि प्रभावित होती है।

2. सरकार की मौद्रिक, वित्तीय, व्यापारिक एवं प्रशुल्क नीतियाँ (Government's, Fiscal, Trade and Tariffs Policy)

कृषि मूल्यों पर व्यापारिक नीतियों का प्रत्यक्ष एवं अप्रत्यक्ष प्रभाव अवश्य पड़ता है। यदि वास्तविक उत्पादन की अपेक्षा मुद्रा प्रसार में अत्यधिक वृद्धि होती है तो कीमत में वृद्धि होती है। रिजर्व बैंक की ब्याज दर में कमी होने के कारण जमाखोरी की प्रवृत्ति में वृद्धि होती है जिससे कीमतों में वृद्धि होती है। इस प्रकार घाटे की अर्थव्यवस्था से मुद्रा प्रसार बढ़ता है। परिणामस्वरूप कीमतों में भी वृद्धि हो जाती है। इसके साथ ही कृषि मूल्यों पर व्यापारिक नीतियों एवं प्रशुल्क नीतियों का प्रभाव आन्तरिक वितरण व्यवस्था तथा आयात-निर्यात पर पड़ता है जिससे कीमतें प्रभावित होती हैं।

3. विपणन सेवाएँ (Marketing Services)

विपणन सेवाओं की पर्याप्त सुविधा होने के कारण विपणन लागत में कमी आती है जैसे भण्डारण, श्रेणीकरण आदि। इस प्रकार मूल्य के ऊँचे होने की समस्या नहीं पायी जाती है।

4. साख सेवाएँ (Credit Services)

साख व्यवस्था में उन्नति होने से कृषक बैंकों से सस्ती दर पर रुपये उधार लेता है जिससे उत्पादन व्यय में कमी आती है इससे बलात् बिक्री की सम्भावना भी कम हो जाती है। सरकार की साख नीति का प्रभाव कृषि मूल्यों पर पड़ता है। इससे कृषि मूल्य प्रभावित होते हैं।

5. प्राकृतिक आर्थिक कारण (Natural Economic Reasons)

भारतीय कृषि मानसून का जुआ है यह कहावत सत्य चरितार्थ होती है। भारतीय कृषि प्रायः मानसून या प्रकृति पर निर्भर है। मौसम की अनुकूल एवं प्रतिकूल दशा पर उत्पादन प्रभावित होता है। इसका प्रभाव कृषि मूल्यों पर अवश्य पड़ता है।

6. राजनैतिक कारण (Political Reasons)

मुद्रा प्रणाली में परिवर्तन व रुपये के अवमूल्यन आदि से कृषि कीमतें प्रभावित होती हैं। राष्ट्र पर बाह्य आक्रमण होने से कृषि मूल्य प्रभावित होते हैं।

7. उत्पादन लागत (Cost of Production)

कृषि मूल्यों पर उत्पादन लागत का प्रभाव प्रत्यक्ष रूप से पड़ता है। यदि कृषि वस्तुओं की उत्पादन लागत अधिक होगी तो उसका मूल्य भी अधिक होगा।

8. विपणन सूचनाएँ (Marketing Informations)

विपणन सम्बन्धी सूचनाओं का कृषि पर प्रभाव पड़ता है। वस्तुओं का मूल्य बाजारों में चालू मूल्यों एवं विपणन सूचनाओं की उपलब्धता पर निर्भर करता है।

9. मूल्य नीति (Price Policy)

सरकार की मूल्य नीति का प्रभाव पड़ता है। जैसे भण्डारण व्यवस्था का विस्तार, खाद्य क्षेत्रों का निर्माण, वितरण व्यवस्था, वसूली आदि भी कृषि मूल्यों को प्रभावित करते हैं।

10. फसल समय पर बिक्री (Sale on Crop Time)

कृषकों को लगान या अपने आवश्यक खर्चों हेतु धनाभाव होने के कारण वह फसल के आने पर तुरन्त उपज की बिक्री कर देता है जिससे बाजार में कृषि उपज की पूति में वृद्धि हो जाती है जिसके परिणामस्वरूप कीमतें गिर जाती हैं तथा बाद में कृषि उपज के मूल्यों में वृद्धि हो जाती है जिससे बलात् बिक्री से भी मूल्य प्रभावित हो जाता है।

11. आयात एवं निर्यात (Import and Export)

जब कृषि वस्तुओं के निर्यात की अनुमति प्रदान कर दी जाती है जिससे राष्ट्र में आन्तरिक उपभोग हेतु वस्तु की कमी हो जाती है एवं कीमतों में वृद्धि हो जाती है तथा जब आयात हेतु सुविधा प्रदान कर दी जाती है तो मूल्यों में कमी आ जाती है। इस प्रकार आयात एवं निर्यात का कृषि मूल्यों पर प्रभाव पड़ता है जो आधुनिक युग में अत्यन्त महत्त्वपूर्ण है।

कृषि मूल्यों में परिवर्तन के प्रभाव (Effect of Agricultural Price Flactuation)

कृषि पदार्थों के मूल्यों में उतार-चढ़ाव से राष्ट्र की सम्पूर्ण अर्थव्यवस्था डगमगा जाती है। जिससे दुष्परिणामों का सामना करना पड़ता है। कृषि कीमतों में परिवर्तन से समाज के सभी वर्ग प्रभावित होते हैं। मूल्य परिवर्तन के निम्न परिणाम हैं:

1. उत्पादक वर्ग पर प्रभाव (Effect on Producers): हमारा राष्ट्र कृषि प्रधान होने के कारण प्रथम प्रभाव उत्पादक वर्ग पर ही पड़ता है। कृषक अपनी उपज की बिक्री शीघ्र करने हेतु विवश होता है जिससे बाजार में कृषि उपज की पूर्ति की अधिकता के कारण कीमतें गिर जाती हैं तथा उसे अपनी उपज का समुचित मूल्य नहीं मिल पाता है। सन् 1930 की व्यापक मंदी में कृषकों की दशा अत्यन्त दयनीय थी।

2. उपभोक्ता वर्ग पर (Effect on Consumers): कृषि मूल्यों में वृद्धि हो जाने से उपभोक्ता वर्ग को हानि उठानी पड़ती है। खाद्यान्न जीवन की प्राथमिक आवश्यकता है। इसमें वेतन भोगी तथा परिवर्तनशील आय वाले उपभोक्ता दोनों प्रकार के उपभोक्ताओं को कीमतों में वृद्धि होने से कठिनाइयों का सामना करना पड़ता है। सामान्य मूल्य स्तर की तुलना में इसमें कीमतों में वृद्धि की प्रवृत्ति होती है जिसके परिणामस्वरूप उपभोक्ता वर्ग अत्यधिक प्रभावित होता है।

3. व्यापारी वर्ग पर प्रभाव (Effect on Traders): कीमतों में गिरावट आने के कारण उत्पादन कार्यों में शिथिलता आ जाती है तथा आय में कमी के कारण ग्राहकों की संख्या में कमी आ जाती है। वस्तुओं की बिक्री में कमी हो जाती है। व्यापारी वर्ग को हानि उठानी पड़ती है।

4. सरकार पर प्रभाव (Effect on Government): कृषि कीमतों में कमी के कारण व्यक्तियों की आय में कमी हो जाती है जिससे सरकार के कोष में कमी हो जाती है। ऐसी स्थिति में सरकार के सामने गंभीर संकट उत्पन्न हो जाता है। सरकार को शासकीय कार्यों के चलाने में कठिनाई का सामना करना पड़ता है।

5. कृषि आय बचत तथा विनियोग में अस्थिरता (Instability in Agricultural Income, Saving and Investment): कृषि उपज की कीमतों में अत्यधिक उतार-चढ़ाव के कारण कृषकों की आय प्रभावित होती है जिसके परिणामस्वरूप उपभोग तथा जीवन-स्तर में स्थिरता आती है। आय में कमी होने से बचत भी कम होती है। परिणामस्वरूप विनियोग में कमी आती है।

इसके अतिरिक्त कीमतों में वृद्धि होने से जमाखोरी में वृद्धि तथा आयात-निर्यात भी प्रभावित होता है। अतः कृषि मूल्यों में परिवर्तन से उपरोक्त परिणाम दृष्टिगत होते हैं जिससे सम्पूर्ण अर्थव्यवस्था प्रभावित होती है।

अभ्यास (Exercise)

चयनित प्रश्न (Selected Questions)

1. कृषि मूल्य नीति क्या है? कृषि मूल्यों को प्रभावित करने वाले कारकों का वर्णन कीजिए।
2. कृषि कीमतों की क्या विशेषताएँ हैं? कृषि मूल्यों में उच्चावचन का क्या परिणाम है? इसका विस्तार से वर्णन कीजिए।
3. कृषि मूल्य नीति की आवश्यकता से क्या समझते हो? भारत जैसे विकासशील राष्ट्र के लिए इसके महत्त्व पर एक लेख लिखिए।
4. कृषि मूल्य से क्या अभिप्राय है? कृषि मूल्य नीति के उद्देश्यों की विस्तृत व्याख्या कीजिए।

16

कृषि मूल्य स्थिरीकरण
(Stabilisation of Agricultural Prices)

कृषि मूल्य स्थिरीकरण का अर्थ (Meaning of Agricultural Price Stabilisation)

कृषि मूल्य स्थिरीकरण से अभिप्राय कृषि मूल्यों में अधिक परिवर्तन होने की प्रवृत्ति को कम करके एक निश्चित सीमा के अन्तर्गत नियन्त्रित करने से है। इस प्रकार मूल्य स्थिरीकरण से तात्पर्य कीमतों के उतार-चढ़ाव को सीमाबद्ध करने से है। कीमतों की उच्चतम एवं निम्नतम सीमा निर्धारित करना ही मूल्य स्थिरीकरण है।

अशोक मेहता समिति के अनुसार, "एक विकासशील अर्थव्यवस्था की कठिनाइयाँ विभिन्न प्रकार की कीमत असमानताओं में प्रतिबिम्बित होती हैं। इन कीमत असमानताओं को एक सीमा के अन्दर रखना ही कीमत स्थिरीकरण कहलाता है।"

अमेरिकी कृषि व्यापार आयोग (1927) के अनुसार, "वास्तविक मूल्य स्थिरीकरण, कीमतों के उतार-चढ़ाव को कम कर देते हैं। इससे अत्यधिक उँची कीमत एवं अत्यधिक नीची कीमत दोनों ही समाप्त हो जाती हैं।"

कृषि उपजों की कीमतें निरन्तर परिवर्तन से कृषकों को सदैव हानि की आशंका रहती है जिसमें कृषक स्थायी रूप से भूमि सुधार एवं कृषि का विकास करने में दीर्घकालिक पूँजी निवेश करने में भयग्रस्त रहते हैं। मूल्यों में स्थिरता तथा एक निश्चित सीमा के अन्दर रहने से वे कृषि का विकास एवं उत्पादन बढ़ाने में प्रोत्साहित रहते हैं।

कृषि पर नीति निर्धारण समिति की उपसमिति, कृष्णमाचारी कीमत उपसमिति 1943 के अनुसार "न्यूनतम मूल्य की गारण्टी देने से कृषि में न केवल स्थायित्व की भावना का उदय होगा बल्कि इससे आर्थिक जीवन के अन्य क्षेत्रों में स्थायित्व में वृद्धि होगी।"

कृषि कीमत स्थिरीकरण के उद्देश्य (Objectives of Agricultural Price Stabilization)

कृषि मूल्यों के स्थिरीकरण के मुख्य उद्देश्य निम्न हैं-

1. **कृषि मूल्यों के मौसमी उतार-चढ़ाव को कम करना (To Decrease in Seasonal Price Flactuation)**- प्राय: देखते हैं कि फसल की कटाई के समय खाद्यान्नों की पूर्ति अत्यधिक होने से मूल्यों में वृद्धि

हो जाती है तथा तत्पश्चात मूल्य कम हो जाता हैं जिससे उत्पादक एवं उपभोक्ता दोनों को हानि होती है। मूल्यों के स्थिरीकरण से मौसमी उतार-चढ़ाव को कम किया जा सकता है।

2. **उत्पादन एवं उपभोक्ता दोनों के हितों में संतुलन (To Balance in Welfare for Producer and Consumer both)**-कृषि उपजों के अधिक मूल्य होने से उत्पादक का हित तथा कम होने से उपभोक्ता का हित होगा। इन पारस्परिक हितों के हेतु संतुलन स्थापित करना अत्यावश्यक है। दोनों पक्षों को लाभान्वित कराने हेतु मूल्य स्थिरीकरण करना अनिवार्य है।
3. **औद्योगिक वस्तुओं की कीमतों में सम्बन्ध स्थापित करना (To Stablish Relationship with Industrial Goods Prices)**-कीमतों में स्थिरता प्रदान करने का उद्देश्य उद्योगों द्वारा निर्मित वस्तुओं की कीमतों में स्थिरता लाना ताकि उद्योगों के निर्माण में कठिनाई का अनुभव न हो तथा उत्पादन सुचारू रूप से चलता रहे।
4. **उत्पादन-स्तर को सुरक्षित रखना (To Secure Production Level)**-उत्पादन-स्तर को कायम रखने हेतु इस बात की आवश्यकता है कि कीमत स्तर उत्पादन मूलक है। उत्पादन बढ़ने से ही मुद्रा स्फीति को न्यूनतम रखा जा सकता है। इस कार्य हेतु कृषि उत्पादन कीमतों को कृषकों के कल्याण या हित में होना अति आवश्यक है। इससे कृषकों के जीवन-स्तर में उन्नति होगी तथा सर्वांगीण विकास होगा।
5. **कृषि के आय-व्यय कारकों में कीमत संतुलन कायम रखना (To Stablish Price Balance in Input-Out Factors of Agriculture)**-कृषि में प्रयुक्त उत्पादन कारकों की लागत का प्रभाव कृषकों की आय पर पड़ता है। अत: कृषि के आय-व्यय कारकों की कीमतों में संतुलन रखना अति आवश्यक है। यह कीमत स्थिरीकरण द्वारा ही सम्भव है।
6. **सरकारी कठिनाइयों में कमी करना (To Decrease in Government Constraints)**-कृषि पदार्थों की कीमतों में उतार-चढ़ाव से सरकार के लिये अनेक कठिनाइयाँ उत्पन्न हो जाती हैं। जैसे खाद्य पदार्थों का आयात-निर्यात, कीमत नियन्त्रण, राशनिंग एवं औद्योगिक अशान्ति आदि का सामना करना पड़ता है।
7. **मूल्यों के परिवर्तन की सीमा निर्धारण (Limit Determination of Price Flactuation)**-कृषि पदार्थों की कीमतों की अधिकतम एवं न्यूनतम सीमा में अधिक अन्तर नहीं होना चाहिये जिससे उत्पादकों एवं उपभोक्ताओं का हित हो सके।

कृषि मूल्य स्थिरीकरण से लाभ (Advantages of Agricultural Price Stabilization)

1. कृषकों को अपने खाद्यान्नों की समुचित कीमत मिलने की गारन्टी रहती है जिससे वह नियोजित ढंग से कृषि कार्य कर सकें।
2. उपभोक्ताओं को समुचित कीमत पर कृषि पदार्थ प्राप्त हो सकेंगे जिससे वह अपना पारिवारिक बजट बनाकर अपना जीवन-स्तर ऊँचा कर सकता है।
3. उद्योगपतियों को कृषि व्यापार में जोखिम नहीं उठानी पड़ेगी।
4. सरकार तथा निजी उद्योगों में प्रशासनिक व्यवस्था कायम रखने में सहयोग मिलता है। महँगाई भत्ते तथा वेतन वृद्धि की माँग बार-बार नहीं होगी।

5. कृषि मूल्य स्थिरीकरण से कृषि का विकास होगा जिससे राष्ट्रीय आय में वृद्धि होगी तथा देश की आर्थिक व्यवस्था सुदृढ़ होगी।

कृषि मूल्यों के स्थिरीकरण में समस्याएँ (Problems in Agricultural Price Stabilisation)

हमारे देश में कृषि मूल्यों के स्थिरीकरण में अनेक समस्याओं का सामना करना पड़ता है जो निम्नलिखित हैं-

1. भारतीय कृषि मानसून का जुआ होने के कारण वर्षा पर ही आधारित है जिससे कृषि उपज की अनिश्चित्ता रहती है। परिणामस्वरूप कृषि मूल्य स्थिरीकरण व्यवहारिक रूप नहीं ले पाते।
2. भारत के अन्तर्गत क्षेत्रीय विभिन्नताएँ होने के कारण विपणन प्रक्रिया भी विभिन्न प्रकार से होती है। सम्पूर्ण राष्ट्र के लिये न्यूनतम एवं अधिकतम सीमा संभव नहीं है।
3. कृषि उपज की दोषपूर्ण व्यवस्था के कारण मूल्य स्थिरीकरण में कठिनाई का सामना करना पड़ता है।
4. फसलों की उत्पादन लागत में विभिन्नता होने के कारण कीमत स्थिरीकरण सम्भव नहीं हो पाता।
5. कृषि उपज प्रकृति पर निर्भर होने के कारण दीर्घकालीन आयात-निर्यात सम्भव नहीं हो पाता।
6. राष्ट्र में पर्याप्त भण्डार गृहों की सुविधा न होने से दूध, घी, गुड़ आदि नाशवान जैसे पदार्थों की हानि होती है। ऐसी स्थिति में समस्त कृषि पदार्थों की कीमत स्थिरीकरण की समस्या का निदान सम्भव नहीं हो सकता।
7. कृषि कीमतों के स्थिर रखने हेतु प्रशासनिक एवं राजनैतिक नीतियाँ भी उत्तरदायी हैं।
8. कृषि पदार्थों के मूल्यों में स्थिरता लाने हेतु सुरक्षित भण्डारों को निर्मित करने हेतु वित्तीय संसाधनों का अभाव है जिसका प्रभाव मूल्य स्थिरीकरण पर पड़ता है।
9. हमारे देश में कृषि उत्पादन अल्प मात्रा में होने के कारण अधिकाँश कृषकों के पास विपणन योग्य अतिरेक की कमी रहती है। इससे मूल्यों के स्थिरीकरण में अवरोध उत्पन्न होता है।

इस प्रकार कृषि मूल्यों के स्थिरीकरण में उपरोक्त समस्याओं एवं कठिनाइयों का सामना करना पड़ता है जो अत्यन्त महत्त्वपूर्ण है।

कृषि मूल्य निर्धारण की विधियाँ (Methods of Determination of Price)

कृषि उपजों की कीमतों की निर्धारण की विभिन्न विधियाँ हैं जिनके पृथक-पृथक गुण एवं सीमाएँ हैं। इन विधियों का चुनाव मूल्य निर्धारण करने का उद्देश्य, आवश्यक आँकड़े की उपलब्धता एवं होने वाले व्यय आदि पर निर्भर करता है।

कीमत निर्धारण की मुख्य तीन विधियाँ हैं–

1. समानता कीमत विधि (Parity Price Method)
2. अग्रिम कीमत विधि (Forward Price Method)
3. उत्पादन लागत विधि (Cost of Production Method)

1. समानता कीमत विधि (Parity Price Method)

"समानता कीमत वह कीमत है जो किसी वस्तु की एक इकाई को वही शक्ति प्रदान करती है जो कि उसे आधार वर्ष में प्रदान की थी।"

कीमत निर्धारण की इस विधि में समानता कीमत ज्ञात करने के लिये किसी वस्तु के आधार वर्ष के विक्रय मूल्य को वर्तमान क्रय मूल्य सूचकांक से गुणा कर देते हैं तथा आधार वर्ष के क्रय मूल्य सूचकाँक से भाग दे देते हैं। जो भागफल आता है वह उस वस्तु का समानता मूल्य होता है। इसे निम्नांकित सूत्र द्वारा प्रदर्शित किया जाता है।

$$\text{समानता मूल्य} = \frac{\text{आधार वर्ष का विक्रय मूल्य} \times \text{वर्तमान क्रय मूल्य सूचकाँक}}{\text{आधार वर्ष का क्रय मूल्य}}$$

उदाहरणार्थ यदि किसी वस्तु का आधार वर्ष 1981-1982 हो तो उसका क्रय मूल्य सूचकाँक 100, है तथा आधार वर्ष का विक्रय मूल्य 90 रुपये प्रति कुन्टल है और वर्तमान वर्ष 1998-1999 का क्रय मूल्य सूचकांक 350 है तो वर्तमान वर्ष 1998-1999 का समानता मूल्य

$$= \frac{90 \times 350}{100} = 315 \text{ रु० प्रति कुन्टल होगा।}$$

उपरोक्त विधि मूल्य निर्धारण हेतु उपयुक्त मानी गई है क्योंकि खाद्य तथा अखाद्य वस्तुओं के सापेक्षित मूल्यों का प्रयोग किया जाता है। यह विधि 1993 में अमेरिका में अपनाई गई थी परन्तु यह सफल नहीं हो पायी। भारत जैसे राष्ट्र में यह विधि उपयोगी सिद्ध नहीं हुई। इस विधि को अपनाने में अनेक समस्याएँ आती हैं।

यह विधि उत्पादन वृद्धि को प्रोत्साहित नहीं करती हैं तथा इस विधि में उत्पादन लागत, उत्पादन की मात्रा तथा वास्तविक आय आदि को जो कि कृषकों की आमदनी को निर्धारित करते हैं उसे कोई महत्त्व नहीं देते हैं। इस विधि में कृषक द्वारा विक्रय की गई कुल उपज की मात्रा को दृष्टिगत न रखकर उनके विक्रय मूल्य को ही दृष्टिगत रखा जाता है। आधुनिक युग में परिवर्तनशील अर्थव्यवस्था में कृषि एवं औद्योगिक वस्तुओं के उत्पादन में काफी अन्तर है। परन्तु इस विधि में आधार वर्ष एक ही माना जाता है जिसके कारण इन परिवर्तनों का प्रभाव समानता मूल्य पर नहीं पड़ता है।

श्री मैक्डोनाल्ड ने इस विधि को अपनाने के सम्बन्ध में अपने विचार व्यक्त किये थे, "ऐतिहासिक समानता के आधार पर कृषि मूल्य निर्धारित करने का दुष्परिणाम यह होगा कि देश की अर्थव्यवस्था की आर्थिक सुविधाएँ उपलब्ध करा कर भी कृषि की कार्य क्षमता में वृद्धि नहीं होगी।

2. अग्रिम मूल्य विधि (Forward Price Method)

अग्रिम मूल्य विधि के अन्तर्गत फसलों की बुवाई से पूर्व ही मूल्य घोषित कर दिये जाते हैं ताकि कृषक घोषित मूल्यों के आधार पर ही उत्पादन योजना का निर्माण कर सके।

इस विधि में अनेक कठिनाइयों का सामना करना पड़ता है। मूल्य निर्धारण करते समय देश एवं विदेश की माँग एवं पूर्ति तथा भविष्य की सम्भावनाओं को दृष्टिगत रखा जाता है। इन सम्भावनाओं के समुचित प्रकार से मूल्याँकन हेतु प्रशिक्षित एवं अनुभवी व्यक्तियों की आवश्यकता होती है। यह विधि अमेरिका, इंग्लैण्ड, कनाडा तथा अन्य विकसित राष्ट्रों में अपनायी जाती है। हमारे राष्ट्र में अभी प्रशिक्षित तथा अनुभवी व्यक्तियों का अभाव है अत: भारत जैसे विकासशील राष्ट्र हेतु यह विधि अनुपयुक्त एवं अव्यावहारिक है।

इस विधि की मुख्य विशेषता है कि कृषकों को पूर्व मूल्य घोषित कर दिया जाता है तो वे अर्थ योजनाओं के अनुसार अपने क्षेत्र को निश्चित कर लेते हैं। यदि किसी फसल की कीमत में कमी होती है तो क्षेत्रफल

कम तथा यदि कीमतें अधिक होती हैं तो वे क्षेत्र में वृद्धि कर लेते हैं। इस प्रकार हम देखते हैं कि मूल्य निर्धारण की विधि में व्यावहारिकता का अधिक महत्त्व होता है तभी वह सफलता से कार्यान्वित हो पाती है।

3. उत्पादन लागत विधि (Cost of Production Method)

लागत विधि द्वारा कृषि मूल्य का निर्धारण उपज की उत्पादन लागत के आधार पर किया जाता है। उत्पादन लागत के अन्तर्गत कृषकों के द्वारा उपज सम्बन्धी सभी खर्चों जैसे मानव श्रम, बैलों का श्रम, मशीन का श्रम, बीजों पर व्यय, उर्वरकों, सिंचाई, फसल सुरक्षा, भूमि लगान तथा उपरिव्यय आदि को सम्मिलित किया जाता है। उत्पादन व्यय प्रति कुन्टल निकालने हेतु निम्न सूत्र का प्रयोग किया जाता है।

$$\frac{\text{फसलवार कुल उत्पादन व्यय} \times \text{वस्तु का विक्रय मूल्य प्रति कुन्टल}}{\text{फसल से प्राप्त कुल व्यय}}$$

उदाहरणार्थ यदि गेहूँ पर कुल उत्पादन व्यय प्रति हेक्टेयर 20,000 रुपये है जिससे प्राप्त कुल आय (दाना एवं मूल्य दोनों) 30,000 रूपये है तथा गेहूँ का विक्रय मूल्य 525 रुपये प्रति कुन्टल है तो गेहूँ (दाना) पर उत्पादन व्यय प्रति कुन्तल इस प्रकार होगा–

$$\frac{20,000 \times 525}{30,000} = 350 \text{ रुपये}$$

इस प्रकार की उपजें जिनमें भूसा आदि सह उत्पादन सम्मिलित नहीं होता है। उदाहरणार्थ जैसें आलू जैसी उपजों का उत्पादन व्यय प्रति हेक्टेयर ज्ञात करने हेतु कुल उत्पादन लागत को कुल उत्पादन से सीधे भाग देकर ज्ञात किया जाता है। माना आलू का प्रति हेक्टेयर व्यय 25,000 रुपये आता है तथा प्रति हेक्टेयर उपज 200 कुन्टल है तो आलू पर प्रति कुन्टल उत्पादन व्यय इस प्रकार है–

$$\frac{25,000}{200} = 175 \text{ रुपये}$$

हमारे देश में कृषि मूल्य निर्धारण करने में इसी विधि का प्रयोग किया जाता है। 'भारत कृषि मूल्य आयोग' ने भी इस प्रकार की विधि को मूल्य निर्धारण हेतु स्वीकार किया है। उत्पादन लागत के आधार पर मूल्य निर्धारण करने में कृषकों को उत्पादन हेतु प्रोत्साहन मिलता है। यदि उत्पादन लागत में वृद्धि होती है तो इसी अनुपात में मूल्य निर्धारित किया जाता है। इस विधि में उत्पादन लागत से कुछ अधिक कीमत निर्धारित की जाती है जिससे कृषकों को अनिश्चित्ता एवं जोखिम का लाभ भी मिल सके।

इस प्रकार उपज की वास्तविक प्रति कुन्टल उत्पादन लागत में 30 प्रतिशत अनिश्चितता एवं जोखिम हेतु जोड़कर उसका वसूली मूल्य निर्धारित किया जाता है। मूल्य निर्धारण के समय क्षेत्र एवं परिस्थितियों को भी दृष्टिगत रखते हैं।

भारत में कृषि मूल्य निर्धारण नीति (Agricultural Price stabilisation Policy in India)

स्वतंत्रता प्राप्ति के पश्चात् भारत सरकार ने कृषि मूल्यों के स्थिरीकरण हेतु अनेक उपाय किये हैं। सरकार की नीति सदैव कृषि मूल्यों को समुचित स्तर पर बनाये रखने हेतु सकारात्मक रही है जिससे उत्पादकों एवं उपभोक्ताओं का शोषण न हो सके। सन् 1965 में सरकार ने 'कृषि कीमत आयोग' (Agricultural Price Commission, A.P.C.) की स्थापना की तथा 1 मार्च 1985 में 'कृषि कीमत आयोग' को पुनर्गठित किया गया जिसे 'कृषि लागत एवं कीमत आयोग' (The Commission for Agricultural Costs and Prices) नाम से जाना

जाता है। भारत सरकार महत्त्वपूर्ण कृषि फसलों की वसूली और समर्थन कीमतें कृषि लागत और कीमत आयोग की सिफारिशों द्वारा ही निर्धारित करती है।

यह आयोग उत्पादन व्यय, बाजार मूल्यों में परिवर्तन, निविष्ट उपजों में समता अन्तर्गत फसल कीमतों में समानता, औद्योगिक व्यय संरचना पर प्रभाव, सामान्य कीमत स्तर तथा अन्तर्राष्ट्रीय बाजार की परिस्थितियों आदि अनेक महत्त्वपूर्ण तथ्यों के आधार पर मूल्य निर्धारण हेतु सिफारिशें करता है। यदि किसी वस्तु की उत्पादन लागत में वृद्धि होती है तो उसी अनुपात में उसकी कीमत में भी वृद्धि की जाती है जिससे कृषकों को हानि न हो। इस प्रकार मुख्य उद्देश्य कीमतों के उतार-चढ़ावों को दृष्टिगत रखते हुये कृषकों को उनकी उपज का न्यूनतम उत्पादन लागत गारण्टी कीमत दिलाता है।

न्यूनतम समर्थन मूल्यों को निर्धारित करने हेतु **प्रो० सी०एच० हनुमन्त राव की अध्यक्षता में 1990 के प्रारम्भ में एक समिति गठित की गई थी।** जिसका मुख्य उद्देश्य उत्पादन लागतों का अनुमान लगाने की प्रक्रिया तथा कृषकों के हितों की रक्षा हेतु, फसलोत्पादन करने के लिये पारिश्रमिक में उन्नति के उद्देश्य से बाजार में आने से पूर्व ही वसूली समर्थन कीमतों की समीक्षा करना था। दिनांक 15 मार्च 1990 को इस समिति ने सरकार को अपनी सिफारिशें प्रस्तुत की जो कृषकों के हितों को ध्यान में रखते हुए की गई। उत्पादन लागत एक अत्यन्त महत्त्वपूर्ण कारक है जिसमें 'न्यूनतम समर्थन मूल्य' निर्धारण इसकी महत्त्वपूर्ण भूमिका है।

कृषि मन्त्रालय में कृषि नीति तैयार करने कार्यान्वयन तथा सरकार को सलाह देने हेतु **श्री शरद जोशी की अध्यक्षता में गठित एक स्थायी सलाहकार समिति ने संशोधन एवं सुझाव दिये जो अत्यन्त महत्त्वपूर्ण है।**

भारत सरकार की कृषि कीमत के मुख्य तीन उद्देश्य हैं (1) उत्पादक का उत्पादन वृद्धि हेतु प्रोत्साहन (2) उपभोक्ता के हितों की रक्षा (3) कीमतों में स्थिरता प्रदान करना।

उपरोक्त उद्देश्यों की पूर्ति हेतु सरकार ने 'न्यूनतम कीमत की गारण्टी', (Minimum Support Price Guarantee), मुख्य खाद्यान्नों को क्रय-विक्रय हेतु मूल्य निर्धारण, उचित मूल्य की दुकानों पर बिकने वाले खाद्य पदार्थों का विक्रय निर्धारण तथा कीमतों को एक सीमा तक कायम रखने हेतु बफर स्टाक नीति को अपनाती है।

इस प्रकार सरकार उत्पादक, उपभोक्ता तथा सरकार तीनों के हितों हेतु नीति निर्माण करती है जिससे सभी का कल्याण हो, राष्ट्र समृद्ध हो।

कृषि मूल्य स्थिरीकरण हेतु समितियों के सुझाव (Suggestions for Agricultural Price Stabilisation Committee)

भारत सरकार ने मूल्य स्थिरीकरण हेतु समय-समय पर विभिन्न समितियों का गठन किया जिनके निम्नलिखित सुझाव हैं:

1. कृष्णमाचारी कृषि कीमत उपसमिति (1943) (Krishnamachari Agricultural Price Sub Committee, 1943): 1943 में कृष्णमाचारी की अध्यक्षता में एक कृषि कीमत उपसमिति (Agricultural Price Sub Committee) गठित की गई थी जिसमें सरकार हेतु कृषकों को कीमत सम्बन्धी गारण्टी, उत्पादन की न्यूनतम कीमत गारण्टी, उपभोक्ता के हितों हेतु अधिकतम मूल्य निर्धारण हेतु प्रमुख रूप से बल दिया। कीमतों के निर्धारण में सामान्य वर्ग के उत्पादकों को सामान्य जीवन-स्तर व्यतीत करने तथा उत्पादक लागत निकलने, सामान्य कीमत स्तर तथा लागत व्ययों की गणना में सावधानी रखने हेतु आवश्यक सुझाव दिये हैं। वस्तु की न्यूनतम कीमतों का निर्धारण उसकी औसत कीमत के आधार पर तथा सरकार ने कृषि वस्तुओं के क्रय-विक्रय पर बल दिया। वित्तीय साधनों, केन्द्र एवं राज्य सरकारों के प्रतिनिधियों की एक 'अखिल भारतीय कृषि कीमत परिषद' के

निर्मित करने, उनके भण्डारण, किये गये क्षेत्र पर सरकारी नियन्त्रण, बाजार कीमतों को कृषि की स्थायी लागत से नीचे न गिरने देना तथा यदि किसी वर्ष यदि कृषि मूल्यों में कमी करना है तो एक फसल वर्ष में 12½ से अधिक कमी नहीं होनी चाहिये। ये सुझाव अत्यन्त महत्त्वपूर्ण हैं जो कि सभी के हितों को दृष्टिगत रखते हैं।

2. अशोक मेहता खाद्यान्न समिति (1957) (Ashok Mehta Committee on Food Grain, 1957): 1957 में 'अशोक मेहता खाद्यान्न समिति' के सुझाव दिये गये जो अशोक मेहता की अध्यक्षता में गठित की गई एवं अशोक मेहता समिति के नाम से जानी जाती है। इस समिति ने खाद्यान्नों की कीमतों के स्थायीकरण बोर्ड (Price stabilisation Boord) की स्थापना, इसके कार्यान्वयन हेतु खाद्यान्न स्थायीकरण संगठन (Food Grains Stabilisation organisation) का निर्माण, केन्द्रीय खाद्य परामर्श परिषद (Central Food Advisary Council) की स्थापना, आँकड़े एकत्रीकरण हेतु कीमत ज्ञान विभाग (Price Intelligence Division) की स्थापना की जाए तथा साथ ही सुरक्षित भण्डारों एवं उचित मूल्य की दुकानों (Fair Price Shops) की स्थापना की जाए।

3. फोर्ड फाउण्डेशन दल (1959) (The Ford Foundation Team, 1959): 1959 में कृषि कीमतों के स्थायीकरण हेतु 'फोर्ड फाउण्डेशन दल' का गठन किया गया। दल ने एक स्थायी समिति गठित की जिनके मुख्य सुझाव से न्यूनतम एवं अधिकतम कीमतों का निर्धारण, बुवाई से पूर्व कीमतों का घोषित होना। विभिन्न वस्तुओं की आवश्यकतानुसार क्रय-विक्रय की व्यवस्था, विभिन्न पदार्थों के संग्रह की मात्रा, स्थान, तथा पर्याप्त मात्रा में भण्डारों का निर्माण, आयात-निर्यात के कोटे का निर्धारण तथा कृषि कीमत नियन्त्रण सम्बन्धी कार्यवाही वस्तुओं के वर्गीकरण एवं श्रेणीकरण को प्रोत्साहन, न्यूनतम कीमत निर्धारण करते समय उत्पादकों एवं उच्चतम कीमत निर्धारण समय उपभोक्ताओं के हितों को दृष्टिगत रखना, ग्रामीण अँचलों, मण्डियों की स्थापना तथा इस कार्य को मुख्य रूप से गेहूँ तथा चावल द्वारा राष्ट्रीय स्तर पर प्रारम्भ करना आदि। इस समिति की महत्त्वपूर्ण सिफारिशें थीं जो सर्वांगीण तथा सर्वजन हिताय को ध्यान में रखकर की गई थी।

झा समिति खाद्यान्न कीमत (The Jha Committee on Food Grain Prices, 1964)

'झा समिति खाद्यान्न कीमत' 1 अगस्त 1964 को नियुक्ति की गई। इसके द्वारा कृषि कीमत नीति के विकास एवं नये चरण का प्रारम्भ हुआ। इसकी सिफारिशों के आधार पर कृषकों के उत्पादों की समुचित कीमत दिलाने का आश्वासन, अधिक उत्पादन हेतु प्रोत्साहन एवं मूल्यों में कमी होने से संरक्षण प्रदान करना।

कृषि मूल्य आयोग (Agricultural Price Commission, 1965)

झा समिति के प्रतिवेदन के आधार पर कृषि कीमत आयोग की स्थापना 1965 में की गई। यह आयोग कृषि वस्तुओं की कीमतों की घोषणा करता है खरीफ एवं रबी की प्रमुख फसलों जैसे धान, गेहूँ, मक्का एवं अन्य उपजों दालें, तिलहन, गन्ना एवं कपास आदि। 'कृषि लागत मूल्य आयोग' मई 1965 से खरीफ एवं रबी की उपजों के खरीद हेतु लगातार सलाह देता आ रहा है। सरकार द्वारा सरकारी खरीद करके बफर गोदामों में भण्डारण किया जाता है जिसे 'लोक वितरण प्रणाली' के अन्तर्गत उचित मूल्य की दुकानों द्वारा जनता में वितरित किया जाता है।

राष्ट्रीय कृषि आयोग (National Agriculture Commission, 1970)

कृषि मूल्य नीति की समस्या के पुनर्समाधान हेतु 29 अगस्त 1970 को 'राष्ट्रीय कृषि आयोग' का गठन किया गया जिसका मुख्य उद्देश्य कृषि उत्पादन को बढ़ावा देना।

दन्तवाला समिति (Dantwala Committee, 1975)

प्रोफेसर एम०एल० दन्तवाला की अध्यक्षता में इस समिति का गठन किया गया। इस समिति का मुख्य उद्देश्य कृषकों को उनके उत्पाद का उचित मूल्य दिलाना, कृषकों के उत्पादन एवं आय में वृद्धि करना, कृषकों को महत्त्वपूर्ण आगतों की उपलब्धि एवं उन्नति तकनीकी सुविधा से प्रदान करना।

आवश्यक कृषि वस्तुओं को स्थायी रूप से लोक वितरण प्रणाली द्वारा उपलब्ध कराना एवं मुख्य खाद्यानों एवं नकदी फसलों की कीमतों को बुवाई से पूर्व घोषित करना ताकि कृषक फसलों के उत्पादन हेतु निवेश करने का निर्णय ले सकें एवं उसे अधिक उत्पादन से इसके मूल्यों में संरक्षण प्राप्त हो।

हनुमन्त राव समिति (Hanumantha Rao Committee, 1990)

1 जनवरी 1990 को प्रोफेसर सी०एच० हनुमन्त राव की अध्यक्षता में एक विशेषज्ञ समिति का गठन किया गया। इस सलाहकार समिति ने अपनी सिफारिशों में फसलों की उत्पादन लागत के आधार पर मूल्य निर्धारित करने की सलाह दी। श्रमिकों का मूल्याँकन न्यूनतम मजदूरी या वास्तविक मजदूरी दर जो अधिक हो, प्रबन्धकीय आगतों का मूल्याँकन, न्यूनतम समर्थन मूल्य की घोषणा बुवाई से पूर्व करना। यदि उत्पादन में अधिक वृद्धि होती तो कृषकों की उपजों के मूल्य में कमी होने से संरक्षण प्राप्त हो। इस प्रकार 1990-91 से सरकार न्यूनतम समर्थन मूल्य/खरीद मूल्य, कृषि उपजों के लिए उत्पादन लागत के आधार पर बुवाई से पूर्व घोषित करती है।

राष्ट्रीय कृषि नीति पुनर्समाधान (National Agricultural Price Policy Resolution, 1993)

'राष्ट्रीय कृषि नीति पुनर्समाधान (NAP)' प्रस्ताव दिसम्बर 1992 को संसद में प्रस्तुत किया गया। इसके अन्तर्गत औद्यानिक फसलें, कृषि उपजों का विधायन, पशु पालन, मत्स्य, कृषि विविधीकरण, रोजगार एवं आय के स्रोतों को प्राथमिकता दी गई। मार्च 1993 में मुख्यमंत्रियों के सम्मेलन में मुख्य बिन्दुओं में संशोधन करने के सुझाव दिये गये। मई 1993 में संशोधित प्रस्ताव प्रस्तुत किया गया जिसके अन्तर्गत कृषि विविधीकरण द्वारा गरीबी हटाना, रोजगार उत्पन्न करना एवं ग्रामीण विकास को प्राथमिकता देना आदि।

मुख्य उद्देश्य (Main Objectives)

इस नई मूल्य नीति के मुख्य उद्देश्य निम्नलिखित हैं-

1. इस मूल्य नीति के अन्तर्गत चतुर्मुखी विकास हेतु कृषकों को सुविधाएँ प्रदान करना, जैसे-प्रसंस्करण, विपणन, भण्डारण, सिंचाई, औद्यानिक फसलें, मत्स्य, पशुधन, रेशम उद्योग आदि के क्षेत्र में समग्र विकास करना।
2. नई मूल्य नीति के अन्तर्गत आधारीय ढाँचे को विकसित करना।
3. कृषि क्षेत्र के विकास हेतु मूल्य नीति में संशोधन एवं सहकारी शक्ति को सुदृढ़ता प्रदान करना।
4. कृषि क्षेत्र के विकास हेतु गैर सरकारी संगठनों (NGOs) को प्रयुक्त करना।
5. नई मूल्य नीति के अन्तर्गत कृषकों एवं ग्रामीण क्षेत्रों को सहायता एवं प्रोत्साहन प्रदान करना जिससे वे कृषि व्यवसाय में उन्नति कर सकें।

इसके अतिरिक्त इसकी महत्त्वपूर्ण विशेषताएँ जैसे-पूँजी निर्माण को बढ़ावा देना, सार्वजनिक निवेश को बढ़ावा देना, साख के प्रवाह में वृद्धि, कृषि विपणन, विधायन एवं भण्डारण में उन्नति, कृषकों को उचित

मूल्य दिलाना, भूमि सुधार, सीमान्त एवं लघु कृषकों के परिपेक्ष्य में फसल बीमा, खेती योग्य भूमि को सुधारना, उद्योगों एवं कृषि निर्यात को प्रोत्साहन प्रदान करना।

मुख्य फसलों की सरकारी खरीद मूल्य एवं न्यूनतम मूल्य (Government Purchase Price of Main Crop and Minimum Price)

तालिका 1: न्यूनतम समर्थन मूल्य, कृषि लागत एवं मूल्य आयोग की सिफारिशों पर सरकार द्वारा निर्धारित

फसल	वर्ष 2014–15 (₹ प्रति कुन्टल)	वर्ष 2015–16 (₹ प्रति कुन्टल)
	खरीफ फसल	
धान (सामान्य)	1360	1410
धान (ग्रेड ए)	1400	1450
ज्वार (हाइब्रिड)	1530	1570
ज्वार (मल्दन्दी)	1550	1590
बाजरा	1250	1275
रागी	1550	1650
मक्का	1310	1325
अरहर	4350	4625
मूँग	4600	4850
उर्द	4350	4625
मूँगफली	4000	4030
सूर्यमुखी बीज	3750	3800
सोयाबीन (काला)	2500	–
सोयाबीन (पीला)	2560	2600
तिल	4600	4700
मध्यम स्टेपिल काटन	3750	3800
लांग स्टेपिल काटन	4050	4100

रबी फसल		
गेहूँ	1450	1525
जौ	1150	1225
चना	3175	3425
मसूर	3075	3325
सरसों	3100	3350
साफ्लावर	3050	3300
व्यापारिक फसलें		
जूट	2700	–
गन्ना	230	–
कोपरा (माइलिंग)	5550	5950
कोपरा (बाल)	5830	6240

स्रोतः प्रेस इनफारमेसन ब्यूरो गवर्नमेंट आफ इण्डिया

1. न्यूनतम समर्थन मूल्य (Minimum Support Price)–कृषि उपजों का न्यूनतम समर्थन मूल्य कृषि उत्पादन को प्रोत्साहन एवं वृद्धि हेतु भारत सरकार ने 24 महत्त्वपूर्ण कृषि उपजों के न्यूनतम समर्थन (Minimum Support Price) मूल्यों के निर्धारण की घोषणा की है। यह घोषणा फसलों की बुवाई के पूर्व की जाती है। इसका मुख्य उद्देश्य कृषकों के हितों को संरक्षण प्रदान करना है। यदि कृषकों का उत्पादन भारी मात्रा में हो जाता है, तो सरकार उपजों के मूल्यों को गिरने नहीं देगी। सरकार इस घोषित मूल्य पर खरीदने को बाध्य है। कृषक अपनी उपज को बाजार में ऊँचे मूल्य पर बेच सकते हैं। किसानों को मूल्यों के गिरने की आशंका नहीं रहती।

2. खरीद मूल्य अथवा वसूली मूल्य (Procurement Price)–खरीद मूल्य वह होता है जो फसल की कटाई के समय घोषित होता है। सरकार, सरकारी एजेन्सियाँ, भारतीय खाद्य निगम आदि के माध्यम से कृषि उपजों को क्रय करती है तथा इनका भण्डारण करती है। सरकार स्वयं खरीदती है। सरकार का एक निश्चित लक्ष्य होता है इसको पूरा करने के लिए जब कमी होती है तो वह अनिवार्य वसूली कृषकों एवं व्यापारियों पर लागू कर पूरा करती है। इसका उल्लघंन करने पर उसे दण्डित किया जाता है। इसके लिए खाद्यान भण्डारण एवं केन्द्रीय खाद्यान भण्डारों का उपयोग किया जाता है। सरकार ने 1956 से भण्डारों का विकास एवं स्थापना की है जिसमें उत्पादों को सुरक्षित रखा जाता है। जब समाज में ग्रामीण एवं शहरी क्षेत्रों में इसकी कमी होती है तो इसे 'लोक वितरण प्रणाली' के माध्यम (Public Distribution System) 'राशनिंग की दुकानों' (Fair Price Shop) द्वारा जनता को सस्ती दरों से वितरण कर दिया जाता है।

न्यूनतम समर्थन मूल्यों के निर्धारण हेतु भारत सरकार ने 1965 में 'कृषि मूल्य आयोग' (Agriculture Price Commission, APC) की स्थापना की थी। तत्पश्चात् 1985 में इसका नाम परिवर्तन करके 'कृषि लागत मूल्य आयोग' (Commission for Agriculture Cost and Price, CACP) के रूप में नामकरण हो गया। आयोग द्वारा

प्रतिवर्ष कृषि उपजों के मूल्यों की घोषणा कृषि में लागत के आधार पर की जाती है तथा पूर्व उपजों के मूल्यों में बोनस देकर वृद्धि की जाती है जो कृषकों के हित में होता है। कृषि उपजों का मूल्य लागत वृद्धि से अधिक होता है जिससे कृषकों की आय में वृद्धि होती है।

उपरोक्त तालिका-1 के आधार पर सरकार द्वारा घोषित मूल्यों, न्यूनतम समर्थन मूल्यों के अध्ययन से ज्ञात होता है कि 2015-16 की रबी उपजों हेतु न्यूनतम समर्थन मूल्यों की घोषणा केन्द्रीय सरकार ने 5 नवम्बर 2015 को की थी। 2014-15 की अपेक्षा 2015-16 में किस प्रकार मूल्यों में वृद्धि हुई है। 2014 में सामान्य धान 1360 रु. प्रति कुन्टल था जो 2015-16 में बढ़कर 1410 रु. प्रति कुन्टल हो गया, धान ग्रेड ए 1400 रु. प्रति कुन्टल था जो बढ़कर 1450 रु. प्रति कुन्टल हो गया अर्थात 50-50 रु. की वृद्धि की गयी। इसी प्रकार गेहूँ 1425 रु. प्रति कुन्तल था जो बढ़कर 1525 रु. प्रति कुन्टल हो गया। जौ 1150 रु. प्रतिकुन्टल से 1225 रु. प्रति कुन्टल हो गया जिससे गेहूँ एवं ज़ौ में क्रमशः 75-75 की वृद्धि हुई। दलहनी फसलें अरहर एवं मूँग में 275-275 रु. की वृद्धि करके क्रमशः 4350 रुपये से 4625 रुपये मूल्य हो गया है। मूँग में 250 रु. बोनस देकर 4850 रु. हो गया। चना, मसूर एवं सरसों में 250-250 रु. का क्रमशः 3175, 3025, 3100 रुपये से 3425, 3325, 3350 रुपये वृद्धि हो गयी।

इसी प्रकार कृषि लागत एवं मूल्य आयोग द्वारा घोषित मूल्यों के आधार पर सरकारी संस्थाओं के द्वारा खरीद की जाती है।

तालिका-2: खरीफ की प्रमुख उपजों का समर्थन मूल्य

(Minimum Support Price of Main Kharif Crops)

क्र० सं०	उपज	2015-16	2016-17
1.	धान (सामान्य)	1410	1470
2.	धान ए श्रेणी	1450	1510
3.	ज्वार हाइब्रिड	1570	1625
4.	ज्वार मलडंडी	1590	1650
5.	रागी	1650	1725
6.	बाजरा	1275	1330
7.	मक्का	1325	1365
8.	तूर (अरहर)	4625	5050
9.	मूँग	4850	5225
10.	उड़द	4625	5000
11.	मूँगफली छिलके (सहित)	4030	4220
12.	सूरजमुखी	3800	3950
13.	सोयाबीन (पीली)	2600	2775

14.	तिल	4700	5000
15.	रामतिल	3650	3825
16.	कपास (मीडियम स्टेपल)	3800	3860
17.	कपास (लाँग स्टेपल)	4100	4160

खरीफ उपजों के समर्थन मूल्य में वृद्धि

उपरोक्त तालिका-2 से स्पष्ट है कि वर्ष 2015-16 की उपजों की अपेक्षा 2016–17 खरीफ उपजों के न्यूनतम समर्थन मूल्यों की घोषणा केन्द्रीय सरकार ने 1 जून 2016 को की थी। इनका निर्धारण कृषि लागत एवं मूल्य की संस्तुतियों के आधार पर किया है। दलहनी फसलों को बढ़ावा देने के लिए केन्द्रीय सरकार ने अरहर, मूँग एवं उड़द में क्रमशः रूपये 425-425 प्रति कुन्टल वृद्धि कर दी है जिससे अरहर का न्यूनतम समर्थन मूल्य 4625 से बढ़कर 5050, मूँग का 4850 से 5225 एवं उड़द का 4625 से बढ़कर 5000 हो गया है। इसी प्रकार रामतिल में 200 रु. बोनस सहित 4700 प्रति कुन्टल से बढ़कर 5000 प्रति कुन्टल हो गया। कपास मीडियम एवं स्टेपल क्रमशः 3800 से 3860 तथा 4100 प्रति कुन्टल मूल्य हो गया। इनमें रुपये 60–60 की वृद्धि की गई है। इसी प्रकार धान सामान्य एवं ग्रेड ए में क्रमशः 1410 प्रति कु० से बढ़कर 1470 प्रति कुन्टल एवं 1450 रु. प्रति कुन्टल से बढ़कर 1510 रु. प्रति कु० हो गया। सोयाबीन की उपजों में सरकार ने 175 रु. वृद्धि करके रु. 2600 प्रति कुन्टल से बढ़ाकर 2775 रु. प्रति कुन्टल कर दिया है, जिसमें 100 रु. प्रति कुन्टल बोनस भी सम्मिलित है। मूँगफली में 4030 से वृद्धि करके 4220 रु. हो गया जिसमें 100 रूपये प्रति कुन्टल बोनस भी सम्मिलित है। सूरजमुखी में 3830 प्रति कुन्टल वृद्धि करके रु. 3950 प्रति कुन्टल कर दिया जो 200 प्रति कुन्टल बोनस सहित है।

इस प्रकार तालिका के प्रदर्शन से हम इस निष्कर्ष पर पहुँचते हैं कि हमारी केन्द्रीय सरकार दलहनी एवं तिलहनी फसलों को बढ़ावा दे रही है जिससे कृषक अधिकतम उत्पादन करके खाद्यानों की आपूर्ति में वृद्धि कर सके साथ ही उनकी आय में वृद्धि भी होगी।

केन्द्रीय पूल में खाद्यानों के बफर-स्टॉक (भण्डारण) मानकों में संशोधन

सरकार द्वारा जनवरी 2015 में केन्द्रीय पूल में खाद्यानों के बफर-स्टाक मानकों में कुछ संशोधन किये गये हैं। यह सभी राज्यों द्वारा खाद्य सुरक्षा अधिनियम को लागू कर खाद्यानों की सम्भावित कमी को रोकने के लिए प्रयास किया गया है। नये मानकों को केन्द्रीय मंत्रिमण्डल की 'आर्थिक मामलों की समिति' (CCEA) ने 16 जनवरी 2015 को स्वीकृति प्रदान कर दी है। संशोधित मानकों के अनुसार कैलेण्डर वर्ष की दूसरी व तीसरी तिमाही के समय पहले से अधिक बफर-स्टाक भारतीय खाद्य निगम को रखना पड़ेगा। पहली एवं चौथी तिमाही के समय स्टाक में कमी की गई है।

हमारे देश में खाद्यानों के बफर-स्टाक के पूर्व मानक अप्रैल 2005 से लागू किये गये थे। इन्हें तालिका-3 द्वारा प्रदर्शित किया गया है।

सी.सी.ई.ए ने इस बात की भी स्वीकृति दी है कि यदि केन्द्रीय पूलों में खाद्यानों का भण्डारण संशोधित बफर मानकों से अधिक हो जाता है तो खाद्य एवं सार्वजनिक वितरण विभाग अतिरिक्त भण्डारण को घरेलू बाजार में विक्रय कर सकता है। इसके अतिरिक्त वह विदेशों में भी निर्यात कर सकता है।

तालिका-3: केन्द्रीय पूल में खाद्यानों के बफर स्टाक

माह/तिथि	अप्रैल 2005 से प्रारम्भ	मिलियन टन संशोधित
1 अप्रैल	21.2	21.04
1 जुलाई	31.9	41.12
1 अक्टूबर	21.2	30.77
1 जनवरी	25.0	21.40

इस प्रकार सरकार ने भण्डारण के मानकों में संशोधन किया है। इसी प्रकार खाद्य एवं सार्वजनिक वितरण विभाग खाद्यानों को क्रय करता है फिर इसे लोक वितरण प्रणाली द्वारा देश की जनता को सस्ती दर से वितरित किया जाता है। यह भण्डारण बाजार में मूल्यों के उतार-चढ़ाव में स्थिरता लाता है। ग्रामीण एवं शहरी दोनों को इसकी आपूर्ति की जाती है।

कृषि मूल्य नीति के परिणाम (Consequences of Agricultural Price Policy)

कृषि मूल्य नीति के निम्नलिखित मुख्य परिणाम प्राप्त हुये हैं-

1. कृषि मूल्य नीति न्यूनतम समर्थन मूल्य निर्धारित करके कृषकों को अधिक उत्पादन हेतु प्रोत्साहन प्रदान करती है जिससे कृषकों को फसलोत्पादन हेतु निर्णय लेने में सुविधा होती है।
2. कृषकों की आय में वृद्धि एवं कृषकों के जीवन-स्तर में वृद्धि हुई है।
3. मूल्यों के उतार-चढ़ाव में स्थिरता प्रदान करने से कृषकों को उपज की बिक्री मूल्य का आश्वासन प्राप्त होता है।
4. मूल्य नीति से फसलोत्पादन में आधुनिक तकनीकी द्वारा फसल प्रणाली में परिवर्तन करने से सरकारी सहायता से धान एवं गेहूँ के उत्पादन में वृद्धि हुई है परन्तु दलहनी एवं तिलहनी फसलों पर मूल्य नीति का वाँछित प्रभाव नहीं पड़ा है।
5. उद्योगों को लाभ प्रदान करना जैसे-गन्ना, कपास, सब्जियों आदि कृषि वस्तुओं के मूल्यों में स्थिरता होने से उद्योगों हेतु कच्चे माल की उपलब्धता उचित मूल्यों पर हो जाती है।
6. मूल्य नीति के प्रभाव से उपभोक्ताओं को उचित मूल्य पर वस्तुएँ प्राप्त हो जाती हैं।
7. मूल्य नीति के परिणामस्वरूप देश की गरीब जनता को उचित मूल्य की दुकानों से न्यूनतम कीमत पर वस्तुएँ प्राप्त हो जाती हैं।
8. मूल्य नीति निर्धारण से देश में कृषि वस्तुओं के निर्यात में प्रोत्साहन मिलता है।
9. मूल्य नीति के फलस्वरूप कृषि रोजगार एवं कृषि विविधीकरण को बढ़ावा मिलता है जिससे उत्पादन में वृद्धि होती है।

कृषि मूल्य नीति की समीक्षा

कृषि मूल्य नीति से अधिकांश विद्वानों का मत है कि उत्पादन में निरन्तर वृद्धि हुई है। सिंचाई, भूमि सुधार, उन्नतिशील बीज, उर्वरक एवं आगतों की उपलब्धि हुई। देश में हरित-क्रान्ति आयी जिससे कृषकों पर अच्छा

प्रभाव पड़ा है। कृषि मूल्यों में स्थिरता से उपभोक्ताओं को समुचित मूल्य पर वस्तुएँ प्राप्त हुईं। जनता को संकट से बचाया गया। उद्योगों को भी कच्चे माल की उपलब्धित उचित मूल्यों पर प्राप्त हुई है जिससे औद्योगिक वस्तुओं में भी काफी स्थिरता रही है।

परन्तु इसके विपरीत विचारधारा वाले विद्वानों का मत है कि उत्पादन में वृद्धि सरकार के प्रयत्नों से न होकर कृषक के स्वयं के प्रयत्नों से हुई है। मूल्यों में सदैव अस्थिरता रही है। राशनिंग की दुकानों से समस्या का निदान नहीं हो पा रहा है। सरकार कृषि वस्तुओं को उपभोक्ताओं की माँग को पूरा नहीं कर पा रही है। आज भी उपभोक्ता अधिकतम कीमत पर खुले बाजारों में क्रय करते हैं।

परन्तु यदि हम सरकारी मूल्य नीति पर निष्पक्षता पूर्वक विचार करते हैं तो हम इस परिणाम पर पहुँचते हैं कि कृषि वस्तुओं के मूल्यों में स्थिरता आयी है फिर भी हम जैसा चाहते थे वैसा नहीं हो पाया है। राशनिंग व्यवस्था, न्यूनतम समर्थन मूल्य, लोक वितरण प्रणाली, सहकारी खरीद एक निश्चित सीमा तक प्रभावित रही। सरकारी नीति का दृढ़तापूर्वक पालन करने से मूल्य नीति सफल हो सकती है। कृषि कीमतों में स्थामित्व हेतु हमें निरन्तर प्रयास करना होगा जिससे उत्पादक, उपभोक्ता एवं सरकार को लाभ हो सके एवं राष्ट्र का सर्वांगीण विकास हो, राष्ट्र की अर्थव्यवस्था को सुदृढ़ता प्रदान हो।

कृषि कीमतों के स्थिरीकरण का महत्त्व (Importance of Price Stabilisation)

हमारा राष्ट्र एक कृषि प्रधान राष्ट्र है जहाँ पर कृषि मूल्य स्थिरीकरण का अत्यधिक महत्त्व है। यदि कृषि कीमतों में वृद्धि होती है तो जनसामान्य के जीवन निर्वाह में कठिनता, उनके व्यय में तथा मजदूरों की मजदूरी में वृद्धि तथा औद्योगिक वस्तुओं की कीमतों में वृद्धि, उत्पादन लागत में वृद्धि हो जाती है जिससे जमाखोरी को बढ़ावा मिलता है। देश में मुद्रास्फीति उत्पन्न हो जाती है। राष्ट्र की अर्थव्यवस्था डगमगा जाती है। यदि कृषि कीमतें कम हो जाती हैं तो कृषि व्यवसाय में हानि होती है जिससे कृषि उत्पादन कम हो जाता है। कृषकों के ऋण में वृद्धि तथा कृषकों की आय में कमी आ जाती है तथा सम्पूर्ण कृषि का विकास रुक जाता है। अर्थव्यवस्था अत्यधिक क्षीण हो जाती है। कृषि कीमतों में वृद्धि होने से कुछ बड़े कृषकों को लाभ तथा सामान्य कृषकों को कोई विशेष लाभ नहीं मिल पाता। उपभोक्ताओं को भी कृषि वस्तुएँ क्रय करने में कठिनाई होती है। मूल्यों में अधिक वृद्धि एवं कमी दोनों ही हानिकारक हैं। यह एक निश्चित सीमा तक ही ठीक है।

इस प्रकार कृषकों, उपभोक्ताओं के हितों को ध्यान में रखकर ही मूल्य का निर्धारण होना चाहिये। कीमतों में अत्यधिक उतार-चढ़ाव नहीं होने चाहिये। इसका प्रभाव सरकार पर भी पड़ता है। अतः मूल्य निर्धारण सभी के हित को दृष्टिगत रखते हुये करना चाहिये तभी हितकर होगा। इस प्रकार कृषि कीमतों की राष्ट्र विकास में महत्त्वपूर्ण भूमिका है। अतः इसकी अत्यन्त आवश्यकता है।

अभ्यास (Exercise)

चयनित प्रश्न (Selected Questions)

1. कृषि मूल्य स्थिरीकरण से क्या आशय है? इसके उद्देश्यों का सविस्तार वर्णन कीजिए।
2. कृषि मूल्य स्थिरीकरण से क्या समझते हो? इसकी आवश्यकता पर अपना मत प्रकट कीजिए।
3. कृषि मूल्य स्थिरीकरण की समस्याओं की विस्तृत व्याख्या कीजिए।

4. कृषि मूल्य नीति की क्या आवश्यकता है? भारत जैसे विकासशील राष्ट्र के लिए मुख्य उद्देश्यों का वर्णन कीजिए।
5. कृषि मूल्य निर्धारण की विधियों का सविस्तार वर्णन कीजिए।
6. भारत में कृषि मूल्य निर्धारण नीति क्या है? इसकी समस्याओं की व्याख्या कीजिए।
7. सरकार द्वारा कीमत स्थिरीकरण हेतु उठाये गये कदमों का सविस्तार वर्णन कीजिए।
8. कृषि मूल्य नीति की मुख्य कमियाँ क्या हैं? इनके सुधार हेतु अपने सुझाव दीजिए।
9. कृषि मूल्य नीति पर एक लेख लिखिए।
10. कृषि कीमतों के स्थिरीकरण का क्या महत्त्व है? भारत जैसे राष्ट्र के लिए इसकी क्या भूमिका है? इसका विस्तृत वर्णन कीजिए।
11. संक्षिप्त टिप्पणी कीजिए–

(अ) कृषि लागत मूल्य आयोग
(ब) खरीद मूल्य
(स) कीमत उच्चावचन
(द) मूल्य स्थिरीकरण।

17

कृषि मूल्य नीति से सम्बन्धित प्रमुख सरकारी संस्थाएँ एवं उपाय

(Main Government's Institutions and Measures Related to Agricultural Price Policy)

कृषि मूल्य नीति से सम्बन्धित सरकार ने निम्न प्रमुख संस्थाओं की स्थापना एवं उपाय किये हैं जिनकी मूल्यों के निर्धारण में महत्त्वपूर्ण भूमिका है।

प्रमुख संस्थाएँ

1. भारतीय खाद्य निगम (Food Corporation of India, FCI)
2. केन्द्रीय भण्डारागार निगम (Central Warehouse Corporation, CWC)
3. राज्य भण्डारागार निगम (State Warehouse Corporation, SWC)

भारतीय खाद्य निगम (Food Corporation of India)

'भारतीय खाद्य निगम' की स्थापना, खाद्य निगम अधिनियम-1964 (FCI) के अन्तर्गत की गई थी। भारतीय खाद्य निगम, खाद्यानों की सुरक्षा, व्यापार एवं राष्ट्रीय स्तर पर समर्थन मूल्यों, खरीद मूल्य, भण्डारण, अन्तर्राज्यों में प्रवाह एवं वितरण हेतु एक 'राष्ट्रीय नीति' (National Policy) लागू की गई थी। आज भारतीय खाद्य निगम की खाद्यानों के प्रबन्धन, कृषकों की सहायता में महत्त्वपूर्ण भूमिका है जो देश में खाद्यानों के भण्डारण में नेतृत्व का कार्य करता है।

देश में प्रत्येक मनुष्य खाद्यानों पर आधारित है। भारत में जहाँ 32 करोड़ से अधिक लोग गरीबी रेखा के नीचे गुजारा कर रहे हैं वे 'लक्ष्यित लोक वितरण प्रणाली' (Targeted Public Distribution System, TPDS) पर आधारित है। वर्तमान में FCI की एक माह में वितरण करने की उपलब्धता 30 लाख टन है। आजकल वर्तमान

में एवं भविष्य में देश में खाद्यानों के संरक्षण एवं भण्डारण की सर्वश्रेष्ठ एवं अत्यधिक क्षमतापूर्ण संस्था है। वर्ष 1989–90 में कुल ₹ 5138 करोड़ व्यय हुए एवं भण्डारण क्षमता 18 मिलियन टन थी।

भारतीय खाद्य निगम के उद्देश्य (Objectives of Food Corporation of India)

भारतीय खाद्य निगम के निम्न महत्त्वपूर्ण उद्देश्य हैं–

1. 'भारतीय खाद्य निगम' का मुख्य उद्देश्य कृषकों के उत्पादों के मूल्य निर्धारण में सुरक्षा प्रदान करना है।
2. गरीबी रेखा से गुजर रहे लोगों के लिए 'लोक वितरण प्रणाली' के द्वारा उचित मूल्यों में खाद्यान उपलब्ध कराना।
3. कृषि मूल्यों के स्थिरीकरण में सहायता करना।
4. देश में 'खाद्य सुरक्षा' उपाय हेतु कर स्टॉक कायम रखना।
5. खाद्यानों के भण्डारण का केन्द्रीय स्तर पर कार्य करना।

कार्य (Functions)

भारतीय खाद्य निगम के निम्नलिखित कार्य हैं–

1. भारतीय खाद्य निगम का कार्य सर्वप्रथम खाद्यानों को खरीदने, भण्डारण, परिवहन, वितरण एवं अन्य खाद्यानों की बिक्री करने का कार्य करता है।
2. यह निगम एक ओर सरकारी संस्थाओं द्वारा खाद्यानों को क्रय करने का कार्य करता है जिससे पर्याप्त मात्रा में कर स्टाक (भण्डारण) हो सके तथा दूसरी ओर 'लोक वितरण प्रणाली' (Public Distribution System) द्वारा वहनीय कीमतों (Affordable Prices) से मुद्रा के स्फैतिक दबाव को कम करता है तथा इसके अतिरिक्त एक अन्य महत्त्वपूर्ण कार्य है जो गरीब जनता हेतु खाद्यानों की माँग की पूर्ति करता है।
3. FCI देश में वैज्ञानिक भण्डारण क्षमता में महत्त्वपूर्ण भूमिका निभाता है।
4. FCI उत्पादकों को उनके परिश्रम का उचित मूल्य दिलाने में मदद करता है जो समर्थन मूल्यों एवं खरीद मूल्यों से अधिक होता है।
5. भारतीय खाद्य निगम उपभोक्ताओं को केन्द्र सरकार द्वारा निर्धारित कीमतें (Issue Prices) में खाद्यानों को प्रदान करता है।
6. FCI खाद्यानों की घरेलू खरीद में वृद्धि करता है जिससे आयातों की कमी होती है और यह देश के मूल्यवान विदेशी विनिमय को बचाती है।

भण्डारागार निगम (Warehousing Corporation)

'भण्डारागार निगम' के अन्तर्गत खाद्यानों की मात्रा एवं गुणवत्ताओं की सुरक्षा की जाती है। 'भण्डारागार योजना' के अन्तर्गत उत्पादों का भण्डारण वैज्ञानिक विधि से किया जाता है जिससे खाद्यानों को प्राकृतिक हानि से बचाया जा सके। यह भण्डारागार निगम खाद्यानों का वैज्ञानिक रीति से भण्डारण, वित्तीय सुविधा, मूल्य स्थिरीकरण एवं बाजार की सूचना देने सम्बन्धी महत्त्वपूर्ण कार्य करता है।

भारत में कृषि उत्पाद (विकास एवं भण्डारागार) निगम अधिनियम-1956 [Agricultural Produce (Development and Warehousing) Corporation Act, 1956] है। इस अधिनियम द्वारा निम्न संस्थाओं की स्थापना हुई-

1. राष्ट्रीय सहकारी विकास एवं भण्डारागार बोर्ड (National Cooperative Development and Warehousing Board), जिसकी स्थापना 1 सितम्बर, 1956 को हुई।
2. केन्द्रीय भण्डारागार निगम (Central Warehousing Corporation) की स्थापना 2 मार्च, 1957 को हुई।
3. राज्य भण्डारागार निगम (State Warehousing Corporation) की स्थापना देश के सभी राज्यों में जुलाई 1957 एवं अगस्त 1958 के मध्य हुई।

केन्द्रीय भण्डारागार निगम (Central Warehousing Corporation, CWC)

'केन्द्रीय भण्डारागार निगम' की स्थापना 2 मार्च, 1957 को हुई थी। यह भारत की भण्डारण सम्बन्धी प्रमुख संस्था है। यह अत्यधिक मात्रा में भण्डारण की क्षमता रखती है।

कार्य (Objectives)

केन्द्रीय भण्डारागार के निम्न प्रमुख कार्य हैं-

1. 'केन्द्रीय भण्डारागार निगम' भारत में खाद्यानों या कृषि उत्पादों के भण्डारण की महत्त्वपूर्ण संस्था है जो देश में सुव्यवस्थित स्थानों में गोदामों एवं भण्डारागारों का निर्माण करती है।
2. इनके अन्तर्गत खाद्यान भण्डारागार, औद्योगिक भण्डारागार एवं कस्टम बान्डेड भण्डारागार आदि सम्मिलित होते हैं।
3. केन्द्रीय भण्डारागार निगम, कृषि उत्पाद, बीज, उर्वरक, व्यक्तिगत अधिसूचित वस्तुएँ, सहकारी एवं अन्य संस्थाओं के उत्पादों के भण्डारण का कार्य करता है।
4. यह भण्डारागार कृषि वस्तुओं के क्रय, विक्रय, भण्डारण, वितरण आदि का कार्य सरकार के प्रतिनिधि के रूप में करता है।
5. यह भण्डारागार, भण्डारागारों की आधारीय संरचना हेतु सेवाएँ एवं प्रशिक्षण प्रदान करता है।
6. कृषि उत्पादों के लिए परिवहन सम्बन्धी सुविधाओं का प्रबन्धन करता है।
7. यह राज्य भण्डारागारों को हिस्सा पूँजी प्रदान करता है।

राज्य भण्डारागार निगम (State Warehousing Corporation, SWC)

'राज्य भण्डारागार निगम' की स्थापना, भण्डारागार निगम अधिनियम, 1958 (Warehousing Corporation Act, 1958) संसद द्वारा लागू किया गया। राज्य भण्डारागार निगमों की स्थापना विभिन्न राज्यों में जुलाई 1957 एवं अगस्त 1958 के मध्य हुई। इसकी स्थापना देश के सभी राज्यों में की गई।

कार्य (Functions)

राज्य भण्डारागार निगम के निम्नलिखित कार्य हैं-

1. राज्य भण्डारागार खाद्यानों एवं कृषि उत्पादों के भण्डारण का कार्य करता है।

2. यह कृषि से सम्बन्धित आगतों, बीज, उर्वरक, खादों आदि के भण्डारण का कार्य करता है तथा उनको हानि से सुरक्षा प्रदान करता है।
3. यह उत्पादों को बैंक से आसानी से साख प्रदान करता है जिसके अन्तर्गत उनके उत्पादों को रख लिया जाता है तथा कृषकों को दबाव पूर्ण बिक्री से बचाया जाता है ताकि वे सही समय पर जब उत्पाद के मूल्य अधिक हो उस समय बिक्री कर सकें।
4. कृषि उत्पादों के भण्डारण, बीज, उर्वरक या अन्य कृषि उत्पादों के भण्डारण हेतु गोदामों को प्राप्त करने एवं भण्डारागारों के निर्माण का राज्य भण्डारागार एक शक्तिशाली उपकरण है।
5. यह राज्य भण्डारागार निगम, केन्द्रीय भण्डारागार निगम एवं सरकार के प्रतिनिधि के रूप में कार्य करता है जिसके अन्तर्गत कृषि उत्पादों या अन्य कृषि उत्पादों का समय-समय पर क्रय, विक्रय, भण्डारण एवं वितरण किया जाता है।

हिस्सा पूँजी (Share Capital)

राज्य भण्डारागार निगम (State Warehoushing Corporation) की हिस्सा पूँजी 50 प्रतिशत केन्द्रीय भण्डारागार निगम एवं 50 प्रतिशत राज्य सरकार द्वारा होती है। इसकी हिस्सा पूँजी में केन्द्रीय भण्डारागार निगम एवं सम्बन्धित राज्य सरकारों का योगदान होता है।

प्रबन्ध (Management)

भण्डारागार निगम का प्रबन्ध, भण्डारागार निगम अधिनियम-1962 के आधार पर इसके बोर्ड की संरचना में 11 निदेशक होते हैं जिसमें 5 निदेशक केन्द्रीय भण्डारागार निगम द्वारा नामित किये जाते हैं तथा 6 निदेशक राज्य भण्डारागार निगम द्वारा नामित किये जाते हैं। इस बोर्ड के अध्यक्ष की नियुक्ति केन्द्रीय भण्डारागार के अनुमोदन के साथ राज्य भण्डारागार निगम द्वारा होती है।

सरकार द्वारा किये गये उपाय: लोक वितरण प्रणाली (Measures taken by Government: Public Distribution System, PDS)

'लोक वितरण प्रणाली' (PDS) का शुभारम्भ गरीब जनता के लिए आवश्यक वस्तुओं हेतु किया गया था। भारत में इसका प्रारम्भ बंगाल के अकाल के बाद हुआ। वर्ष 1943 के समय देश की स्वतंत्रता से पूर्व स्थिति अच्छी नहीं थी। स्वतंत्रता के समय 45 मिलियन लोग राशनिंग एवं अन्य 90 मिलियन लोग 'लोक वितरण प्रणाली' के अन्य रूप के अन्तर्गत थे। तत्पश्चात् भारत सरकार ने राशनिंग प्रणाली को विस्तृत रूप देने हेतु लोक वितरण प्रणाली को लागू किया जिसके द्वारा सभी उपभोक्ताओं को आवश्यक आवश्यकताओं की पूर्ति की जाती है जिसके लिए सरकार ने उचित मूल्य की दुकानों (Fair Price Shops) को खोला जो सभी राज्यों में खोली गईं। वर्ष 1996 तक 4,37,000 उचित मूल्य की दुकानें थीं जिनमें 3.48 लाख ग्रामीण क्षेत्रों एवं 0.89 लाख नगरीय क्षेत्रों में थीं।

उद्देश्य (Objectives)

लोक वितरण प्रणाली के मुख्य आधारीय उद्देश्य निम्न हैं-

1. आवश्यक वस्तुओं के वितरण में उन्नति करना।

2. आवश्यक वस्तुओं के मूल्यों में नियंत्रण करना।
3. उपभोक्ताओं की आवश्यकताओं को समूह रूप में पूरा करना।

आवश्यक वस्तुएँ (Necessary Commodities)

इसके अन्तर्गत जीवन में सामान्य रूप से उपयोग होने वाली वस्तुएँ सम्मिलित की जाती हैं। जैसे खाद्यान, शक्कर, खाने वाला तेल, चाय, काफी आदि।

लोक वितरण प्रणाली की समस्याएँ (Problems of Public Distribution System, PDS)

इस प्रणाली में निम्न दोष हैं-

1. 'लोक वितरण प्रणाली' के अन्तर्गत विभिन्न वस्तुओं की मात्रा सीमित है।
2. इसका लाभ मुख्य रूप से शहरी एवं अर्धशहरी क्षेत्रों को प्राप्त हुआ है तथा ग्रामीण जनता को समुचित मात्रा लाभ नहीं प्राप्त हुआ है।
3. इसका लाभ समाज के उच्चस्तरीय लोगों को हुआ है जबकि अधिकाँशतया गरीब लोग इससे वंचित रहे है।
4. उचित मूल्य की दुकानों की आधारीय संरचना अपर्याप्त है।
5. उचित मूल्य की दुकानों एवं सहकारी संस्थाओं में नियंत्रित वस्तुओं की बिक्री उच्च कीमतों में करना, भण्डारण के वितरण में देरी करना, फर्जी राशनकार्ड आदि अनेक दोष बिक्री में पाये गये हैं।
6. लोक वितरण प्रणाली में लगातार कीमतों में वृद्धि होना।
7. इसके अन्तर्गत जनता को आवश्यक वस्तुओं को समुचित रूप से पर्याप्त मात्रा में प्राप्त न होना।

सुझाव (Suggestions)

लोक वितरण प्रणाली के निम्न सुझाव हैं-

1. 'लोक वितरण प्रणाली' को लक्ष्यित समूह आधारित होना चाहिए।
2. लोक वितरण प्रणाली द्वारा उचित मूल्य की दुकानों का विस्तार प्रत्येक ग्राम पंचायत तक होना चाहिए।
3. उपभोक्ताओं को वस्तुओं की पर्याप्त मात्रा, कीमत एवं गुणवत्ता पर विशेष ध्यान देना आवश्यक है।
4. इस प्रणाली का सम्बन्ध रोजगारपरक एवं पौष्टिक तत्त्वयुक्त होना चाहिए।
5. उचित मूल्य की दुकानों का प्रबन्धन एवं कार्य कुशल एवं प्रशिक्षित व्यक्तियों द्वारा होना चाहिए।
6. सहकारिता को बढ़ावा देना चाहिए।
7. PDS का लाभ वास्तविक एवं जो इसके योग्य हो उन्हीं को मिलना चाहिए।

नवीनीकृत लोक वितरण प्रणाली (Revamped Public Distribution System, RPDS)

केन्द्र सरकार ने लोक वितरण प्रणाली में सुधार कर 'नवीनीकृत लोक वितरण प्रणाली' को 1 जनवरी 1992 को एक नयी योजना का शुभारम्भ किया। इसके अन्तर्गत जो वास्तव में गरीब लोग थे उनको पहचानने का विशेष रूप से प्रयास किया गया। गरीबी रेखा में निवास करने वाले उन क्षेत्रों को प्रतिमाह प्रति व्यक्ति खाद्यानों की न्यूनतम उपलब्धता को निश्चित किया गया। अधिकारियों द्वारा सही रूप से निरीक्षण करना, फर्जी

राशन कार्ड की जाँच करना तथा नये राशन कार्डों को आदेशित करने का कार्य किया जाना। इस प्रकार सही समय पर इसके द्वारा कार्ड धारक जनता को जीवन की आवश्यक वस्तुएँ उपलब्ध कराना, जैसे-नमक, चाय, दाल, साबुन आदि। इस योजना के अन्तर्गत 23 राज्यों एवं 4 संघीय राज्यों को सम्मिलित किया गया। इस योजना को विशेषकर सूखा राहत क्षेत्र कार्यक्रम (Drought Prone Area Programme, DPAP), एकीकृत आदिवासी विकास योजना (Integrated Tribal Development Project, ITDP) आदि महत्त्वपूर्ण योजनाओं में RPDS लागू किया गया। इसके अन्तर्गत जून 1992 से 2 मिलियन टन खाद्यानों की मात्रा में वृद्धि की गई। इस नवीनीकृत वितरण प्रणाली (RPDS) के अन्तर्गत उपभोक्ताओं के लिए 14,148 अतिरिक्त 'उचित मूल्य की दुकानें' (Fair Price Shop) को खोला गया तथा 386 मिलियन अतिरिक्त राशन कार्ड सभी धारकों को प्रदान किये गये। इस प्रकार इस योजना ने अत्यन्त महत्त्वपूर्ण प्रयास किये।

लक्ष्यित लोक वितरण प्रणाली (Targeted Public Distribution System, TPDS)

'लक्ष्यित लोक वितरण प्रणाली' का शुभारम्भ दिसम्बर 1996 से हुआ। भारत सरकार ने इस लक्ष्यित नई पुनरीक्षित वितरण प्रणाली की सीमा रेखा 31 मई 1997 तक रखी जिसमें सभी राज्यों को इस प्रणाली से परिचित कराया गया। इसके अन्तर्गत दोहरी कीमत सूत्र को सम्मिलित किया गया। देश की 32 करोड़ जनता जो गरीबी रेखा में जीवन-निर्वाह कर रही है उसके लिए इस योजना में मुख्य विषय लागू किये गये। ये निम्न हैं-

1. प्रत्येक राज्य के गरीबी रेखा से नीचे निर्वाह करने वाले लोगों के लिए प्रतिमाह प्रति परिवार 10 किग्रा० खाद्यान निर्धारित किया गया जो केन्द्रीय आदेशित मूल्य (Central Issue Price, CIP) से कम है।
2. जिनकी आय ₹ 15000/- प्रतिवर्ष है या इससे कम है उसे विशेष कार्ड प्रदान किये गये।
3. विशेष कार्ड धारकों हेतु ₹ 3.50 प्रति किलो चावल एवं ₹ 2.50 प्रति किलो गेहूँ के लिए निर्धारित किया गया।
4. कार्ड धारक जो गरीबी रेखा से ऊपर (Above Poverty Line, APL) थे, उन्हें ₹ 6.50 एवं 7.50 सुपर एवं सुपर फाइन चावल के लिए एवं ₹ 4.50 प्रति किलो गेहूँ के लिए निर्धारित किया गया।
5. इस प्रकार भारत सरकार ने इस योजना के द्वारा गरीबों को अत्यधिक सुविधा प्रदान करने हेतु 'अन्त्योदय अन्न योजना' (Antyodaya Anna Yojana, AAY) को 25 दिसम्बर, 2000 से शुभारम्भ किया।
6. अन्त्योदय योजना के अन्तर्गत लक्ष्यित 1 करोड़ गरीब परिवारों के लिए 35 किग्रा० खाद्यान प्रति परिवार को प्रतिमाह न्यूनतम दर पर ₹ 2 प्रति किग्रा० गेहूँ एवं ₹ 3 प्रति किग्रा० चावल हेतु निर्धारित किया गया।
7. इस प्रकार लक्ष्यित वितरण प्रणाली के अन्तर्गत गरीबी रेखा पर भरणपोषण करने वाली जनता को अत्यधिक सुविधाएँ प्रदान की गईं।

लक्ष्यित लोक वितरण प्रणाली में सहकारी भूमिका (Role of Cooperatives in Targeted Public Distribution System)

भारत में उपभोक्ता सहकारी समितियाँ महत्त्वपूर्ण भूमिका निभा रही हैं, जिनके निम्नलिखित मुख्य कार्य हैं-

1. देश में 26426 प्राथमिक उपभोक्ता सहकारी भण्डारण, 156 थोक बिक्री केन्द्रीय उपभोक्ता सहकारी एवं 28 राज्य सहकारी संघ NCCE of Indian Limited से सम्बद्ध हैं। यह शीर्षस्थ स्तर पर है।
2. ये सहकारी समितियाँ या भण्डारण 16852 फुटकर दुकानों से अधिक शहरी क्षेत्रों में कार्य कर रही हैं।
3. ग्रामीण क्षेत्रों में 44418 ग्रामीण समितियाँ आवश्यक वस्तुओं के वितरण में लोक वितरण प्रणाली के अन्तर्गत कार्य कर रही हैं।
4. केन्द्र सरकार एवं राज्य सरकारें उपभोक्ता सहकारी समितियों की सेवाएँ गरीब समाज हेतु आवश्यक वस्तुओं के वितरण में ले रही हैं।
5. सरकार द्वारा वर्ष 2002 एवं 2003 में NCCE को नोडल एजेंसी के रूप में सर्वप्रिय योजना (Sarvpriya Scheme) का शुभारम्भ किया गया।
6. यह सर्वप्रिय योजना आवश्यक 11 वस्तुओं को वितरण करने का कार्य करती है। जैसे-खाने वाला तेल, नमक, चाय एवं दालें आदि उचित मूल्यों की दुकानों द्वारा वितरित की जाती हैं।
7. इस प्रकार लक्ष्यित लोक वितरण प्रणाली के अन्तर्गत सहकारी समितियों की महत्त्वपूर्ण भूमिका है।

बफर-स्टॉक (भण्डारण) (Buffer-Stock)

खाद्यानों या आवश्यक वस्तुओं के भण्डारण हेतु सरकार सीधे घरेलू बाजारों से क्रय करती है या विदेशों से आयात करती है जो मूल्यों के उच्चावचन में संरक्षण प्रदान करती है जो बफर-स्टॉक कहलाता है। यह मूल्यों की सुरक्षा की एक तकनीक है। जब बाजार मूल्य में वृद्धि हो रही है उस समय घरेलू बाजारों में इनकी बिक्री कर दी जाती है जिससे मूल्यों में स्थिरता आती है। जब बाजार में कृषि उत्पादों की पूर्ति अधिक मात्रा में हो जाती है उस समय बाजार भाव गिरने लगता है। उस समय वस्तुओं का मूल्य कम हो जाता है। ऐसी स्थिति में सरकार स्वयं क्रय करने लगती है जिससे यह बाजार मूल्यों को गिरने से रोकती है। इसका मुख्य कार्य यह है कि जब उत्पादन अधिक हो जाता है परिणामस्वरूप मूल्य गिरने लगते हैं, उस समय यह भण्डारण सुरक्षा प्रदान करता है।

बफर-स्टाक का वर्गीकरण (Classification of Buffer-Stock)

बफर स्टाक को सरकार उचित मूल्य की दुकानों (Fair Price Shop) की दुकानों की माँग की पूर्ति हेतु कायम रखती है।

इसका आकार निम्न तथ्यों पर निर्धारित होता है–

1. सरकार भण्डारण की व्यवस्था तब करती है जब जनता को वर्तमान में आवश्यकता होती है।
2. जब कृषकों के उत्पादन में प्राकृतिक आपदाओं से कमी हो जाती है ऐसी परिस्थिति में सरकार भण्डारण को कायम रखती है।

वर्तमान में आवश्यकताओं की पूर्ति मूल्यों में मौसमी उतार-चढ़ाव में सहायता प्रदान करता है, जिसे आरक्षित भण्डारण कहा जाता है और दूसरे भण्डारण को बफर-स्टॉक कहा जाता है।

उद्देश्य (Objectives)

बफर-स्टॉक करने के निम्न उद्देश्य हैं-

1. बफर-स्टॉक का उद्देश्य खाद्यानों के मूल्यों में स्थिरता लाना है।
2. जब 'लोक वितरण प्रणाली' द्वारा पर्याप्त मात्रा उपलब्ध हो जाती है तब खाद्यानों के मूल्यों में स्थिरता आती है एवं सट्टेबाजों द्वारा वस्तुओं का अभाव कृत्रिम रूप से कर दिया जाता है, उस समय यह शोषण से बचाने का कार्य करता है।
3. लोक वितरण प्रणाली द्वारा गरीबों के वितरण हेतु बफर-स्टॉक खाद्यानों को प्रदान करता है।
4. यह लोक वितरण प्रणाली (PDS) द्वारा गरीबी रेखा से नीचे जीवन यापन कर रहे लोगों को उचित दर में उपलब्ध कराता है।
5. कृषकों के उत्पादों के मौसमी भाव गिरने पर यह उचित मूल्य का आश्वासन प्रदान करता है।
6. भारतीय कृषि मानसून का जुआ है। यह प्रकृति पर पूर्णरूपेण आधारित है, जब मौसम अनुकूल नहीं होता उस समय उत्पादन कम हो जाता है। ऐसी परिस्थिति में देश में खाद्यानों की पूर्ति करता है।
7. इस प्रकार खाद्यानों के भण्डारण से विपरीत परिस्थितियों में खाद्यानों की पूर्ति कर मूल्यों में स्थिरता लाने का कार्य करता है।

इस प्रकार सरकार उपरोक्त उपाय 'कृषि मूल्य नीति' में महत्त्वपूर्ण भूमिका निभाते हैं जो वर्तमान समय के लिए अत्यन्त आवश्यक एवं उपयोगी है।

न्यूनतम समर्थन मूल्य (Mininum Support Price, MSP)

'न्यूनतम समर्थन मूल्य' (Minimum Support Price, MSP) 'मूल्य नीति' का मुख्य उपकरण है। भारत सरकार कृषि उत्पादों के लिए समय-समय पर मूल्य का निर्धारण करती रहती है। यह उत्पादकों के लिए लम्बे समय पर विचार करती है जो कृषकों के हित में होता है।

न्यूनतम समर्थन मूल्य की घोषणा भारत सरकार 'कृषि लागत मूल्य आयोग' की सिफारिशों के आधार पर करती है। इसकी घोषणा बुवाई से पूर्व की जाती है ताकि अधिक उत्पादन होने पर उत्पादकों को उनके उत्पाद के विक्रय पर हानि न हो। जब उत्पादन अधिक हो जाता है और बाजार मूल्य गिर जाते हैं तो ऐसी स्थिति में सरकार न्यूनतम समर्थन मूल्य (MSP) पर खरीदने को बाध्य है। इस मूल्य के निर्धारण पर आगतों की लागत एवं उत्पादन पर विचार किया जाता है।

भारत सरकार द्वारा कृषकों के हित को दृष्टिगत रखते हुए 24 मुख्य फसलों के लिए न्यूनतम समर्थन मूल्य की घोषणा की जाती है। जैसे-धान, गेहूँ, मक्का, दालें, तिलहनी फसलें, कपास एवं गन्ना आदि।

उद्देश्य (Objectives)

न्यूनतम समर्थन मूल्य की घोषणा के मुख्य उद्देश्य निम्नलिखित हैं-

1. जब कृषकों का उत्पादन अधिक मात्रा में हो जाता है तो ऐसी स्थिति में मूल्यों को कम होने से रोकना।

2. न्यूनतम समर्थन मूल्य (MSP) का मुख्य उद्देश्य यह है कि जब कृषि उत्पादों के बाजार भाव गिरने लगते हैं तो ऐसी स्थिति में न्यूनतम समर्थन मूल्य पर सरकार द्वारा उत्पादों को खरीदने हेतु आश्वासन, प्रदान किया जाना जो कृषकों के हित में है।

इस प्रकार हम देखते हैं कि कृषि मूल्य नीति में सरकारी संस्थाएँ 'भारतीय खाद्य निगम', 'केन्द्रीय भण्डारागार निगम', 'राज्य भण्डारागार निगम' एवं सरकार द्वारा किये गये उपाय लोक वितरण प्रणाली, बफर-स्टॉक (भण्डारण) एवं न्यूनतम समर्थन मूल्य मुख्य उपकरण के रूप में भूमिका निभाते हैं। कृषि मूल्य नीति निर्धारण में इनका अत्यन्त महत्त्वपूर्ण योगदान है।

कृषि मूल्य नीति से सम्बन्धित सरकारी संस्थाओं एवं उपायों का वर्गीकरण

(Classification of Government's Institutions and Measures Related to Agricultural Price Policy)

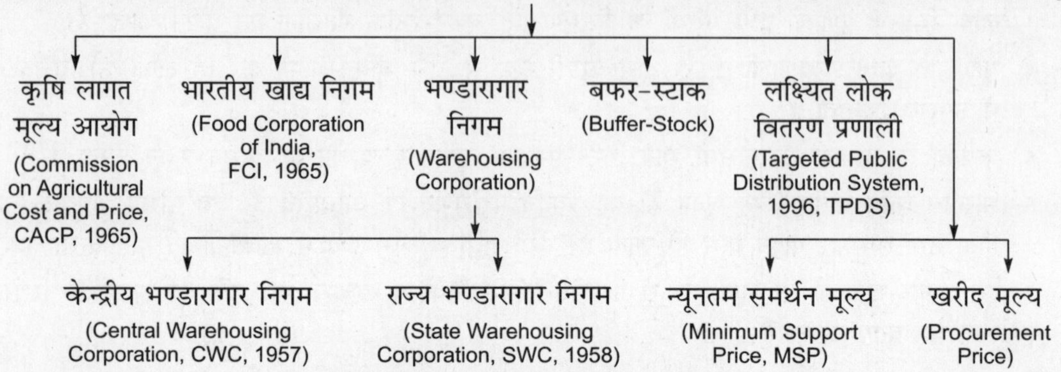

अभ्यास (Exercise)

चयनित प्रश्न (Selected Questions)

1. भारतीय खाद्य निगम क्या है? इसका विस्तृत वर्णन कीजिए।
2. भण्डारागार निगम से क्या समझते हो? केन्द्रीय भण्डारागार निगम एवं राज्य भण्डारागार निगम की व्याख्या कीजिए।
3. लोक वितरण प्रणाली क्या है? लोक वितरण का सविस्तार वर्णन कीजिए।
4. भण्डारागार निगम के क्या उद्देश्य हैं? इनके कार्यों की विस्तृत व्याख्या कीजिए।
5. बफर-स्टॉक से क्या समझते हो? इसके उद्देश्य एवं कार्यों का वर्णन कीजिए।
6. लक्ष्यित लोक वितरण प्रणाली में सहकारी समितियों की क्या भूमिका है? इसका विस्तृत उल्लेख कीजिए।
7. संक्षिप्त टिप्पणी लिखिए–

   (अ) न्यूनतम समर्थन मूल्य   (ब) नवीनीकृत लोक वितरण प्रणाली

   (स) खाद्यान्न सुरक्षा   (द) कृषि मूल्य नीति।

भाग–4

विपणन प्रबन्धन

(Marketing Management)

18

विपणन प्रबन्ध एवं विपणन मिश्रण
(Marketing Management and Marketing Mix)

कृषक परम्परागत कृषि के अन्तर्गत कृषि वस्तुओं का उत्पादन अपने परिवार के भरण-पोषण हेतु करता था, इसके पश्चात् जो उत्पाद शेष रहता था उसे बाजार में विक्रय हेतु लाता था। अर्थात् आवश्यकता की पूर्ति के पश्चात् ही बाजार में बिक्री करता था। परन्तु आधुनिक समय में कृषि का व्यवसायीकरण हो जाने से कृषि उत्पादों को प्रसंस्करण करके अन्तर्राष्ट्रीय स्तर पर बिक्री की जाने लगी है। इस समय संविदा कृषि का महत्त्व अत्यधिक बढ़ गया है। बहुराष्ट्रीय कम्पनियों की अन्तर्राष्ट्रीय व्यापार में महती भूमिका है। वर्तमान समय में कृषि व्यवसाय तीन चरणों में विभक्त किया गया है–

1. **प्रक्षेत्र आगत (Farm Inputs):** प्रक्षेत्र आगतों का व्यवसाय जैसे बीज, उर्वरक एवं मशीनरी आदि।
2. **प्रक्षेत्र उत्पाद (Farm Output):** प्रक्षेत्र उत्पादों का व्यवसाय जैसे चावल, गेहूँ, सब्जियाँ, फल, मसाले, दुग्ध, कपास व्यवसाय आदि।
3. **प्रसंस्करण (Processing):** प्रक्षेत्र उत्पादों के मूल्य संवर्धन हेतु उत्पादों का प्रसंस्करण, पैकेजिंग एवं उत्पादों को विभिन्न रूपों में परिवर्तित करके मूल्य में वृद्धि की जाती है। जैसे-ब्रेड, बिस्कुट, दुग्ध उत्पाद, त्वरित खाद्य पदार्थ, कपास पर आधारित जैसे-गारमेण्ट कपड़े इत्यादि।

वर्तमान समय में त्वरित खाद्य पदार्थों (Fast Food) की महत्त्वपूर्ण भूमिका है। दिल्ली इसका क्षमतापूर्ण बाजार है। दिल्ली में प्रतिवर्ष 10 मिलियन टन दुग्ध की बिक्री होती है। जहाँ पर क्रेता एवं विक्रेता अधिकतम निकट होते हैं।

प्रबन्ध (Manage)

प्रबन्ध के अन्तर्गत मुख्य रूप से निम्न तत्त्व होते हैं–

1. नियोजन (Planning)
2. संगठन (Organizing)
3. निर्देशन (Directing)
4. कार्मिक (Staffing)
5. समन्वय (Co-ordinating)
6. संचार (Communication)

7. उत्प्रेरण (Motivating)
8. नेतृत्व (Leadership)
9. नियंत्रण (Controlling)

बाजार की रणनीति (Marketing Strategy)

बाजार की रणनीति के अन्तर्गत बाजार की पूर्ण योजना बनाना ताकि उद्देश्यात्मक सफलता प्राप्त हो। (1) बाजार खण्डीकरण, (2) बाजार का लक्ष्य निर्धारण, (3) बाजार में उत्पाद की स्थिति (4) विपणन मिश्रण।

1. बाजार खण्डीकरण (Market Segmentation): बाजार खण्डीकरण का दर्शन ग्राहक पर आधारित है। (Market segmentation is customer oriented philosophy) विभिन्न दृष्टिकोणों से ये बाजार विभिन्न बाजारों में विभक्त रहते हैं। जैसे-सामाजिक आर्थिक, भौगोलिक, जनसांख्यिकीय मनोवृत्तिपरक एवं व्यावहारिकता के आधार पर आधारित आदि। इससे ग्राहक कम समय में अधिक उपयोगी वस्तुओं को प्राप्त कर लेता है। यह ग्राहकों के लिए महत्त्वपूर्ण यन्त्र है। इससे ग्राहकों को अधिकतम सन्तुष्टि प्राप्त होती है।

2. लक्ष्यित (Targeting) : लक्ष्यित बाजारों का चुनाव वहाँ पर किया जाता है जहाँ अधिकतम आय प्राप्त करने की उम्मीद हो एवं जिस जगह पर किसी वस्तु के उत्पादन करने का (1) क्षेत्र हो, (2) सुविधाएँ हो, (3) प्रतियोगिता हो, (4) उत्पादन के संसाधन हो, (5) समस्याओं का समाधान। जहाँ पर अधिकतम फलों का उत्पादन हो वह क्षेत्र के औद्योगिक फसलें उगाने अथवा बागवानी फसलों के उत्पादों की बिक्री का महत्त्वपूर्ण लक्ष्यित बाजार क्षेत्र होता है।

3. स्थिति (Posioning) : स्थिति के आधार पर उस स्थल का निर्धारण करना पड़ता है जहाँ पर जिस वस्तु के उत्पाद की विशेष माँग हो। उत्पाद का ग्राहक कौन है? निम्नतम लागत में अधिकतम उत्पाद हो। उत्पाद गुणवत्तायुक्त हो, जो वस्तु हम विक्रय कर रहे हैं उसका आश्वासन क्या है। जिस वस्तु का उत्पादन कर रहे हैं उसकी क्या तस्वीर है? जैसे कोई कृषक कपास के Bt बीज का उत्पादन कर रहा है तो उसे इस बात को ध्यान में रखना होगा कि उसके उत्पाद की बाजार में बिक्री क्या होगी एवं क्षेत्र विशेष रूप से कपास का ही क्षेत्र होगा? इस प्रकार किसी वस्तु के उत्पादन में बाजार की स्थिति को दृष्टिगत रखना पड़ता है।

विपणन मिश्रण (Marketing Mix)

फिलिप कोटलर ने विपणन मिश्रण को इस प्रकार परिभाषित किया है–

फिलिप कोटलर के आधार पर "विपणन मिश्रण नियन्त्रणीय चर का समूह है जिसे उद्यम, क्रेताओं की प्रतिक्रिया को प्रभावित करने के लिए उपयोग कर सकता है।"

"Marketing mix is the set of controllable variables that the firm can use to influence the buyers response."

इस प्रकार विपणन मिश्रण को संक्षिप्त में व्यक्त कर सकते हैं–

1. बाजार में उत्पाद की उपलब्धता हो।
2. कीमतों में समानता हो।
3. बाजारों में उपभोक्ताओं हेतु प्रोत्साहन प्रदान करना।

जैसे किसी उत्पाद में छूट प्रदान करना जिससे ग्राहकों में आकर्षण हो। जब किसी उद्योग में कोई वस्तु उत्पादित की जाती है तो उत्पादक को कुछ विशेष बातों को ध्यान में रखना पड़ता हैं-(1) सर्वप्रथम उसका बाजार क्या है; (2) वस्तु का कितनी मात्रा में उत्पादन हो; (3) उत्पाद की लागत क्या हो; (4) वस्तु का मूल्य निर्धारण; (5) वस्तु की माँग कहाँ पर है; (6) उत्पादन के वितरण का माध्यम; (7) उत्पाद से उत्पादक को लाभ।

आजकल बाजारों में अत्यधिक प्रतियोगिता है अत: वस्तु उत्पाद में गुणवत्ता का अपना विशेष महत्त्व है। जिसका प्रभाव अन्तर्राष्ट्रीय बाजार में विशेष रूप से पड़ता है। कोई भी उद्योग मुख्य रूप से निम्न तथ्यों पर आधारित है-(1) उत्पाद (Product), (2) स्थान अथवा भौतिक वितरण (Place are Physical Distribution), (3) उत्पाद की प्रोन्नति (Promotion), (4) कीमत (Price) विपणन के 4 Ps कहलाते हैं। अमेरिकन प्रोफेसर जीरोम कार्थी (Jerome Mc Carthy) ने 4 Ps को निम्न प्रकार से वर्गीकृत किया है।

विपणन मिश्रण के निम्नलिखित मुख्य तत्त्व हैं–

1. उत्पाद मिश्रण (Product Mix)

(*i*) **उत्पाद की गुणवत्ता (Product Quality)**–उत्पाद की वारण्टी, पैकेज डिजाइन, पदार्थ, आकार, प्रदर्शन, लेबलिंग डिजाइन आदि।

(*ii*) **उत्पाद (Product)**–उत्पाद के लक्षण, ब्राण्ड का नाम, प्रतिरूप, प्रणाली, उत्पाद का प्रदर्शन।

(*iii*) **सेवाएँ (Services)**–उत्पाद की बिक्री के पूर्व, बिक्री के पश्चात् सेवाओं का स्तर, सेवाओं के खर्चे आदि।

2. स्थान मिश्रण (Place Mix)

(*i*) **वितरण श्रृंखला (Channel of Distribution)**–मध्यस्थों के प्रकार, उत्पाद के वितरण का क्षेत्र, श्रृंखला की पारिश्रमिकता, प्रमुख डीलर के सम्बन्ध आदि।

(*ii*) **भौतिक वितरण (Physical Distribution)**–भौतिक वितरण के अन्तर्गत परिवहन, वेयरहाउसिंग, परिसम्पत्ति का स्तर, विधायन आदि सम्मिलित हैं।

3. कीमत मिश्रण (Price Mix)

(*i*) **कीमत नीति (Price Policy)**–उत्पाद की कीमत की नीति, लाभ, उत्पाद में छूट का प्रावधान।

(*ii*) **शर्तें (Terms and Conditions)**–उत्पाद का बाजार में विक्रय हेतु उपलब्ध होना, उत्पाद की कीमत अदा करने की शर्तें, साख के अदा करने का समय, कितनी किश्तों में अदा होगा, उत्पाद में सुविधाएँ प्रदान करना, पुनर्बिक्री कीमत आदि।

4. प्रोन्नति मिश्रण (Promotion Mix)

(*i*) **व्यक्तिगत बिक्री (Personal Selling)**–उत्पाद की बिक्री का अनुभव, बिक्री का आकार, वस्तु की गुणवत्ता आदि।

(*ii*) **प्रचार (Advertising)**–वस्तु के प्रचार-प्रसार हेतु दूरभाष, दूरदर्शन, आकाशवाणी, प्रदर्शनी, मेले, पत्रिकाएँ, बुलेटिन, कार्यक्रम आदि।

(*iii*) **बिक्री प्रोन्नति (Sales Promotion)**–उत्पादक को उपहार प्रदान करना, कीमतों को घटाना, पुरस्कार प्रदान करना आदि।

इस प्रकार विपणन मिश्रण की प्रोन्नति व्यक्ति सम्बन्धी आमने-सामने मिलकर, वस्तु की गुणवत्ता में वृद्धि करके परम्परागत आदतों, संस्कृति एवं व्यक्तिगत रूप से प्रेरित करके की जा सकती है।

विपणन मिश्रण के तत्त्वों का वर्गीकरण (Classification of Elements of Marketing Mix)

विपणन मिश्रण के तत्त्व
(Elements of Marketing Mix)

- उत्पाद मिश्रण (Product Mix)
  - उत्पाद की गुणवत्ता
  - आकार
  - डिजाइन
  - वारण्टी
  - प्रदर्शन
  - लेबलिंग
  - उत्पाद के लक्षण
  - ब्राण्ड का नाम
  - सेवाएँ
- स्थान मिश्रण (Place Mix)
  - विपणन शृंखला
  - लेन-देन
  - परिवहन
  - वेयर हाउसिंग
  - डीलर से सम्बन्ध
  - परिसम्पत्तियाँ नियंत्रण
  - विधायन
- कीमत मिश्रण (Price Mix)
  - उत्पाद की कीमत नीति
  - लाभ
  - बट्टा
  - साख की अदायगी का समय
  - कीमत अदा करने की शर्तें
  - पुनर्बिक्री कीमत
  - उत्पाद में सुविधाएँ
- प्रोन्नति मिश्रण (Promotion Mix)
  - एडवरटाइजिंग
  - व्यक्तिगत बिक्री
  - बिक्री प्रोन्नति
  - प्रचार-प्रसार
  - जनसम्पर्क
  - कीमतें
  - कीमतों को घटाना
  - उपहार प्रदान करना
  - पुरस्कार प्रदान करना

अभ्यास (Exercise)

चयनित प्रश्न (Selected Questions)

1. विपणन प्रबन्ध से क्या समझते हो? बाजार रणनीति के तत्त्वों का विस्तृत वर्णन कीजिए।
2. विपणन मिश्रण क्या है? विपणन मिश्रण के 4P's की विस्तृत व्याख्या कीजिए।
3. प्रबन्ध से क्या समझते हो? प्रबन्ध के तत्त्वों का वर्णन कीजिए।
4. संक्षिप्त टिप्पणी लिखिए-

(अ) बाजार खण्डीकरण रणनीति (ब) प्रक्षेत्र आगत

(स) प्रसंस्करण (द) विपणन मिश्रण।

19

उत्पाद का जीवन-चक्र
(Product Life Cycle, PLC)

कोई भी उद्योग या कम्पनी उपभोक्ता की माँग को देखते हुए किसी वस्तु का उत्पादन करती है। उपभोक्ता प्रतिवर्ष लाखों उत्पादों को क्रय करता है। प्रायः हम देखते हैं कि बाजार में पुरानी से पुरानी वस्तुओं की जो अधिक लोकप्रिय थीं, उनकी बाजार में माँग समयानुसार कम हो जाती है तथा नये-नये तकनीकी का प्रयोग आधुनिकता में परिवर्तित कर उनकी बाजार माँग में वृद्धि की जाती है। उपभोक्ताओं को आकर्षित किया जाता है। ग्राहकों को उनकी गुणवत्ता से प्रभावित किया जाता है ताकि उनका उत्पाद बाजारों की प्रतियोगिता में सफल एवं सार्थक सिद्ध हो।

जब किसी उत्पाद को बाजार में निर्गत किया जाता तो उसे देखकर दूसरी कम्पनियाँ भी उसी प्रकार के उत्पाद तैयार कर लेती हैं जो नकल ही होती है। वे असली उत्पाद से कहीं न कहीं अवश्य भिन्न होते हैं क्योंकि उनकी गुणवत्ता में अवश्य भिन्नता होती है। डिजाइन, आकार, कीमत आदि में भी अन्तर पाया जाता है।

बाजार में नये उत्पाद की बिक्री में वृद्धि करने हेतु उसकी गुणवत्ता को ध्यान में रखते हुए उत्पादक भारी मात्रा में निवेश करता है ताकि उसके व्यवसाय में दिन प्रतिदिन वृद्धि हो सके। उत्पाद के शुभारम्भ करने के पूर्व अत्यधिक सावधानी एवं सतर्कता बरतनी पड़ती है। उद्योग को आन्तरिक एवं बाह्य कारकों के प्रति भी ध्यान देना आवश्यक होता है। प्राकृतिक वातावरण, आर्थिक गतिविधियाँ, सांस्कृतिक मूल्य, नियम कानून एवं बाजार की आवश्यकता आदि कारक बिक्री को प्रभावित करते हैं।

उत्पाद के जीवन-चक्र से आशय यह है कि मनुष्य की भाँति उत्पाद का भी एक जीवन-चक्र होता है। जोकि एक निश्चित अवस्थाओं को पार कर गुजरना पड़ता है जिसे उत्पादन का जीवन-चक्र कहते हैं।

कुछ उत्पाद अपने जीवन-चक्र से पहले ही समाप्त हो जाते हैं। कुछ उत्पाद कुछ अवस्थाओं को पार कर लेते हैं तथा थोड़े ही उत्पाद ऐसे हैं जो जीवन की सम्पूर्ण अवस्थाओं को पार करते हैं। उत्पाद जीवन-चक्र को मुख्य रूप से चार अवस्थाओं में विभाजित किया गया है।

उत्पाद जीवन-चक्र (Product Life Cycle) की अवधारणा बाजार में उत्पाद को व्यावसायिक दृष्टि से कम से कम लागत में अधिकतम लाभ को दृष्टिगत रखकर की जाती है जिसकी बिक्री के लिए अनेक उपाए किये जाते हैं। जब उत्पाद को बाजार में शुभारम्भ किया जाता है तो इसके प्रबन्धन की विशेष आवश्यकता होती है जिसे

उत्पाद जीवन-चक्र प्रबन्ध (Product Life Cycle Management, PLCM) कहा जाता है जिसका मुख्य उद्देश्य- 1. किसी उत्पाद का बाजार में एक निश्चित समय पर निर्गत होना, 2. बाजार में उन्नति होना, 3. वस्तु की बाजार में अपनी एक पहचान होना, 4. उत्पाद की गुणवत्ता में वृद्धि, 5. उत्पाद की बिक्री में सुअवसर प्राप्त होना, 6. न्यूनतम लागत में अधिकतम लाभ होना, 7. आय सृजन के उपायों की खोज करना, 8. वातावरण प्रभावों को कम करना, 9. उत्पादों की सूचनाओं को उपभोक्ताओं तक पहुँचाना, 10. ग्राहकों को नये-नये उत्पादों हेतु आकर्षण प्रदान करना, 11. उत्पादों हेतु पूर्ति श्रृंखला का विस्तार करना।

उत्पाद जीवन-चक्र की अवस्थाएँ (Product Stage of Life Cycle, PLC)

उत्पाद जीवन-चक्र अवस्थाओं से आशय यह है कि किसी भी उत्पाद को विभिन्न अवस्थाओं को पार करके गुजरना पड़ता है जिसे उत्पाद का जीवन-चक्र कहा जाता है। मुख्य रूप से किसी भी उत्पाद को चार अवस्थाओं को पार करना पड़ता है, जो निम्न हैं-

1. परिचय अवस्था (Introduction Stage)
2. विकास या वृद्धि अवस्था (Development or Growth Stage)
3. परिपक्वता अवस्था (Maturity Stage)
4. घटने की अवस्था (Decline Stage)

1. परिचय अवस्था (Introduction Stage): परिचय अवस्था किसी उत्पाद के बाजार में शुभारम्भ या निर्गत करने की अवस्था होती है। प्रारम्भिक अवस्था में उत्पाद का वितरण सीमित होता है। इसमें वस्तु की माँगों को खोजना पड़ता है। इस अवस्था में अधिकतम श्रम एवं पूँजी खर्च करनी पड़ती है। परिचय अवस्था मुख्य निम्न तथ्यों पर आधारित हैं-

(i) परिचय अवस्था में उत्पाद की प्रारम्भिक अवस्था होती है।

(ii) उत्पाद बाजार में बिल्कुल ही नया होता है।

(iii) उत्पाद का बाजार में वितरण सीमित होता है।

(iv) उत्पाद के बाजार का आकार छोटा होता है।

(v) बाजार का आकार धीरे-धीरे बढ़ता है।

(vi) लाभ नाम मात्र होता है।

(vii) उत्पाद की लागत बहुत अधिक होती है।

(viii) प्रारम्भ में बिक्री बहुत कम होती है।

(ix) बाजार में प्रतियोगिता बहुत कम या नहीं के बराबर होती है।

(x) वस्तुओं की बाजार में माँग उत्पन्न की जाती है।

(xi) प्रचार-प्रसार की भूमिका महत्त्वपूर्ण होती है।

(xii) उत्पाद के ब्राण्ड के प्रति ग्राहकों में जागरूकता उत्पन्न करनी पड़ती है।

2. विकास या वृद्धि अवस्था (Development or Growth Stage): विकास एवं वृद्धि उत्पाद की दूसरी अवस्था होती है। उत्पाद बाजार में मजबूती के साथ वृद्धि करता है। उपभोक्ता उत्पाद से सन्तुष्ट होता है तथा

वस्तु के उपभोग की आदत हो जाती है। उत्पाद लोगों के बीच अधिक से अधिक मात्रा में प्रयोग किया जाता है। उत्पाद की बिक्री प्रारम्भ हो जाती है। विकास एवं वृद्धि की अवस्था निम्न बिन्दुओं पर आधारित होती है–

(*i*) विकास एवं वृद्धि की अवस्था में बिक्री प्रारम्भ हो जाती है।

(*ii*) उत्पाद ग्राहकों में स्वीकार किया जाता है।

(*iii*) उपभोक्ता उत्पाद के प्रति सन्तुष्ट होते हैं।

(*iv*) पैमाने की बचतों के कारण प्रति इकाई लागत कम होने लगती है।

(*v*) उत्पाद की प्रोन्नति हेतु पूँजी अधिक खर्च करनी पड़ती है।

(*vi*) उत्पाद बाजार में छलाँग लगाता है।

(*vii*) प्रतियोगिता प्रारम्भ होने लगती है तथा बाजार में नवप्रवर्तन एवं मूल्य नीति निर्धारण की आवश्यकता होती है।

(*viii*) इस अवस्था में मूल उत्पाद के प्रति अन्य प्रतियोगी उत्पाद नकल करने लगते हैं। जैसे थोड़ा सा डिजाइन में प्रोन्नति कर देना।

(*ix*) बिक्री के आकार में सार्थक वृद्धि होना।

(*x*) प्रारम्भ में लाभ में वृद्धि होने लगना।

(*xi*) उत्पाद के प्रति लोगों में जागरूकता का होना।

(*xii*) बाजार में नये उत्पाद के प्रति आकर्षण उत्पन्न करना जिससे ग्राहक शीघ्र ही उत्पाद की ओर उन्मुख हो जैसे शुगर फ्री बिस्कुट आदि।

(*xiii*) उत्पाद में नयी तकनीकी का प्रयोग कर देना।

(*xiv*) उत्पाद के वितरण की शृंखला में फुटकर बिक्री को प्राथमिकता देना।

(*xv*) विकास अवस्था में नये बाजार में मजबूती का स्थान निर्धारित करना पड़ता है।

3. परिपक्वता अवस्था (Maturity Stage): परिपक्वता अवस्था में बाजार में उत्पाद के संतृप्त होने की अवस्था के लक्षण दिखने लगते हैं। इस अवस्था में उत्पाद पूर्णरूपेण प्रतिस्थापित हो जाता है। उत्पादक बाजार में कायम रखने के लिए प्रयत्न करने लगता है क्योंकि बाजार में अन्य प्रतियोगी वस्तुएँ अपने जड़ें जमाने लगती हैं। प्रतियोगी उत्पाद बुद्धिमत्ता के साथ बिक्री हेतु आने लगती है। उद्योगपति को उत्पाद को बाजार में कायम रखने हेतु उत्पादों में नई तकनीकी का प्रयोग करके उसकी गुणवत्ता में वृद्धि करनी चाहिए। परिपक्वता अवस्था में मुख्य तथ्य निम्न हैं–

(*i*) परिपक्वता अवस्था में उत्पाद की लागत में कमी होती है क्योंकि इस अवस्था में उत्पादन स्तर में वृद्धि होती है।

(*ii*) बाजार में प्रतियोगियों के प्रवेश की संख्या में वृद्धि होने लगती है।

(*iii*) बिक्री के आकार में अधिकतम वृद्धि हो जाती है तथा बाजार संतृप्त अवस्था में पहुँच जाता है।

(*iv*) प्रतियोगी उत्पादों के बाजार में प्रवेश हो जाने के कारण उत्पादों के मूल्यों में कमी होने लगती है।

(*v*) बाजार में ब्राण्ड विभेदीकरण एवं उत्पादों के विविधीकरण के कारण उत्पादक को बाजार में कायम रखने हेतु जोर देना पड़ता है।

(*vi*) औद्योगिक लाभ निम्न-स्तर की ओर जाने लगता है।

(*vii*) मूल्यों में प्रतियोगिता तीव्र गति से होती है।

(*viii*) परिपक्वता अवस्था बाजार की शीर्षस्थ अवस्था होती है।

4. घटने की अवस्था (Decline Stage): परिपक्वता अवस्था के पश्चात् बाजार में उत्पाद की बिक्री में कमी होने लगती है। कुछ उत्पाद इस लम्बे अवस्था तक पहुँचते हैं। कुछ उत्पाद जल्दी ही प्रारम्भ में ही घटने लगते हैं। बहुत से ग्राहक अन्य उत्पादों पर निर्भर होने लगते हैं। यहाँ तक कि कुछ उत्पादों का उत्पादक उत्पादन करना ही बन्द कर देते हैं या दूसरी कम्पनी को विक्रय कर देते हैं। इस अवस्था में प्रचार-प्रसार की कमी होने लगती है। इस अवस्था के निम्न तथ्य हैं–

(*i*) घटने की अवस्था में लागतों में कमी हो जाती है।

(*ii*) इस अवस्था में माँग एवं बिक्री में कमी होने लगती है।

(*iii*) प्रतियोगिता उच्च-स्तर तक पहुँच जाती है।

(*iv*) इस अवस्था में कीमतें एवं लाभ घटने लगता है।

(*v*) इस अवस्था में उत्पादक को अनेक चुनौतियों का सामना करना पड़ता है।

(*vi*) घटने की अवस्था में प्रचार-प्रसार भी लाभदायक नहीं होता।

(*vii*) इस अवस्था में कुछ कम्पनियाँ या उद्योगपति उत्पादों को बाजार में कायम रखने का प्रयत्न करते हैं।

इस प्रकार उपरोक्त अवस्थाएँ उत्पाद के जीवन-चक्र को निर्धारित करती हैं।

उत्पाद के जीवन-चक्र की अवस्थाएं
(Stages of Product Life Cycle)

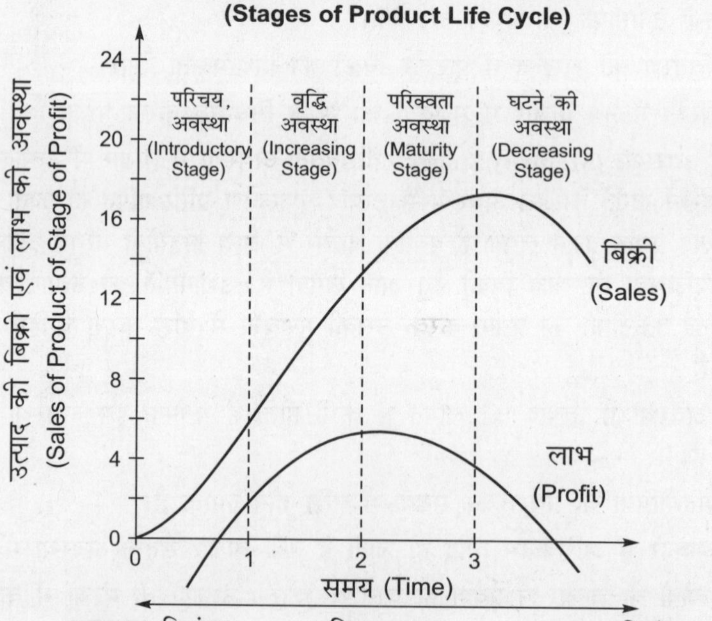

संक्षिप्त में उत्पाद जीवन-चक्र की प्रमुख अवस्थाएँ
(Main Stages of Product Life Cycle in Brief, PLC)

लक्षण (Features)	बाजार अग्रगामी अवस्था या परिचय अवस्था (Market Pionering or introduction stage)	बाजार वृद्धि अवस्था (Market Growth Stage, MGS)	बाजार परिपक्वता अवस्था (Market Maturity Stage, MMS)	बाजार घटने की अवस्था (Market Declin-ing Stage, MDS)
बिक्री	कम	बिक्री में सही दर पर वृद्धि	बिक्री उच्च-स्तर पर पहुँच जाती है	बिक्री घटने लगती है
लागत व्यय प्रति इकाई	बहुत अधिक	उच्च (अपेक्षाकृत परिचय अवस्था)	कम	कम
प्रतियोगिता	कम या नहीं प्रतियोगिता नहीं के बराबर	उच्च	बहुत अधिक	बहुत अधिक
बाजार माँग	बाजार तैयार नहीं इसलिए माँग का सृजन करता है।	उत्पाद की माँग में वृद्धि एवं बाजार के आकार में विकास एवं वृद्धि	माँग संतृप्त बिन्दु में पहुँच जाती है	माँग कम होने लगती है
लाभ	आगे बढ़ने की संभावना	लाभ में वृद्धि	उच्च-स्तरीय लाभ	लाभ पहले से ही घटने लगता है।
कीमत	कीमतें कम एवं कीमतें बढ़ाने की संभावना	प्रतियोगी कीमतों का लागू करना	कीमतों में प्रतियोगिता तीव्र गति से हो जाती है। उत्पाद विभेदीकरण लागू किया जाता है। सापेक्षतया कीमतें घट जाती हैं।	प्रतियोगिता का सामना करना पड़ता है। मूल्य निकालना कठिन हो जाता है। कीमतें प्रचलित मूल्यों पर कम होती हैं परन्तु अनुकूल नहीं होती है।

अभ्यास (Exercise)

चयनित प्रश्न (Selected Questions)

1. उत्पाद के जीवन-चक्र से क्या समझते हो? उत्पाद के जीवन-चक्र की अवस्थाओं का सविस्तार वर्णन कीजिए।
2. उत्पाद के जीवन-चक्र का क्या महत्त्व है? इसके विस्तार के लिए अपने सुझाव दीजिए।

20

बाजार कीमत का निर्धारण
(Market Pricing)

बाजार मूल्य का निर्धारण माँग एवं पूर्ति के आधार पर निर्धारित होता है। जब इस बाजार में किसी उत्पाद की बिक्री करते हैं तो इसमें वस्तु का विनिमय होता है। माँग और पूर्ति की शक्तियाँ साम्य बिन्दु (Equilibrium Point) पर किसी उत्पाद का मूल्य निर्धारण करती हैं। जब इसे मौद्रिक शब्दों में व्यक्त किया जाता है तब यह मूल्य कहलाता है। जब बाजार में एकाधिकारिक प्रतियोगिता (Monopolistic Competition) होती है तभी बाजार की स्थिति अत्यधिक वास्तविक होती है। सामान्य रूप से मूल्य निर्धारण में अनेक कारकों का प्रभाव पड़ता है। एकाधिकारिक प्रतियोगिता में ही वस्तु विभेदीकरण (Product Differentiation) की परिस्थितियाँ उत्पन्न होती हैं। बाजार में विभिन्न उत्पादों का निर्गमन होता है तथा विभिन्न उत्पादों के विभिन्न मूल्य निर्धारित होते हैं। बाजार में किसी उत्पाद की अत्यधिक बिक्री को देखते हुए अन्य कम्पनियाँ भी मिलते-जुलते उत्पाद तैयार करती हैं परन्तु ट्रेड मार्क में भिन्नता होती है। इसमें क्रेताओं एवं विक्रेताओं की संख्या भी सामान्य रूप से अधिक होती है। बाजार में एकाधिकारिक प्रतियोगिता ही देखने को मिलती है।

वस्तु का मूल्य निर्धारण विशेष रूप से लागत, माँग, प्रतियोगिता एवं अन्य कारकों पर आधारित है। यहाँ पर मुख्य रूप से लागत एवं प्रतियोगिता पर आधारित मूल्य निर्धारण को व्यक्त किया गया है-1. लागत पर आधारित मूल्य निर्धारण (Cost based pricing), 2. प्रतियोगिता पर आधारित मूल्य निर्धारण (Competition based pricing)।

1. लागत पर आधारित मूल्य निर्धारण (Cost Based Pricing)

(*i*) मूल्य वृद्धि कीमत निर्धारण (Mark-up Pricing): मूल्य वृद्धि में कीमत का निर्धारण उत्पाद का बिक्री मूल्य जिसमें लागत एवं लाभ दोनों सम्मिलित रहते हैं। यदि उत्पाद उच्च मूल्य का होगा अर्थात् उच्च स्तरीय होगा तो उसकी बाजार में कीमत भी ऊँची होगी। यदि उत्पाद निम्न कोटि का होगा तो बाजार में उसकी कीमत भी निम्न होगी। इस विधि द्वारा माँग का सही रूप से अनुमान नहीं लगाया जा सकता परन्तु उत्पाद की वास्तविक लागत को जाना जा सकता है। जैसे बाजार में विक्रय किये जाने वाले दुग्ध की कीमत ₹ 60/- प्रति लीटर है। जिसमें दुग्ध की उत्पादन लागत एवं विपणन लागत के साथ-साथ वास्तविक लाभाँश भी सम्मिलित

है। उत्पादन लागत + विपणन खर्चे = ₹ 45/- प्रति लीटर + लाभाँश = 15 = ₹ 60/- प्रति लीटर, इस प्रकार मूल्य का निर्धारण मूल्य वृद्धि कीमत निर्धारण कहलाता है।

***(ii)* पूर्ण लागत पर आधारित मूल्य निर्धारण (Full Cost Pricing):** पूर्ण लागत पर आधारित मूल्य का निर्धारण उत्पाद के उत्पादन, बिक्री एवं अन्य विशेष कार्यों में अस्थिर लागत (Variable Cost) एवं स्थिर लागत (Fixed Cost) को प्रयुक्त किया जाता है। उत्पाद के बिक्री मूल्य में लाभांश भी सम्मिलित रहता है। स्थिर लागत + अस्थिर लागत + लाभ = कुल लागत (Fixed Cost + Variable Cost + Margin = Total Cost)। उदाहरणार्थ–सुगन्धित धान की उत्पादन लागत ₹ 2000/- प्रति कुन्टल है तथा अन्य 25 प्रतिशत प्रबन्ध लाभ भी सम्मिलित कर दिया जाता है तो उत्पादन लागत ₹ 2500/- प्रति कुन्टल होगी।

***(iii)* सीमान्त लागत पर आधारित मूल्य निर्धारण (Marginal Cost Pricing):** मूल्य का निर्धारण मुख्य रूप से स्थिर लागत तो अप्रत्यक्ष रूप से फैली होती है परन्तु सीमान्त लागत, उत्पाद की अस्थिर लागत में सीधे सम्मिलित रहती है। अस्थिर लागत उत्पादन के साथ घटती–बढ़ती रहती है। यह प्रधान लागत कहलाती है। एक अतिरिक्त इकाई के उत्पादन के लिए एक अतिरिक्त इकाई लागत की आवश्यकता होती है। अस्थिर लागत को परिवर्तनशील लागत से ही जाना जाता है।

***(iv)* आय की दर पर मूल्य निर्धारण (The Rate of Return Pricing):** आय की दर पर आधारित मूल्य निर्धारण पूर्ण लागत पर मूल्य निर्धारण की भाँति है परन्तु थोड़ी सी इसमें भिन्नता है। कोई भी उद्योग जब किसी उत्पाद का उत्पादन करता है तो इसको स्थिर लागत (Fixed Cost) एवं अस्थिर लागत (Variable Cost) मुख्य रूप से सम्मिलित होती है, परन्तु व्यवसाय में जोखिम भी होता है जिसे उद्योगपति वहन करता है। उद्योग में पूँजी लगाई जाती है। इसका ब्याज भी सम्मिलित होता है। FC + VC + 12% ब्याज दर इस प्रकार आय की दर पर मूल्य निर्धारण होता है।

2. प्रतियोगिता पर आधारित मूल्य निर्धारण (Competition Based Pricing)

प्रतियोगिता के आधार पर बाजार में उत्पाद की बिक्री में वृद्धि, अस्थायी दुलर्भता उत्पन्न कर देना एवं बिक्री की ऊँची दरें कर देना प्रतियोगिता के आधार पर मूल्य निर्धारण के विशिष्ट लक्षण हैं।

- ***(i)* मूल्य वृद्धि आधार पर मूल्य निर्धारण (Premium Pricing):** व्यवसाय में प्रतियोगियों द्वारा ऊँची दरों पर मूल्य का निर्धारण मूल्य वृद्धि आधार मूल्य निर्धारण कहलाता है। इसमें मूल्य का निर्धारण अस्थायी रूप कुछ समय के लिए किया जाता है अन्यथा लम्बे समय में विपरीत प्रभाव पड़ता है।
- ***(ii)* छूट के आधार पर मूल्य निर्धारण (Discount Pricing):** छूट के आधार पर मूल्य का निर्धारण व्यवसायी प्रतियोगी बहुत कम कीमतों पर अपने उत्पादों की बिक्री करने लगता है। इसे वह अनेक प्रकार से ग्राहकों को आकर्षित करता है जैसे–उपहार के रूप में।
- ***(iii)* क्षमता के आधार पर मूल्य निर्धारण (Parity Pricing):** क्षमता के आधार पर मूल्य का निर्धारण प्रतियोगिओं के मूल्य निर्धारण में आपसी मेल होता है। सामान्य रूप से इस आधार पर मूल्य निर्धारण तब होता है जब बाजार की स्थिति साम्य होती है। इसमें प्रतियोगियों की दूसरे के बाजार पर कब्जा करने की प्रवृत्ति नहीं होती है। ऐसे बाजारों में मूल्य के निर्धारण क्षमता के आधार पर मूल्य निर्धारण कहलाते हैं।

अभ्यास (Exercise)

चयनित प्रश्न (Selected Questions)

1. बाजार कीमत निर्धारण से आप क्या समझते हो? इसके मुख्य आधार की विस्तृत व्याख्या कीजिए।
2. बाजार कीमत निर्धारण का क्या महत्त्व है? प्रतियोगिता पर मूल्य निर्धारण का वर्णन कीजिए।

21

उत्पाद प्रोन्नति
(Product Promotion)

उत्पाद प्रोन्नति से तात्पर्य उत्पाद की बिक्री में वृद्धि करने से है। जब कोई उद्योगपति या उत्पादक किसी उत्पाद का उत्पादन करता है तो उसका लक्ष्य व्यवसाय में अधिकतम लाभ कमाना होता है। उसे यह लाभ तब होगा जब उसके उत्पाद की बाजार में माँग होगी। वह कम से कम लागत में अधिकतम लाभ चाहता है। आजकल अनेक उत्पादक ऐसे हैं जो अपने उत्पादों में थोड़ा तकनीकी परिवर्तन कर के बाजार की माँग में वृद्धि कर देते हैं। आधुनिक समय में उत्पादों को अधिक प्रतियोगिता का सामना करना पड़ता है। अन्तर्राष्ट्रीय बाजारों में इसका प्रभाव विशेष रूप से पड़ता है जिससे अपने उत्पाद की गुणवत्ता में वृद्धि करके बाजार माँग में वृद्धि की जाती है। अनेक ऐसी कम्पनियाँ हैं जो मिलता-जुलता उत्पाद तैयार कर देती हैं इससे उपभोक्ता को विशेष सावधानी बरतनी पड़ती है तथा प्रतियोगी कम्पनी भी सतर्क हो जाती हैं।

उत्पाद की प्रोन्नति हेतु पूर्व अध्यायों में उत्पाद (Product), मूल्य (Price), स्थान (Place) एवं प्रोन्नति (Promotion) की विस्तृत व्याख्या की गई है। इसके साथ-साथ उत्पाद की मुख्य अवस्थाएँ, परिचय, विकास, परिपक्वता एवं घटने की अवस्थाओं को भी व्यक्त किया गया है। इसके अतिरिक्त उत्पाद की प्रोन्नति हेतु इसके चार मुख्य यंत्र हैं जो निम्नलिखित हैं-

1. प्रचार-प्रसार (Advertising)
2. बिक्री उन्नति एवं उत्पाद जीवन-चक्र (Sales Promotion and Product Life Cycle)
3. जन-सम्पर्क एवं प्रचार (Public-Relation and Publicity)
4. व्यक्तिगत बिक्री या सीधे बिक्री (Personal Selling or Direct Selling)

1. प्रचार-प्रसार (Avertising): प्रचार-प्रसार किसी उत्पाद की प्रोन्नति हेतु एक महत्त्वपूर्ण यन्त्र है जो एक बहुत बड़े समूह को सूचना देने का कार्य करता है। प्रचार-प्रसार में एक संगठन से दूसरे संगठन में भिन्नता होती है। इसके लिए कुछ विशेष निर्णय लेने पड़ते हैं, उनमें मुख्य रूप से-1. लक्ष्य (Mission), 2. मुद्रा (Money), 3. संदेश (Message), 4. माध्यम (Media), 5. मूल्याँकन (Measurement)।

प्रचार-प्रसार द्वारा किसी वस्तु या उत्पाद के शुभारम्भ की सूचना ग्राहकों या उपभोक्ताओं के बहुत बड़े समूह को अतिशीघ्र प्राप्त हो जाती है। जिससे ग्राहकों को इच्छित वस्तुओं के चुनाव करने में सुविधा होती है। कोई नया फैशन, नई डिजाइन एवं तकनीकी वाला उत्पाद यदि बाजार में निर्गत होता है तो प्रचार-प्रसार के माध्यम से थोड़े ही समय में ग्राहकों तक पहुँच जाता है तथा उत्पाद की बाजार में बिक्री बढ़ जाती है। इस प्रकार उसकी बाजार में प्रोन्नति हो जाती है। जिससे उत्पादकों, व्यापारियों, उपभोक्ताओं एवं सम्पूर्ण अर्थ व्यवस्था लाभान्वित होती है। भारत में प्रचार-प्रसार का अत्यधिक महत्त्व है।

उद्देश्य (Objectives)

प्रचार-प्रसार कार्यक्रमों के मुख्य उद्देश्य निम्नलिखित हैं जो मध्यस्थों एवं उपभोक्ताओं को प्रभावित करते हैं-

1. प्रचार-प्रसार कार्यक्रमों से बिक्री में वृद्धि करने हेतु ग्राहकों को प्रेरित किया जाता है।
2. उपभोक्ताओं को समय पर सूचित किया जाता है।
3. उत्पाद के प्रति वफादारी एवं उपभोक्ताओं को विश्वास दिलाया जाता है।
4. उत्पाद की सेवाओं के प्रति आश्वासन दिया जाता है।
5. प्रचार-प्रसार के माध्यम से हर प्रकार से उपभोक्ताओं में आकर्षण उत्पन्न किया जाता है।

प्रचार-प्रसार का वर्गीकरण (Classification of Advertising)

1. उत्पाद से सम्बन्धित प्रचार-प्रसार (Product Related Advertising)

(अ) अग्रगामी प्रचार-प्रसार (Pioneering Advertising): अग्रगामी प्रचार-प्रसार का प्रयोग उत्पाद की प्राथमिक माँग हेतु उत्पाद के जीवन-चक्र की परिचय अवस्था में किया जाता है। किसी उत्पाद को बाजार में निर्गत करने के समय उत्पाद के सम्बन्ध में ग्राहकों को सूचना दी जाती है कि उनका उत्पाद किस प्रकार का, उसकी गुणवत्ता क्या है। उपभोक्ताओं तक उत्पाद की विशेषताओं को प्रदर्शित किया जाता है।

(ब) प्रतियोगितात्मक प्रचार-प्रसार (Competitive Advertising): प्रतियोगितात्मक प्रचार-प्रसार तब लाभदायक होता है जब उत्पाद बाजार में विकास एवं वृद्धि की अवस्था में पहुँच जाता है। इसके साथ-साथ जब उत्पाद में परिपक्वता अवस्था के लक्षण दिखने लगते हैं तो उस समय यह विशेष प्रभावशाली होता है। इस समय सामान्य उत्पाद की अपेक्षा उत्पाद की ब्राण्ड का महत्त्व अत्यधिक होता है।

(स) कायम रखने वाला प्रचार-प्रसार (Rotentive Advertising): इस प्रकार प्रचार-प्रसार तब लाभदायक होता है जब उत्पाद की लोकप्रियता अत्यधिक बढ़ जाती है। परिपक्व अवस्था के घटने की अवस्था में इसकी विशेष भूमिका होती है। क्योंकि इस समय बाजार में प्रतियोगिता अधिक बढ़ जाती है जिससे उत्पाद बाजार में कायम रह सके।

2. कार्यरूप वर्गीकरण (Functional Classification)

(*i*) माँग प्रभावित आधारित प्रचार-प्रसार (Advertising Based on Demand)

(अ) प्राथमिक माँग उत्प्रेरण (Primary Demand Stimulation): उत्पाद की प्राथमिक माँग में वृद्धि हेतु किसी ब्राण्ड की आवश्यकता नहीं होती है। इसे सामान्य रूप से किसी उत्पाद का

प्रचार-प्रसार किया जाता है। जैसे अधिक अण्डे खाओ स्वास्थ्य बढ़ाओ। अधिक दूध पियो। इस प्रकार प्राथमिक माँग में वृद्धि हेतु उपभोक्ताओं को सामान्यतया प्रेरित किया जाता है।

(ब) चयनित माँग उत्प्रेरण (Selective Demand Stimulation): चयनित माँग उत्प्रेरण द्वारा एक विशेष ब्राण्ड की बिक्री हेतु प्रोत्साहित किया जाता है। जैसे-नमस्ते इण्डिया दुग्ध, अमूल दुग्ध, पराग घी इत्यादि। इस प्रकार की माँग में प्रतियोगिता अधिक रहती है जिससे प्रचार-प्रसार अति आवश्यक है।

(*ii*) उत्पाद के जीवन-चक्र पर आधारित प्रचार-प्रसार (Advertising Based on Product Life Cycle)

(अ) सूचनात्मक उत्पाद प्रचार-प्रसार (Informative Product Advertising): सूचनात्मक प्रचार में नये उत्पाद के विषय में मात्र सूचना दी जाती है। इसमें उत्पाद की प्रारम्भिक माँग को विकसित किया जाता है। सामान्य रूप से इस प्रकार का प्रचार-प्रसार उत्पाद की परिचय अवस्था में प्रयुक्त होता है। किसी उत्पाद के निर्गत एवं शुभारम्भ की अवस्था होती है।

(ब) पीछे पड़ जाने वाला प्रचार-प्रसार (Persuasive Advertisement): यह प्रचार-प्रसार एक उत्पाद विशेष हेतु अथवा ब्राण्ड की माँग को विकसित करने के लिए किया जाता है। इस प्रकार के उत्पाद की प्रोन्नति की अवधि उत्पाद की वृद्धि अवस्था में प्रयुक्त होती है। इसमें बिक्री की वृद्धि हेतु प्रचार-प्रसार अति आवश्यक होता है।

(स) पुनःस्मृति दिलाने पर आधारित प्रचार-प्रसार (Reminder Oriented Product Advertising): उत्पाद को पुनः याद दिलाने पर आधारित प्रचार-प्रसार उत्पाद की बाजार में माँग घटने की अवस्था में विशेष रूप से उपयोगी होता है क्योंकि इस समय उत्पादों में प्रतियोगिता शीर्षस्थ होती है। बाजार में कोई भी उत्पादक अपने को उत्पाद (ब्राण्ड) कायम रखने हेतु उपभोक्ताओं के मध्य हर सम्भव प्रयास करता है।

3. उत्पाद पर आधारित प्रचार-प्रसार (Product Oriented Advertising)

(अ) उपभोक्ता प्रचार-प्रसार (Consumer Advertising): उपभोक्ता प्रचार-प्रसार के अन्तर्गत उपभोक्ता वस्तुएँ उत्पादक निर्मित करता है, जैसे-दुग्ध उत्पाद, पशुओं के लिए रातब, कपिला पशु आहार आदि अनेक उत्पाद है जिनके प्रचार-प्रसार में बाजार में बहुत भारी प्रतियोगिता का सामना करना पड़ता है। जब उत्पादक विशेष ब्राण्ड को बाजार में स्थापित करना चाहता है तो उसे प्रचार-प्रसार की अत्यधिक आवश्यकता होती है।

(ब) औद्योगिक प्रचार-प्रसार (Industrial Advertisement): औद्योगिक प्रचार-प्रसार अपने उत्पाद की प्रोन्नति हेतु इस भय से करती है कि अन्य प्रतियोगी उद्योग प्रतिस्पर्धा में कहीं आगे न बढ़ जायें। औद्योगिक प्रचार-प्रसार जैसे मशीनरी एवं यन्त्र आदि।

4. व्यापार प्रचार-प्रसार (Trade Advertising)

(अ) फुटकर प्रचार-प्रसार (Retail Advertising): फुटकर प्रचार-प्रसार एक लक्ष्यित क्षेत्र में उत्पाद की बिक्री हेतु उपभोक्ताओं में प्रयुक्त किया जाता है। जैसे फुटकर भण्डारण, खाद्य पार्क एवं बैंक आदि। इसमें कार्मिकों का सामान्तया उत्पादों के प्रोन्नति करने का उत्तरदायित्व एक निश्चित क्षेत्र में सम्पादित करने का लक्ष्य होता है।

(ब) थोक बिक्री प्रचार-प्रसार (Whole Sale Advertising): थोक बिक्री प्रचार-प्रसार उस समय लागू होता है जब किसी उत्पाद की बिक्री फुटकर व्यापारियों द्वारा की जाती है। थोक बिक्री की तस्वीर जब बाजार में अच्छी प्रकार सम्पन्न की जाती है। थोक बिक्री, सम्पूर्ण प्रोन्नति रणनीति व्यापार में बिक्री करने की वृद्धि को प्रोत्साहित करती है। थोक बिक्री प्रचार-प्रसार विशेषकर फुटकर व्यापारियों में प्रयुक्त होता है जो थोक व्यापार को प्रभावित करते हैं।

5. कार्य पर आधारित प्रचार-प्रसार (Advertising Based on Operation)

(अ) राष्ट्रीय प्रचार-प्रसार (National Advertisig): जब बहुत सी कम्पनियाँ उपभोक्ताओं को राष्ट्रीय-स्तर पर प्रचार-प्रसार करती हैं तब उत्पाद की उपयोगिता सम्पूर्ण राष्ट्रीय स्तर पर होती है तो उत्पाद की अत्यधिक मात्रा में बिक्री हेतु राष्ट्रीय स्तर पर प्रचार-प्रसार अत्यावश्यक है, जैसे-अमूल दुग्ध का प्रचार राष्ट्रीय स्तर पर अधिक है।

(ब) राज्य स्तरीय प्रचार-प्रसार (Regional Advertisement): जब राज्य स्तरीय प्रचार-प्रसार एक क्षेत्र विशेष स्तर पर होता है जैसे-उत्तर प्रदेश में नमस्ते इंडिया दुग्ध का प्रचार अधिक मात्रा में है।

(स) क्षेत्रीय प्रचार-प्रसार (Local Advertisement): सामान्य रूप से फुटकर व्यापारी इस प्रकार की सूचनाएँ, उत्पाद की कीमतें, गुणवत्ता उत्पाद की स्थिति का ज्ञान उपभोक्ताओं को प्रदान करती हैं। जिससे समय एवं पूँजी की भी बचत होती है। फुटकर व्यापारी, उपभोक्ताओं को उत्पाद के विशिष्ट गुणों से परिचित कराते हैं।

6. जनसेवा प्रचार-प्रसार (Public Service Advertising)

जनसेवा प्रचार प्रसार उत्पाद की बिक्री हेतु एक प्रभावशाली यन्त्र है। इससे ग्राहकों को समूह में लाभ प्रदान किया जाता है। Sponsoring Organization द्वारा उत्पाद के प्रति अच्छी साख उत्पन्न की जाती है।

7. माध्यम पर आधारित प्रचार-प्रसार (Advertising According to Media)

माध्यम के आधार पर प्रचार-प्रसार की एक लम्बी शृंखला है जो अतिशीघ्र उत्पाद को उपभोक्ताओं तक पहुँचाने का कार्य करती है। जैसे-दूरदर्शन, आकाशवाणी, समाचार पत्र, पत्रिकाएँ, बुलेटिन, मैगजीन, इंटरनेट आदि द्वारा व्यापार की बिक्री में वृद्धि राष्ट्रीय एवं अन्तर्राष्ट्रीय स्तर पर अतिशीघ्र की जा सकती है। आजकल इस माध्यम की व्यापार में अति महत्त्वपूर्ण भूमिका है।

बिक्री प्रोन्नति एवं उत्पाद जीवन-चक्र (Sales Promotion and Product Life Cycle)

उत्पाद के जीवन-चक्र की अवस्थाओं के साथ-साथ विभिन्न प्रकार के प्रोन्नति यंत्र अपनाये जाने में लागत का विशेष प्रभाव पड़ता है। जब उत्पाद की परिचय अवस्था होती है। प्रचार-प्रसार में उत्पादों के प्रदर्शन, प्रयोगों एवं व्यक्तिगत बिक्री में लागत अधिक प्रभावशाली होती है क्योंकि उत्पादक, उत्पाद की बिक्री में वृद्धि करने के लिए एक निश्चित क्षेत्र का चुनाव करता है। वह अपने उत्पाद के लिए बाजार खोजता है। विकास एवं वृद्धि की अवस्था में उत्पाद की माँग में वृद्धि होना प्रारम्भ हो जाती है। परिपक्वता अवस्था में बिक्री प्रोन्नति,

प्रचार-प्रसार एवं व्यक्तिगत बिक्री आदि सभी प्रभावशाली यन्त्र बाजार को कायम रखने की महती भूमिका निभाते हैं। उत्पाद की बिक्री घटने की अवस्था में बिक्री प्रोन्नति को मजबूत करने की आवश्यकता होती है। प्रचार-प्रसार एवं जनसम्पर्क में कमी आने लगती है, व्यक्तिगत बिक्री भी नाम मात्र हो जाती है। बिक्री में वृद्धि करने के लिए इन सभी प्रभावशाली यन्त्रों को अवश्य अपनाना चाहिए ताकि बिक्री प्रोन्नति सम्भव हो सके। आजकल नये-नये उत्पादों के निर्गत हो जाने से परम्परागत उत्पादों की माँग में कमी हो जाती है।

बिक्री प्रोन्नति के प्रकार (Types of Sales Promotion)

1. बिक्री प्रोन्नति (Sales Promotion)
2. व्यापार प्रोन्नति (Trade Promotion)

1. **बिक्री प्रोन्नति (Sales Promotion):** बिक्री प्रोन्नति के अन्तर्गत उत्पाद के नमूने, कूपन, पुरस्कार, नकद वापसी, वारण्टी, प्रदर्शन आदि सम्मिलित किये जाते हैं।
2. **व्यापार प्रोन्नति (Trade Promotion):** व्यापार प्रोन्नति के अन्तर्गत क्रय भत्ते, मुफ्त वस्तुएँ, व्यापारिक भत्ते, सहकारी प्रचार-प्रसार, डीलर बिक्री आदि सम्मिलित हैं।

उद्देश्य (Objectives)

बिक्री के निम्नलिखित उद्देश्य हैं-

1. ग्राहकों को नये उत्पाद से परिचय कराना तथा मुफ्त में वस्तुओं के नमूने के रूप में प्रदान कराना ताकि उनके उत्पाद की बिक्री में वृद्धि हो सकें।
2. उत्पाद को मुफ्त नमूने के रूप में ग्राहकों को प्रदान करने से उपभोक्ता उत्पाद की ओर आकर्षित होते हैं।
3. वर्तमान में जो ग्राहक उत्पाद का उपयोग कर रहे हैं उन्हें देखकर अन्य उपभोक्ता भी उत्पाद की गुणवत्ता को पहचान सकें जिससे बाजार उत्पाद की प्रोन्नति हो।
4. उत्पाद की गुणवत्ता को देखकर उपभोक्ता बिना मौसम के ही वस्तुओं को क्रय कर लेते हैं क्योंकि ग्राहकों को कम्पनियाँ अनेक प्रकार से प्रोत्साहन देती हैं।
5. फुटकर व्यापारी भी उत्पाद की अधिकतम मात्रा का भण्डारण कर लेते हैं ताकि अधिक बिक्री प्रभावित हो सके।
6. बिक्री वृद्धि हेतु कम्पनियाँ या उद्योग अपने उत्पादों की सस्ते दरों पर बिक्री कर देते हैं।
7. उत्पाद की प्रोन्नति करने के लिए उत्पादक ग्राहकों को कीमतों में छूट प्रदान कर देते हैं जैसे कि विशेष अवसरों में विशेष छूट दी जाती है। जैसे दीवाली के त्योहार में ग्राहकों को अनेक प्रकार से उपहारों के रूप में छूट प्रदान की जाती है।

जन-सम्पर्क एवं प्रचार-प्रसार (Public Relation and Publicity)

किसी भी उद्योग का कम्पनी अपने उत्पाद की बिक्री बढ़ाने हेतु ग्राहकों, विभिन्न स्टॉक होल्डर्स एवं कर्मचारियों से प्रत्यक्ष रूप से सीधा सम्पर्क करती है। इसकी सेवाएँ जन-सम्पर्क कार्यालय द्वारा की जाती हैं।

जन-सम्पर्क कार्यालय का मुख्य कार्य प्रेस रिलीज, उत्पाद के प्रचार-प्रसार में सहयोग प्रदान करना, कार्पोरेट की तस्वीर को कायम रखना, विपणन प्रबन्ध हेतु दिशा-निर्देश देना, जनता से सम्बन्धित विषयों के साथ-साथ समस्याओं को हल करना।

कम्पनियाँ जनता, उपभोक्ताओं, स्टॉक होल्डर्स एवं कानून निर्माताओं के साथ अपने अच्छे सम्बन्ध बनाती हैं। अपने अनुकूल प्रचार-प्रसार को सम्मिलित करती हैं एवं अफवाहों को दूर करती हैं। विपणन जन-सम्पर्क (Marketing Public Relation, MPR) का उत्पाद ब्राण्ड की क्रियाओं को सहयोग प्रदान करने का सीधा उत्तरदायित्व है। विपणन जन-सम्पर्क (MPR) बिक्री प्रतिनिधियों एवं डीलर्स को अधिकतम प्रोत्साहित करता है। अन्य प्रोन्नति क्रियाओं की अपेक्षा यह अधिकतम लागत प्रभावी यन्त्र है। यह जनता को जागरूकता प्रदान करता है। यह उपभोक्ताओं का निरीक्षण भी करता है कि उत्पाद को उपभोक्ता कितना उपयोग कर रहे हैं। जन-सम्पर्क नकारात्मक सूचनाओं को दूर करता है तथा सकारात्मक सूचनाओं को जनता में प्रचारित करता है जिससे उत्पाद की बिक्री में एक लम्बे समय तक वृद्धि हो सके। इस प्रकार कोई उद्योग अपने उत्पाद की तुलना व्यक्तिगत बिक्री प्रचार-प्रसार एवं बिक्री प्रोन्नति के साथ करती है। जन-सम्पर्क का कार्य अधिकतम विश्वसनीय सूचनाओं को उपभोक्ताओं के बीच प्रचार-प्रसार करना है।

उद्देश्य (Objectives)

जन-सम्पर्क कार्यालय संचार सम्बन्धी सभी कार्यों को सम्पादित करता है–

1. जन-सम्पर्क विभाग राष्ट्रीय या क्षेत्रीय समुदाय सम्बन्धी कार्यो को कायम रखने का कार्य करता है।
2. यह कार्यालय उपभोक्ताओं, स्टॉक होल्डर्स एवं कानून निर्माताओं एवं वित्तीय समुदायों से सम्बन्ध स्थापित करने का कार्य करता है।
3. जन-सम्पर्क दान दाताओं, गैर लाभकारी संगठन, वित्तीय एवं स्वैच्छिक मदद करने वालों से सम्बन्ध बनाता है।
4. जन-सम्पर्क नगर, क्षेत्र एवं देश की तस्वीर आगे बढ़ाने में सहायता करता है।
5. यह जन-सम्पर्क विभाग इंटरनेट एवं अनेक माध्यमों से सम्बन्ध बनाये रखता है।
6. विशेष उत्पाद को उपभोक्ताओं एवं अन्य संगठनों में प्रचार-प्रसार करता है।
7. जन-सम्पर्क कार्यालय उत्पाद सम्बन्धी अनेक समस्याओं को हल करने का प्रयत्न करता है।

जर्न-सम्पर्क यन्त्र (Public Relation Tools)

जन-सम्पर्क यन्त्र निम्नलिखित तथ्यों को सम्मिलित करता है–

1. जन-सम्पर्क, संगठन एवं उत्पाद के बारे में अनुकूल समाचारों को ग्राहकों के मध्य प्रचारित करता है।
2. विपणन जन-सम्पर्क (Marketing Public Relation, MPR) एक अन्य सामान्य यन्त्र है जो विशेष घटनाएँ, समाचार, सम्मेलन, गोष्ठी, प्रेस टूर्स, सूचना एवं प्रसारण के अनेक माध्यम, शैक्षिक कार्यक्रम एवं डिजाइन कार्यक्रमों द्वारा निर्धारित लक्ष्यों को जनता तक पहुँचाता है।

3. जन सम्पर्क हेतु मोबाइल, लिखित सामग्री, श्रृव्य-दृश्य सामग्री एवं जन सेवा क्रियाएँ आदि अन्य यन्त्र उद्योग में लाये जाते हैं।
4. जन सम्पर्क अन्य प्रोन्नति क्रियाओं की अपेक्षा एक प्रभावशाली यन्त्र है।
5. जन सम्पर्क यन्त्र उपभोक्ताओं, ग्राहकों एवं जनता से अच्छे सम्बन्ध बनाने की एवं बाजार की खोज में रहता है जिससे उनके उत्पाद की बिक्री में अतिशीघ्र वृद्धि हो सके।

व्यक्तिगत बिक्री या सीधी बिक्री (Personal Selling or Direct Selling)

व्यक्तिगत बिक्री या सीधा विपणन द्वारा बिना मध्यस्थों के सूचनाओं को ग्राहकों तक सीधे पहुँचाया जाता है। सीधे बिक्री में संदेश एवं सेवाओं का प्रयोग किया जाता है। आजकल विपणन व्यक्तिगत बिक्री द्वारा उत्पादों की बिक्री में एक आश्चर्यजनक वृद्धि हुई है जिसमें इंटरनेट की महती भूमिका है।

व्यक्तिगत बिक्री निम्नलिखित महत्त्वपूर्ण बिन्दुओं पर आधारित है-

1. किसी उत्पाद का बाजार में शुभारम्भ करने में व्यक्तिगत बिक्री या सीधे विपणन की महत्त्वपूर्ण भूमिका है।
2. व्यक्तिगत बिक्री में किसी उत्पाद की प्रोन्नति हेतु व्यक्तिगत रूप से सम्पर्क करना पड़ता है।
3. व्यक्तिगत बिक्री, उत्पाद की बिक्री या प्रोन्नति का परम्परागत पुराना तरीका है जिसमें व्यक्तियों या ग्राहकों से आमने-सामने मिलना-जुलना पड़ता है एवं जिसमें दूरभाष, वीडियो कन्फेरेंस या संगठन द्वारा सम्बन्ध स्थापित करना पड़ता है।
4. सीधे विपणन में बिक्री प्रतिनिधि उत्पादों की गुणवत्ता या उपयोगिता ज्ञात कराते हुए इसका प्रदर्शन भी करता है तथा उपभोक्ताओं से बहुत जल्दी ही उत्पाद की बिक्री के सम्बन्ध में जानकारी प्राप्त कर लेता है।
5. व्यक्तिगत में ग्राहकों तक उत्पाद को पहुँचाने में लागत अधिक आ जाती है क्योंकि उत्पाद को व्यक्तिगत रूप से ग्राहकों को उपलब्ध कराना पड़ता है।
6. आजकल कम्पनियों में अत्यधिक प्रतियोगिता है उन्हें अपने उत्पाद की बिक्री हेतु रणनीति तैयार करनी पड़ती है।
7. संयुक्त राज्य अमेरिका में व्यक्तिगत बिक्री में लगभग 14 मिलियन लोग नियुक्त हैं।
8. आजकल इस प्रकार की बिक्री में अच्छे प्रशिक्षित, अच्छे शिक्षित व्यक्ति कार्य कर रहे हैं ताकि ग्राहकों की आवश्यकताओं एवं माँगों का मूल्यांकन, संगठन एवं कम्पनियाँ ग्राहकों की समस्याओं को हल कर सकें।
9. बिक्री प्रतिनिधि ग्राहकों के क्रय आदेशों को प्राप्त करते ही अतिशीघ्र उत्पादों को ग्राहकों तक पहुँचाने का कार्य करते हैं जिसमें औद्योगिक यन्त्र हवाई जहाजों, बीमा, प्रचार-प्रसार एवं सूचनाओं की तकनीकी सेवाओं की विशेष भूमिका है।
10. सीधे विपणन बिक्री प्रतिनिधि एक विस्तृत क्षेत्र में फैले होते हैं।

11. इस प्रकार की बिक्री में प्रतिनिधि ग्राहकों के अत्यधिक निकट रहता है जिससे आवश्यकता पड़ने पर उत्पाद सेवाओं को आसानी से उपलब्ध करा सकें।

लाभ (Advantages)

व्यक्तिगत बिक्री से निम्न लाभ हैं-

1. व्यक्तिगत बिक्री, औद्योगिक उत्पाद की बिक्री करने की एक महत्त्वपूर्ण विधि है क्योंकि इसमें मध्यस्थों की शृंखला नहीं होती।
2. सीधे विपणन में उत्पाद की बिक्री के सम्बन्ध में ग्राहकों से समझौता हो जाता है।
3. व्यक्तिगत बिक्री में बिक्री प्रतिनिधि भारी एवं खर्चीले उत्पादों की बिक्री में ग्राहकों को अच्छी प्रकार से समझा सकता है तथा सही निर्णय दे सकता है। जैसे-भारी मशीनरी।
4. थोक विक्रेता, डीलर्स, बिक्री प्रतिनिधि, वितरक आदि ग्राहकों के सदैव सम्पर्क में रहते हैं जिससे बिक्री करने में आसानी होती है।
5. तकनीकी विशेषज्ञ, बिक्री में सहयोग करने वाले व्यक्ति, उच्च-स्तरीय तकनीकी अनुभवी व्यक्ति उत्पादों के प्रदर्शनों, सिफारिशों एवं लेन-देन में महत्त्वपूर्ण भूमिका निभाते हैं। जैसे-भारी मशीनरी एवं जटिल यन्त्रों के प्रदर्शनों में सहायता करते हैं।
6. बहुत से उद्योग एवं कम्पनियाँ बिक्री टीम, बिक्री प्रतिनिधि, विपणन, अभियांत्रिकी, वित्तीय, तकनीकी सहायता आदि द्वारा और बिक्री व्यक्तिगत ग्राहकों से अच्छे सम्बन्ध बनाते हैं जिससे ग्राहक उत्पाद की माँग कर सकें।
7. इस बिक्री द्वारा बिक्री प्रतिनिधि उत्पाद के प्रोन्नति हेतु ग्राहकों को नयी-नयी जानकारी प्रदान कर सकें जिससे ग्राहक आसानी से उत्पाद के प्रति प्रेरित हों।
8. व्यक्तिगत बिक्री, उत्पादों के अन्तर्गत करने का परम्परागत तरीका है जो ग्राहकों के समक्ष उत्पाद की सच्ची तस्वीर प्रस्तुत करता है।
9. इस प्रकार बिक्री में उपभोक्ताओं से उत्पादक या कम्पनियाँ प्रेरणा देते समय वचनबद्धता करती हैं कि उनका उत्पाद वास्तव में गुणवत्तायुक्त एवं उपयोगी है।
10. व्यक्तिगत बिक्री उत्पाद की बिक्री का मजबूत एवं पूर्ण संसाधन है।

हानियाँ (Disadvantages)

व्यक्तिगत बिक्री में निम्न हानियाँ हैं जो नहीं के बराबर हैं-

1. आजकल व्यक्तिगत बिक्री में व्यक्तिगत रूप से ग्राहकों के पास जाना पड़ता जो लेन-देन या बिक्री की कठिन तकनीक है।
2. व्यक्तिगत बिक्री, बिक्री करने की परम्परागत एवं पुरानी तकनीक है जिसमें प्रारम्भिक बिक्री बहुत कम होती है।
3. व्यक्ति बिक्री में अन्य प्रचार-प्रसार एवं संचार के साधनों की अपेक्षा लागत अधिक से अधिक होता है।
4. व्यक्तिगत बिक्री आर्थिक दृष्टि से लाभदायक नहीं होता है।
5. इस प्रकार की बिक्री में कुछ हानियाँ भी हैं जो नगण्य हैं।

उत्पाद प्रोन्नति का वर्गीकरण
(Classification of Product Promotion)

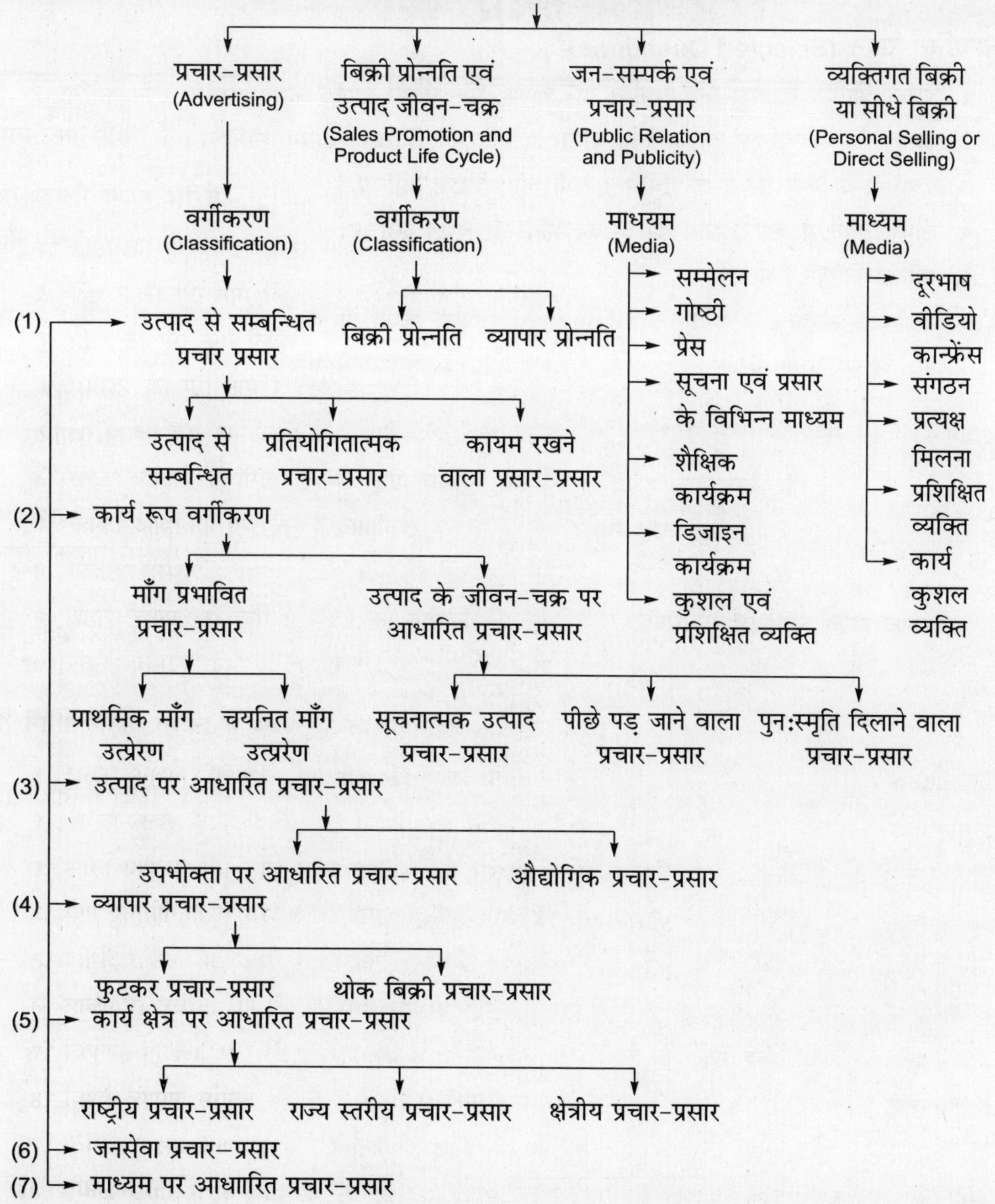

अभ्यास (Exercise)

चयनित प्रश्न (Selected Questions)

1. बाजार प्रोन्नति से आप क्या समझते हो? बाजार प्रोन्नति के उपायों का सविस्तार वर्णन कीजिए।
2. उत्पाद के जीवन-चक्र के अन्तर्गत बाजार प्रोन्नति की विस्तृत व्याख्या कीजिए।
3. प्रचार-प्रसार क्या है? इसके विभिन्न रूपों की व्याख्या कीजिए।
4. सीधी बिक्री से क्या आशय है? इसका सविस्तार वर्णन कीजिए।
5. संक्षिप्त टिप्पणी लिखिए-

   (अ) जन-सम्पर्क

   (ब) बिक्री प्रोन्नति

   (स) व्यापार प्रचार-प्रसार

   (द) व्यापार प्रोन्नति।

वस्तुनिष्ठ प्रश्न-पत्र-1

समय: 30 मि० **अंक: 40**

(अ) खाली स्थान भरिये–

1. NAFED का पूरा नाम लिखिए ....
2. APEDA का पूरा नाम लिखिए ....
3. DMI का पूरा नाम लिखिए ....
4. AGMARK का पूरा नाम लिखिए ....
5. BIS का पूरा नाम लिखिए ....
6. जब बाजार में विक्रेताओं की संख्या दो से अधिक होती है उसे .... कहते हैं।
7. जब बाजार में क्रेताओं और विक्रेताओं की संख्या बहुत अधिक होती है .... कहते हैं।
8. कीमत और माँग में .... सम्बन्ध होता है।
9. कीमत एवं पूर्ति में .... सम्बन्ध होता है।
10. संकेन्द्रण एक .... प्रक्रिया है।

(ब) निम्नलिखित कथन में सत्य/असत्य लिखिए–

1. मूल्य विस्तार में विपणन लागत एवं विपणन परितोष सम्मिलित होते हैं। सत्य/असत्य
2. विपणन दक्षता में न्यूनतम लागत में अधिकतम सुविधाएँ प्राप्त होती हैं। सत्य/असत्य
3. एकाधिकारिक बाजार में वस्तु विभेदीकरण नहीं होता है। सत्य/असत्य
4. पूर्ण प्रतियोगिता काल्पनिक होती है। सत्य/असत्य
5. अनुबन्धित खेती वायदा बाजार के अन्तर्गत नहीं आती है। सत्य/असत्य
6. प्रसंस्करण से उत्पादों के मूल्य में वृद्धि होती है। सत्य/असत्य
7. टर्मिनल बाजार में निर्यात का कार्य नहीं होता है। सत्य/असत्य
8. द्वितीयक थोक बाजार जनपद स्तर पर नहीं होते हैं। सत्य/असत्य
9. वायदा बाजार में कृषि उत्पाद का भौतिक रूप में क्रय-विक्रय नहीं होता है बल्कि क्रय-विक्रय मूल्य का ही लेन-देन होता है। सत्य/असत्य
10. अल्पकालीन बाजार में माँग का प्रभाव रहता है। सत्य/असत्य

(स) बहुविकल्पीय प्रश्नों के सही उत्तर लिखिए–

1. भारत में सहकारी विपणन विकास की स्थापना–

(अ) 1904 (ब) 1925

(स) 1912 (द) 1915

2. विपणन एवं निरीक्षण निदेशालय की स्थापना–

(अ) 1937 (ब) 1935

(स) 1945 (द) 1945

3. राष्ट्रीय कृषि ई-बाजार की स्थापना–

(अ) 1925 (ब) 1915

(स) 1935 (द) 2015

4. नाबार्ड (NABARD) की स्थापना–

(अ) 1982 (ब) 1984

(स) 1975 (द) 1958

5. कृषि लागत मूल्य आयोग की स्थापना–

(अ) 1965 (ब) 1985

(स) 1945 (द) 1955

6. भारतीय खाद्य निगम की स्थापना–

(अ) 1955 (ब) 1965

(स) 1975 (द) 1995

7. केन्द्रीय भण्डारागार निगम की स्थापना–

(अ) 1927 (ब) 1937

(स) 1957 (द) 1987

8. अन्त्योदय अन्न योजना का शुभारम्भ–

(अ) 1995 (ब) 2000

(स) 2015 (द) 2001

9. लक्ष्यित लोक वितरण प्रणाली लागू हुई–

(अ) 1986 (ब) 1989

(स) 1996 (द) 1985

10. लघु कृषक व्यवसाय सहायता संघ की स्थापना–

(अ) 1960 (ब) 1994

(स) 1952 (द) 1970

(द) निम्नलिखित को सुमेलित कीजिए-

A	B
1. (*a*) SWC	(*a*) सहकारी विपणन संघ
2. (*b*) PLC	(*b*) श्रेणीकरण एवं प्रमापीकरण
3. (*c*) Trifed	(*c*) मूल्य नीति
4. (*d*) DMI	(*d*) विपणन प्रबन्ध
5. (*e*) MSP	(*e*) राशनिंग व्यवस्था
6. (*f*) FDI	(*f*) विश्व व्यापार संगठन
7. (*g*) AOA	(*g*) मौद्रिक विनिमय
8. (*h*) ISO	(*h*) लघु कृषक
9. (*i*) FPS	(*i*) खाद्यान्न भण्डारण
10. (*j*) SFAC	(*j*) अन्तर्राष्ट्रीय मानकीकरण

वस्तुनिष्ठ प्रश्न-पत्र-2

समयः 30 मि० **अंकः 40**

(अ) खाली स्थान भरिये–

1. CACP का पूरा नाम लिखिए ....

2. NABARD का पूरा नाम लिखिए ....

3. COSAMB का पूरा नाम लिखिए ....

4. AOA का पूरा नाम लिखिए ....

5. PLC का पूरा नाम लिखिए ....

6. उत्पाद के जीवन-चक्र की .... होती है।

7. जब बाजार में एक क्रेता होता है उसे .... कहते हैं।

8. दीर्घ कालीन बाजार में .... प्रभाव रहता है।

9. जीरोम कार्थी के आधार पर विपणन रणनीति में विपणन मिश्रण को .... वर्गीकृत किया है।

10. प्रसारण एक .... प्रक्रिया है।

(ब) निम्नलिखित कथन में सत्य/असत्य लिखिए–

1. एकाधिकारिक प्रतियोगिता अपूर्ण बाजार से सम्बन्धित है। सत्य/असत्य

2. हेजिंग एवं सट्टा बाजार वायदा बाजार से सम्बन्धित है। सत्य/असत्य

3. वायदा बाजार में भविष्य की तिथि में उत्पाद का क्रय-विक्रय अथवा लेन-देन किया जाता है। सत्य/असत्य

4. उत्पाद की सीधी बिक्री उत्पाद उन्नति का एक नया रूप है। सत्य/असत्य

5. न्यूनतम समर्थन मूल्य केन्द्र सरकार बुवाई के बाद घोषित करती है। सत्य/असत्य

6. अन्त्योदय अन्न योजना का शुभारम्भ प्रधानमंत्री द्वारा किया गया। सत्य/असत्य

7. भारत विश्व व्यापार संगठन का संस्थापक सदस्य नहीं है। सत्य/असत्य

8. दोहावार्ता कृषि अनुदान से सम्बन्धित नहीं है। सत्य/असत्य

9. गेहूँ से आटा बनाना प्रसंस्करण कहलाता है। सत्य/असत्य

10. मूल रूप से एक ही प्रकार के उत्पादों में ट्रेड मार्क लगाकर मूल्य में अन्तर कर देना एकाधिकारिक प्रतियोगिता कहलाती है। सत्य/असत्य

(स) बहुविकल्पीय प्रश्नों के सही उत्तर लिखिए–

1. एगमार्क लागू हुआ-

(अ) 1945 (ब) 1937

(स) 1935 (द) 1955

2. BIS लागू हुआ-

(अ) 1986 (ब) 1964

(स) 2012 (द) 1996

3. NAFED की स्थापना-

(अ) 1950 (ब) 1958

(स) 1952 (द) 1965

4. WTO लागू हुआ-

(अ) 1995 (ब) 1948

(स) 1975 (द) 1947

5. GATT का उदय-

(अ) 1945 (ब) 1948

(स) 1947 (द) 1955

6. TPDS का प्रारम्भ-

(अ) 1996 (ब) 1986

(स) 1965 (द) 1987

7. SWC की स्थापना-

(अ) 1955 (ब) 1958

(स) 1947 (द) 1985

8. FCI की स्थापना-

(अ) 1960 (ब) 1957

(स) 1952 (द) 1965

9. कृषि लागत मूल्य आयोग की स्थापना-

(अ) 1952 (ब) 1955

(स) 1984 (द) 1965

10. सहकारी विपणन का प्रारम्भ-

(अ) 1912 (ब) 1904

(स) 1915 (द) 1935

(द) निम्नलिखित को सुमेलित कीजिए–

A	B
1. (*a*) APMC	(*a*) निवेश उत्पाद
2. (*b*) BPL	(*b*) वन उत्पाद
3. (*c*) AGMARK	(*c*) भण्डारण
4. (*d*) LAMPS	(*d*) नयी प्रजाति विकसित करने का अधिकार
5. (*e*) CWC	(*e*) खाद्य सुरक्षा तकनीक
6. (*f*) TRIPs	(*f*) अन्तर्राष्ट्रीय स्तर पर खाद्य संरक्षण
7. (*g*) TRIMs	(*g*) विदेशी कम्पनियाँ
8. (*h*) SPS	(*h*) उत्पाद की शुद्धता
9. (*i*) FAO	(*i*) उचित मूल्य की दुकान
10. (*j*) MNC	(*j*) विपणन समिति

वस्तुनिष्ठ प्रश्न-पत्र-3

समयः 30 मि० **अंकः 40**

(अ) खाली स्थान भरिये-

1. APMC का पूरा नाम लिखिए ....
2. TRIPS का पूरा नाम लिखिए ....
3. SFAC का पूरा नाम लिखिए ....
4. ISO का पूरा नाम लिखिए ....
5. FDI का पूरा नाम लिखिए ....
6. जब बाजार में एक ही विक्रेता होता है उसे .... प्रतियोगिता कहते हैं।
7. जब बाजार में दो क्रेता होते हैं उसे .... प्रतियोगिता कहते हैं।
8. कृषि वस्तुओं का मूल्य निर्धारण माँग और पूर्ति की शक्तियों द्वारा .... पर होता है।
9. एक कृषक के पास कृषि उपज पारिवारिक उपभोग के पश्चात् जो शेष बचता है उसे .... कहते हैं।
10. वास्तविक विपणन अधिशेष, विपणन योग्य अधिशेष से कम, अधिक या .... हो सकता है।

(ब) निम्नलिखित कथन में सत्य/असत्य लिखिए–

1. बाजार पहुँच कृषि पर समझौते का मुख्य प्रावधान है। सत्य/असत्य
2. ब्लू बाक्स के अन्तर्गत कृषकों को अनुदान सीधे दिया जाता है। सत्य/असत्य
3. दूध से खोया बनाना प्रसंस्करण नहीं कहलाता है। सत्य/असत्य
4. मैदा से बिस्कुट बनाना विधायन प्रक्रिया है। सत्य/असत्य
5. हेजिंग बाजार में कृषि वस्तुओं के लेन-देन में जोखिम होता है। सत्य/असत्य
6. सट्टा व्यापारी को कृषि उपजों के लेन-देन में कोई जोखिम नहीं रहता है। सत्य/असत्य
7. सैनेटरी एवं फाइटोसैनेटरी तकनीकी विकासशील एवं विकसित राष्ट्रों के अनुकूल है। सत्य/असत्य
8. भारत दालों का निर्यात भारी मात्रा में करता है। सत्य/असत्य
9. 4Ps का वर्गीकरण जीरोम एम०सी० कार्थी द्वारा किया गया है। सत्य/असत्य
10. उत्पाद की परिचयात्मक अवस्था में निवेश लागत कम होती है। सत्य/असत्य

(स) बहुविकल्पीय प्रश्नों के सही उत्तर लिखिए–

1. DMI की स्थापना–

(अ) 1937 (ब) 1935

(स) 1948 (द) 1955

2. APEDA की स्थापना–

(अ) 1955 (ब) 1958

(स) 1986 (द) 1965

3. SFAC लागू हुआ–

(अ) 1942 (ब) 1949

(स) 1984 (द) 1994

4. ग्रामीण भण्डारण योजना लागू हुई–

(अ) 2005 (ब) 2002

(स) 2001 (द) 1997

5. BIS लागू हुआ–

(अ) 1987 (ब) 1967

(स) 1986 (द) 1968

6. दोहा वार्ता कब हुई–

(अ) 2001 (ब) 2007

(स) 1992 (द) 1995

7. WTO का मुख्यालय स्थित है–

(अ) न्यूयार्क (ब) लन्दन

(स) जेनेवा (द) डेनमार्क

8. केन्द्रीय एगमार्क प्रयोगशाला स्थापित है–

(अ) दिल्ली (ब) कानपुर

(स) नागपुर (द) भोपाल

9. बरार काटन एण्ड ग्रेन मार्केट एक्ट लागू हुआ–

(अ) 1997 (ब) 1897

(स) 1957 (द) 1887

10. उत्तर प्रदेश मण्डी अधिनियम लागू हुआ–

(अ) 1964 (ब) 1963

(स) 1962 (द) 1968

(द) निम्नलिखित को सुमेलित कीजिए-

A	B
1. (*a*) NAFED	(*a*) इलेक्ट्रानिक बाजार
2. (*b*) FCI	(*b*) सहकारी विपणन संघ
3. (*c*) CODEX	(*c*) व्यापारिक विवाद
4. (*d*) NAM	(*d*) व्यापार नीति
5. (*e*) DSB	(*e*) खाद्यान्न संरक्षण
6. (*f*) TPRB	(*f*) आर्थिक क्षेत्र
7. (*g*) AMS	(*g*) व्यापारिक समझौता
8. (*h*) SEZ	(*h*) वैश्विक व्यापार
9. (*i*) MFN	(*i*) ई-बाजार निर्देशिका
10. (*j*) ITO	(*j*) निर्यात अनुदान

वस्तुनिष्ठ प्रश्न-पत्र-4

समय: 30 मि०

अंक: 40

(अ) खाली स्थान भरिये-

1. WTO का पूरा नाम लिखिए ....

2. GATT का पूरा नाम लिखिए ....

3. TPDS का पूरा नाम लिखिए ....

4. LAMPS का पूरा नाम लिखिए ....

5. FCI का पूरा नाम लिखिए ....

6. देश में कृषि वस्तुओं के आयात-निर्यात हेतु शीर्ष स्तर पर सहकारी विपणन संस्था .... है।

7. कमीशन एजेण्ट क्रेता एवं विक्रेता से .... प्राप्त करता है।

8. व्यापारी मध्यस्थ के अन्तर्गत .... सम्मिलित होते हैं।

9. एकत्रीकरण विपणन का .... कार्य है।

10. क्रय एवं विक्रय .... कार्य है।

(ब) निम्नलिखित कथन में सत्य/असत्य लिखिए-

1. श्रेणीकरण एवं विधायन एक विपणन कार्य है। सत्य/असत्य

2. जौ से मैदा बनाना प्रसंस्करण प्रक्रिया है। सत्य/असत्य

3. आगत बाजार के अन्तर्गत बीज विक्रय नहीं होता है। सत्य/असत्य

4. गेहूँ की बिक्री आगत बाजार के अन्तर्गत होती है। सत्य/असत्य

5. ग्रीन-बाक्स एवं ब्लू-बाक्स अनुदान वैश्विक बाजार को विकृत करते हैं। सत्य/असत्य

6. द्वितीयक थोक बाजार जनपद-स्तर पर या महत्त्वपूर्ण व्यापारिक केन्द्रों पर नहीं पाये जाते हैं। सत्य/असत्य

7. अल्पकालिक बाजार कुछ घंटों के लिए होते हैं। सत्य/असत्य

8. टर्मिनल बाजार छोटे कस्बों में पाये जाते हैं। सत्य/असत्य

9. धान से चावल बनाना रूप उपयोगिता है। सत्य/असत्य

10. शीतगृहों में आलू का भण्डारण समय उपयोगिता है। सत्य/असत्य

(स) बहुविकल्पीय प्रश्नों के सही उत्तर लिखिए-

1. फल-उत्पाद अधिनियम लागू हुआ-

(अ) 1955 (ब) 1945

(स) 1960 (द) 1965

2. नाप तौल में अनिवार्य रूप से मैट्रिक प्रणाली लागू हुई-

(अ) 1960 (ब) 1962

(स) 1958 (द) 1968

3. राष्ट्रीय कृषि विपणन संस्थान जयपुर की स्थापना-

(अ) 1964 (ब) 1967

(स) 1988 (द) 1978

4. कृषि कीमत आयोग का नाम परिवर्तित करके कृषि लागत मूल्य आयोग हुआ-

(अ) 1965 (ब) 1985

(स) 1955 (द) 1975

5. प्रथम सहकारी विपणन समिति की स्थापना-

(अ) 1925 (ब) 1915

(स) 1932 (द) 1948

6. राष्ट्रीय सहकारी विकास निगम (NCDC) की स्थापना-

(अ) 1915 (ब) 1913

(स) 1920 (द) 1917

7. भारत का राष्ट्रीय सहकारी संघ (NCUI) की उत्पत्ति-

(अ) 1955 (ब) 1927

(स) 1929 (द) 1935

8. ट्रेडमार्क लगाकर वस्तु विभेदीकरण होता है-

(अ) एकाधिकारी प्रतियोगिता (ब) एकाधिकारिक प्रतियोगिता

(स) अल्पाधिकार प्रतियोगिता (द) द्वयाधिकार प्रतियोगिता

9. कृषि विपणन के अन्तर्गत-

(अ) प्रक्षेत्र उत्पाद बाजार (ब) आगत बाजार

(स) प्रक्षेत्र उत्पादन एवं आगत बाजार (द) विपणन प्रबन्ध

10. आगत बाजार के अन्तर्गत-

(अ) धान से चावल बनाना (ब) सरसों से तेल बनाना

(स) दूध से दही बनाना (द) उर्वरक निर्मित करना

(द) निम्नलिखित को सुमेलित कीजिए-

A	B
1. (*a*) CIP	(*a*) मूल्य वृद्धि
2. (*b*) NIAM	(*b*) खाद्यान्न वितरण
3. (*c*) VAT	(*c*) कृषि बाजार
4. (*d*) HRD	(*d*) मूल्य
5. (*e*) PDS	(*e*) संसाधन विकास
6. (*f*) PACS	(*f*) सहकारिता
7. (*g*) NGOS	(*g*) कृषि एवं ग्रामीण विकास
8. (*h*) APL	(*h*) गैर सरकारी संस्था
9. (*i*) MSP	(*i*) मूल्य नीति
10. (*j*) NABRD	(*j*) खाद्यानों की आर्थिक लागतों में कमी करना

वस्तुनिष्ठ प्रश्न-पत्र-5

समय: 30 मि० **अंक: 40**

(अ) खाली स्थान भरिये–

1. MSP का पूरा नाम लिखिए ....

2. PACS का पूरा नाम लिखिए ....

3. SEZ का पूरा नाम लिखिए ....

4. RPDS का पूरा नाम लिखिए ....

5. NAM का पूरा नाम लिखिए ....

6. सट्टा व्यापारी नियमित रूप से कृषि वस्तुओं का .... नहीं करते हैं।

7. पक्का आढ़तिया एवं कच्चा आढ़तिया .... मध्यस्थ कहलाते हैं।

8. वित्तीय संस्थाएँ .... मध्यस्थ कहलाती हैं।

9. वायदा व्यापार में कृषि वस्तुओं को वर्तमान में .... तिथि पर लेन-देन किया जाता है।

10. शेयर बाजार .... बाजार के अन्तर्गत आते हैं।

(ब) निम्नलिखित कथन में सत्य/असत्य लिखिए–

1. घरेलू अनुदान, कृषि पर समझौता का मुख्य प्रावधान है। सत्य/असत्य

2. अम्बर-बाक्स अनुदान वैश्विक व्यापार को विकृत करता है। सत्य/असत्य

3. भारत प्रशुल्क एवं व्यापार पर समझौते का संस्थापक सदस्य नहीं है। सत्य/असत्य

4. पूर्ण प्रतियोगिता में वस्तुओं में समानता नहीं होती है। सत्य/असत्य

5. आर्थर डंकल गैट के तत्कालीन निदेशक थे। सत्य/असत्य

6. बाजार में उर्वरक का विक्रय वस्तु बाजार नहीं कहलाता है। सत्य/असत्य

7. विपणन श्रृंखला में मध्यस्थों की अधिकता विपणन लागत को कम कर देती है। सत्य/असत्य

8. विश्व व्यापार संगठन 1 जनवरी 1995 से लागू हुआ। सत्य/असत्य

9. कृषि पर समझौता बहुपक्षीय व्यापार समझौते का भाग है। सत्य/असत्य

10. एकल स्वामित्व के अन्तर्गत एक से अधिक विपणन कार्यों का सम्पादन बाजार एकीकरण कहलाता है। सत्य/असत्य

(स) बहुविकल्पीय प्रश्नों के सही उत्तर लिखिए–

1. विपणन संस्थागत दृष्टिकोण के अन्तर्गत नहीं आता है–

(अ) थोक व्यापारी (ब) दलाल

(स) सरकारी संस्थाएँ (द) जोखिम वहन करना

2. राष्ट्रीय कृषि प्रबन्ध संस्थान (NIAM) की स्थापना–

(अ) 1950 (ब) 1988

(स) 1955 (द) 1989

3. कृषि उत्पादों का श्रेणीकरण एवं विपणन अधिनियम लागू हुआ–

(अ) 1935 (ब) 1937

(स) 1947 (द) 1957

4. एगमार्क कृषि वस्तुओं को प्रमाणित करता है–

(अ) वस्तुओं की शुद्धता (ब) गुणवत्ता

(स) श्रेणीकरण (द) इनमें सभी

5. राष्ट्रीय कृषि नीति (NAP) पुनः हल करने का संशोधित प्रस्ताव संसद में प्रस्तुत किया गया–

(अ) 1993 (ब) 1992

(स) 1985 (द) 1997

6. कृषि मूल्य नीति के अन्तर्गत हनुमन्त राव समिति गठित की गई–

(अ) 1990 (ब) 1992

(स) 1994 (द) 1995

7. कृषि मूल्य नीति के मुख्य बिन्दु–

(अ) भारतीय खाद्य निगम (ब) न्यूनतम समर्थन मूल्य

(स) कृषि लागत मूल्य आयोग (द) इनमें सभी

8. वायदा व्यापार में कृषि वस्तुओं का लेन-देन विपरीत दिशा में बराबर होता है–

(अ) सट्टा व्यापार (ब) हेज व्यापार

(स) नकद व्यापार (द) इनमें से कोई नहीं

9. भारत में सहकारी आन्दोलन लागू हुआ–

(अ) 1912 (ब) 1904

(स) 1915 (द) 1952

10. विपणन प्रबन्ध के मुख्य कार्य–

(अ) योजना (ब) संगठन

(स) निर्देशन (द) इसमें सभी

(द) निम्नलिखित को सुमेलित कीजिए–

	A	B
1.	(*a*) CACP	(*a*) 1982
2.	(*b*) NAFED	(*b*) 1935
3.	(*c*) CWC	(*c*) 1957
4.	(*d*) DMI	(*d*) 1964
5.	(*e*) FCI	(*e*) 2001
6.	(*f*) NABARD	(*f*) 1994
7.	(*g*) AOA	(*g*) 1947
8.	(*h*) GATT	(*h*) 1937
9.	(*i*) SFAC	(*i*) 1965
10.	(*j*) AGMARK	(*j*) 1958

वस्तुनिष्ठ प्रश्न-पत्र उत्तरमाला

प्रश्न-पत्र-1

(अ) 1. National Agricultural Cooperative Marketing Federation
2. Agricultural Processed Food Export Development Authority
3. Directorate of Marketing and Inspection
4. Symbol of Agricultural Marketing
5. Bureau of Indian Standard
6. अल्पाधिकार प्रतियोगिता
7. पूर्ण प्रतियोगिता
8. विपरीत
9. सीधा
10. विपणन

(ब) 1. सत्य 2. सत्य 3. असत्य 4. सत्य 5. असत्य
6. सत्य 7. असत्य 8. असत्य 9. असत्य 10. सत्य

(स) 1. (*c*) 2. (*b*) 3. (*d*) 4. (*a*) 5. (*a*)
6. (*b*) 7. (*c*) 8. (*d*) 9. (*c*) 10. (*b*)

(द)

S. No.	1.	2.	3.	4.	5.	6.	7.	8.	9.	10.
A	(*a*)	(*b*)	(*c*)	(*d*)	(*e*)	(*f*)	(*g*)	(*h*)	(*i*)	(*j*)
B	(*i*)	(*d*)	(*a*)	(*b*)	(*c*)	(*g*)	(*f*)	(*j*)	(*e*)	(*h*)

प्रश्न-पत्र-2

(अ) 1. Commission for Agriculture Cost and Price.
2. National Bank for Agriculture and Rural Development.
3. Council of State Agricultural Marketing Board.
4. Agreement on Agriculture.
5. Product Life Cycle.
6. 4 अवस्थाएँ

7. एक क्रयाधिकार
8. पूर्ति का
9. 4 भागों में
10. विपणन

(ब) 1. सत्य 2. सत्य 3. सत्य 4. असत्य 5. असत्य
6. सत्य 7. असत्य 8. असत्य 9. सत्य 10. सत्य

(स) 1. (*b*) 2. (*a*) 3. (*b*) 4. (*a*) 5. (*c*)
6. (*a*) 7. (*b*) 8. (*d*) 9. (*d*) 10. (*a*)

(द)

S. No.	1.	2.	3.	4.	5.	6.	7.	8.	9.	10.
A	(*a*)	(*b*)	(*c*)	(*d*)	(*e*)	(*f*)	(*g*)	(*h*)	(*i*)	(*j*)
B	(*j*)	(*i*)	(*h*)	(*b*)	(*c*)	(*d*)	(*a*)	(*e*)	(*f*)	(*g*)

प्रश्न-पत्र-3

(अ) 1. Agricultural Produce Marketing Committee Act
2. Trade Related Intellectual Property Rights
3. Small Farmers Agri-business Consortium
4. International Standard Organization
5. Foreign Direct Investment
6. एकाधिकारी
7. द्वैक्रयाधिकारी
8. साम्य बिन्दु
9. विपणन योग्य अधिशेष
10. बराबर

(ब) 1. सत्य 2. सत्य 3. असत्य 4. सत्य 5. असत्य
6. असत्य 7. असत्य 8. असत्य 9. सत्य 10. असत्य

(स) 1. (*b*) 2. (*c*) 3. (*d*) 4. (*b*) 5. (*c*)
6. (*a*) 7. (*c*) 8. (*c*) 9. (*b*) 10. (*a*)

(द)

S. No.	1.	2.	3.	4.	5.	6.	7.	8.	9.	10.
A	(*a*)	(*b*)	(*c*)	(*d*)	(*e*)	(*f*)	(*g*)	(*h*)	(*i*)	(*j*)
B	(*b*)	(*e*)	(*i*)	(*a*)	(*c*)	(*d*)	(*j*)	(*f*)	(*g*)	(*h*)

प्रश्न-पत्र-4

(अ)
1. World Trade Organization
2. General Agreement on Tariffs and Trade
3. Targeted Public Distribution System
4. Large Size Adivasi Multipurpose Cooperative Societies
5. Food Corporation of India
6. नेफेड
7. कमीशन
8. थोक विक्रेता एवं फुटकर विक्रेता
9. प्राथमिक
10. विनिमय

(ब)

1. सत्य	2. सत्य	3. असत्य	4. असत्य	5. सत्य
6. असत्य	7. सत्य	8. असत्य	9. सत्य	10. सत्य

(स)

1. (*a*)	2. (*b*)	3. (*c*)	4. (*b*)	5. (*b*)
6. (*b*)	7. (*c*)	8. (*b*)	9. (*c*)	10. (*d*)

(द)

S. No.	1.	2.	3.	4.	5.	6.	7.	8.	9.	10.
A	(*a*)	(*c*)	(*c*)	(*d*)	(*e*)	(*h*)	(*g*)	(*h*)	(*i*)	(*j*)
B	(*d*)	(*c*)	(*a*)	(*e*)	(*b*)	(*f*)	(*h*)	(*j*)	(*i*)	(*g*)

प्रश्न-पत्र-5

(अ)
1. Minimum Support Price
2. Primary Agricultural Cooperative Societies
3. Special Economic Zone
4. Revamped Public Distribution System
5. National Agriculture Market
6. क्रय-विक्रय
7. एजेण्ट
8. सुविधाजनक
9. भविष्य की
10. पूँजी

(ब) 1. सत्य 2. सत्य 3. असत्य 4. असत्य 5. सत्य
6. असत्य 7. असत्य 8. सत्य 9. सत्य 10. सत्य

(स) 1. (*d*) 2. (*b*) 3. (*b*) 4. (*d*) 5. (*a*)
6. (*a*) 7. (*d*) 8. (*b*) 9. (*b*) 10. (*d*)

(द)

S. No.	**1.**	**2.**	**3.**	**4.**	**5.**	**6.**	**7.**	**8.**	**9.**	**10.**
A	(*a*)	(*b*)	(*c*)	(*d*)	(*e*)	(*f*)	(*g*)	(*h*)	(*i*)	(*j*)
B	(*i*)	(*j*)	(*c*)	(*b*)	(*d*)	(*a*)	(*e*)	(*g*)	(*f*)	(*h*)

कुछ महत्त्वपूर्ण संक्षिप्त रूप
(Some Important Abbreviations)

कृषि विपणन (Agricultural Marketing)

AOA	:	Agreement on Agriculture
AERR	:	Agriculture Economics Research Review
AFMA	:	Association of Food Marketing Agencies
AG-MARK	:	Symbol of Agricultural Marketing on Graded Product
AJAE	:	American Journal of Agricultural Economics
AMP	:	Agricultural Marketing and Prices
APC	:	Agriculture Price Commission
APEDA	:	Agricultural Processed Food Product Export Development Authority
APL	:	Above Poverty Line
APMC	:	Agriculture Produce Marketing Committee Act
ASI	:	Agriculture Situation in India
BICP	:	Bureau of Industrial Cost and Prices
BIS	:	Bureau of Indian Standard
BOP	:	Balance of Payment
BPL	:	Balance Poverty Line
CACP	:	Commission for Agriculture Cost and Price
CAM	:	Centre for Agricultural Marketing
CIP	:	Central Issue Prices
COSAMB	:	Council of State Agricultural Marketing Board
CWC	:	Central Warehousing Corporation
DGFT	:	Directorate General of Foreign Trade
DMI	:	Directorate of Marketing and Inspection
DSB	:	Dispute Settlement Body
EPZ	:	Export Production Zones
EX-IM	:	Export - Import
FAO	:	Food and Agriculture Organization
FAQ	:	Fair Average Quality
FCI	:	Food Corporation of India
FPS	:	Fair Price Shop
GATS	:	General Agreement on Trade in Services

GATT	:	General Agreement on Tariffs and Trade
GDP	:	Gross Domestic Product
GNP	:	Gross National Product
IDS	:	Institute of Development Studies
IGSRI	:	Indian Grain Storage Research Institute
IGST	:	Indian Grain Storage Institute
IIFT	:	Indian Institute of Foreign Trade
IIP	:	Indian Institute of Packaging
IJAE	:	International Journal of Agricultural Economics
IJAM	:	Indian Journal of Agriculture Marketing
IMF	:	International Monetary Fund
ISAE	:	Indian Society of Agricultural Economics
ISAM	:	Indian Society of Agricultural Marketing
ITO	:	International Trade Organization
JCI	:	Jute Corporation of India
KIAM	:	Karnataka Institute of Agriculture Marketing
KUMP	:	Krishi Utpadan Mandi Parishad
KUMS	:	Krishi Upaj Mandi Samiti
MFN	:	Most Favored Nations
MS	:	Marketable / Marketed Surplus
MSP	:	Minimum Support Price
MTNS	:	Multinational Trade Negotiations
NAFED	:	National Agricultural Cooperative Marketing Federation
NAMA	:	Non Agriculture Market Access
NCDC	:	National Cooperative Development Corporation
NIAM	:	National Institute of Agricultural Marketing
NTB	:	Non Tariff Barriers
PDS	:	Public Distribution System
PS	:	Producer's Surplus
QRS	:	Quantitative Restrictions
SAMB	:	State Agricultural Marketing Board
TB	:	Tariff Barriers
TOT	:	Terms of Trade
TPDS	:	Targeted Public Distribution System
TRIFED	:	Tribal Cooperative Marketing Federation
TRIMS	:	Trade Related Investment Measures
TRIPS	:	Trade Related Intellectual Propriety Rights
WPI	:	Whole Sale Index Price
WTO	:	World Trade Organization

कृषि वित्त एवं सहकारिता (Agricultural Finance and Cooperation)

ADC	:	Agricultural Credit Department
AAPs	:	Annual Action Plans
ACRC	:	Agriculture Credit Review Committee
ADB	:	Agricultural Development Bank
ADB	:	Asian Development Bank
AFC	:	Agricultural Finance and Cooperation
AIRCRC	:	All India Rural Credit Review Committee
AIRCSC	:	All India Rural Credit Survey Committee
AIRDISC	:	All India Rural Debt and Investment Survey Committee
ARDC	:	Agricultural Refinance Development Cooperation
BIR	:	Bankers Institute for Rural Development
BIS	:	Bank of International Settlement
CADA	:	Command Area Development Authority
CARDBS	:	Cooperative Agricultural and Rural Development Banks
CCBS	:	Central Cooperative Bank
CLDB	:	Central Land Development Bank
CPI	:	Consumer Price Index
CR	:	Current Ratio
CRR	:	Cash Reserve Ratio
DCC	:	District Consultative Committee
DCCB	:	District Central Cooperative Bank
DCPS	:	District Credit Plans
DI	:	Depositable Income
DIRS	:	Differential Interest Rate Scheme
DIS.COBARD	:	District Cooperative Bank for Agriculture and Rural Development
ECGC	:	Export Credit Guarantee Corporation
EX-IM	:	Export Import Bank of India
FDI	:	Foreign Direct Investment
FEMA	:	Foreign Exchange Regulation Act
FSS	:	Farmers Service Society
IBRD	:	International Bank for Reconstruction and Development
IDA	:	International Development Association
IDBI	:	Industrial Development Bank of India
IFAD	:	International Fund for Agricultural Development
IFC	:	International Finance Corporation
IFFCO	:	Indian Farmers Fertilizers Cooperative Limited
KRIBHCO	:	Krashak Bharti Cooperative Limited
LAMPS	:	Large Sized Adivasi Multipurpose Society
LDB	:	Land Development Bank

MFALDA	:	Marginal Farmers and Agricultural Laboures Development Agency
MPCCS	:	Multi-purpose Cooperative Credit Societies
NABARD	:	National Bank for Agriculture and Rural Development
NCCF	:	National Consumer's Cooperative Federation
NCDC	:	National Cooperative Development Corporation
NI	:	National Income
NNP	:	Net National Product
OECD	:	Organization for Economic Cooperation and Development
PACS	:	Primary Agricultural Cooperative Credit Societies
PI	:	Personal Income
PLDB	:	Primary Land Development Bank
RBI	:	Reserve Bank of India
SDR	:	Special Drawing
SEZ	:	Special Economic Zone
SFDA	:	Small Farmers Development Agencies
SHG	:	Self Help Group
TADP	:	Tribal Area Development Programme

कृषि व्यवसाय, प्रक्षेत्र प्रबन्ध, उत्पादन अर्थशास्त्र एवं परियोजना प्रबन्ध (Agribusiness, Farm Management, Production Economics and Project Management)

AP	:	Average Product
A/c	:	Account
AFC	:	Average Fixed Cost
APP	:	Average Physical Product
AR	:	Average Return
AR.	:	Average Revenue
ATC	:	Average Total Cost
AVC	:	Average Variable Cost
AVP	:	Average Value Product
BCR	:	Benefit Cost Ratio
BEP	:	Break Even Point
BS	:	Balance Sheet
CE	:	Capital Efficiency
CPM	:	Critical Path Method
Cr.	:	Credit
Dr.	:	Debit
EP	:	Elasticity of Production
FA	:	Financial Account
FBI	:	Farm Business Income
FC	:	Fixed Cost

FLI		Family Labour Income
GI	:	Gross Income
IRR	:	Internal Rate of Return
JC	:	Joint Cost
LE	:	Labour Efficiency
MC	:	Marginal Cost
MFC	:	Marginal Factor Cost
MP	:	Marginal Product
MPP	:	Marginal Physical Product
MRTS	:	Marginal Rate of Substitution
MVP	:	Marginal Value Product
NA	:	Nominal Account
NGO	:	Non Government Organization
NI	:	Net Income
NPV	:	Net Present Value
NPW	:	Net Present Worth
PA	:	Personal Account
PERT	:	Programme Evaluation Review Technique
PR	:	Price Ratio
PW	:	Present Worth
RA	:	Real Account
TA	:	Trading Account
TB	:	Trial Balance
TC	:	Total Cost
TFC	:	Total Fixed Cost
TP	:	Total Product
TPP	:	Total Physical Product
TVC	:	Total Variable Cost
TVP	:	Total Value Product
VC	:	Variable Cost
WCE	:	Working Capital Efficiency

(Objectives of Agricultural Price Policy)

(Main Features of Agricultural Prices)